Series of Overseas China Studies

Discovering China from the Outside

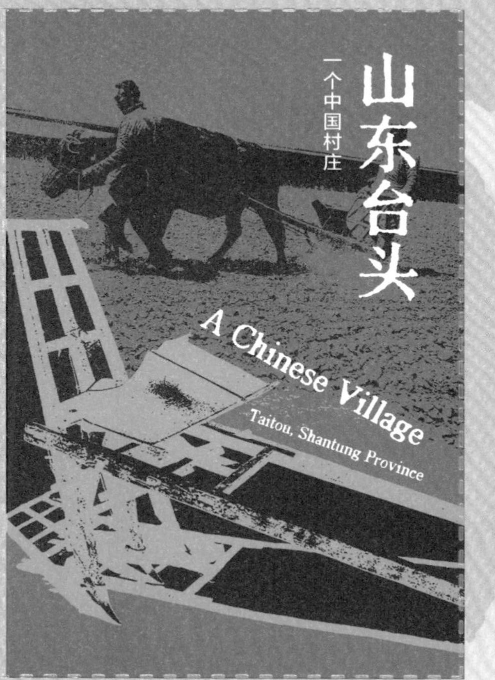
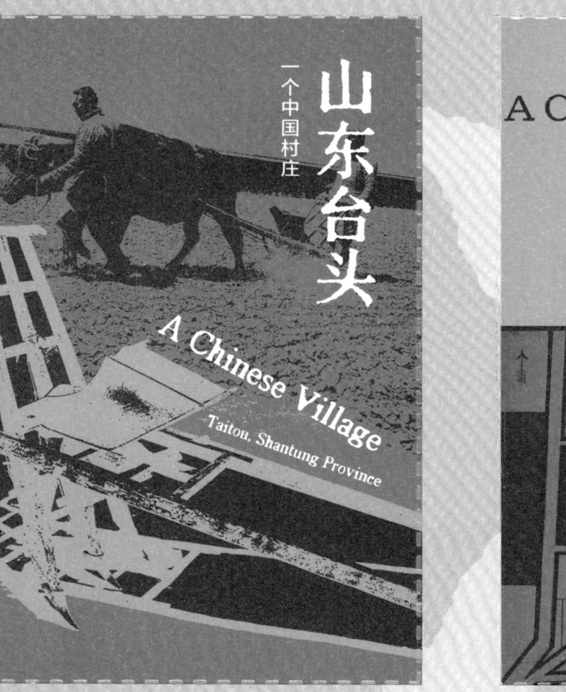

海外中国研究丛书·精选版

思库·SCHOOL 出品

海外中国研究丛书

—

到中国之外发现中国

山东台头

一个中国村庄

Martin C.Yang

杨懋春 著 张雄 沈炜 秦美珠 译

A Chinese Village

Taitou, Shantung Province

江苏人民出版社

图书在版编目(CIP)数据

山东台头：一个中国村庄 / 杨懋春著；张雄，沈炜，秦美珠译. — 南京：江苏人民出版社，2024.5

(海外中国研究丛书 / 刘东主编)

书名原文：A Chinese Village：Taitou, Shantung Province

ISBN 978-7-214-29041-0

Ⅰ. ①山… Ⅱ. ①杨… ②张… ③沈… ④秦… Ⅲ. ①农村社会学-研究-胶县 Ⅳ. ①D693.9

中国国家版本馆 CIP 数据核字(2024)第 058619 号

书　　名	山东台头:一个中国村庄
著　　者	杨懋春
译　　者	张　雄　沈　炜　秦美珠
责任编辑	洪　扬
装帧设计	周伟伟
责任监制	王　娟
出版发行	江苏人民出版社
地　　址	南京市湖南路 1 号 A 楼,邮编:210009
照　　排	江苏凤凰制版有限公司
印　　刷	苏州市越洋印刷有限公司
开　　本	652 毫米×960 毫米　1/16
印　　张	20　插页 4
字　　数	245 千字
版　　次	2024 年 5 月第 1 版
印　　次	2024 年 5 月第 1 次印刷
标准书号	ISBN 978-7-214-29041-0
定　　价	88.00 元

(江苏人民出版社图书凡印装错误可向承印厂调换)

序“海外中国研究丛书”

中国曾经遗忘过世界，但世界却并未因此而遗忘中国。令人嗟讶的是，20世纪60年代以后，就在中国越来越闭锁的同时，世界各国的中国研究却得到了越来越富于成果的发展。而到了中国门户重开的今天，这种发展就把国内学界逼到了如此的窘境：我们不仅必须放眼海外去认识世界，还必须放眼海外来重新认识中国；不仅必须向国内读者逐译海外的西学，还必须向他们系统地介绍海外的中学。

这个系列不可避免地会加深我们150年以来一直怀有的危机感和失落感，因为单是它的学术水准也足以提醒我们，中国文明在现时代所面对的绝不再是某个粗蛮不文的、很快就将被自己同化的、马背上的战胜者，而是一个高度发展了的、必将对自己的根本价值取向大大触动的文明。可正因为这样，借别人的眼光去获得自知之明，又正是摆在我们面前的紧迫历史使命，因为只要不跳出自家的文化圈子去透过强烈的反差反观自身，中华文明就找不到进入其现代形态的入口。

当然，既是本着这样的目的，我们就不能只从各家学说中筛选那些我们可以或者乐于接受的东西，否则我们的“筛子”本身就可能使读者失去选择、挑剔和批判的广阔天地。我们的译介毕竟还只是初步的尝试，而我们所努力去做的，毕竟也只是和读者一起去反复思索这些奉献给大家的东西。

刘　东

目　录

译者序言

本书是杨懋春教授1945年对中国山东台头村所作的社区研究。社区研究是本世纪初崛起的文化人类学研究新方法。它把一个相对独立的社区作为有机的整体，通过揭示社区内部各要素之间的关系，从整体上把握和理解此社区中人们的生活、思想和感情。

台头村是杨懋春先生出生、成长的地方，他对这个地区人们的生活、思想和感情极为熟悉，同时他又在美国哥伦比亚大学接受了严格的文化人类学的学科训练。他的描述既有科学的客观性又不乏深厚的感情。作者的目的是“要描绘出一幅整合的总体的画面”，所以他没有把日常生活中的重要方面——经济、社会、政治、宗教、教育——分别详加描述，而是以初级群体（家庭）中个体之间的相互关系为起点，然后扩展到次级群体（村庄）中初级群体（家庭）之间的相互关系，最后再扩展到一个大地区（乡镇）中次级群体（村庄）之间的相互关系。正如作者所希望的，“如此描绘的生活画面尽可能保持其完整性”，从而使“台头村这个乡村社区在文化中被读者理解”。

该书出版后在国际学术界产生了一定影响，当年就得以再版，并被许多大学相关科系列为必读参考书。作者的导师、美国哥伦比亚大学人类学系主任、著名人类学家林顿(Ralph Linton)教授亲自为之撰写序言，并给予高度评价。林顿认为该书是有关中国乡村最成功的研究之一，代表了“社区研究”的某种趋势，即本土人类学时代的来临。

该书和早它出版的《江村经济》(费孝通著)、《金翼》(林耀华著)以及晚它出版的《祖荫下》(许烺光著)并列为早期中国人类学的里程碑作品。近十几年来，《江村经济》和《祖荫下》先后翻译出版，而这本同样曾为中国学术争得声誉的著作一直没有中译本，因而国内广大读者无缘得见，这不能不说是一大遗憾。现在我们不揣愚陋，逡译这部著作，望为中国学术的积累出一份力。

杨先生进行这项研究时，中国乡村正处于在战争废墟上全面恢复和重建的时候。杨先生希望通过他的研究能真正了解中国农民的境遇，使中国乡村复兴运动更加健康顺利地发展。当此了解国情的呼声日高，实证研究方兴未艾之时，介绍这样一部关于中国乡村社区研究的经典之作，也有其现实意义。

本书序言、作者前言、导言及第一至九章由张雄翻译，第十至十七章由沈炜翻译，附录及索引由秦美珠翻译。

张雄

2000 年 10 月 1 日

序 言

社区研究的兴起,是社会研究发展中最重要的现象之一。这种研究顺应了现代科学中明显表现出来的某些总体趋势。科学研究多少是从人为分离的现象开始的,即离开现象所处的背景对现象进行孤立的研究。然而,越来越明显,处于不同结构中的现象类型和功能关系,不能通过这种分离的方式来揭示。随着现象所整合成的结构的复杂性不断增加,揭示处于不同结构中的现象类型和功能关系的重要性也不断增加。在社会学、人类学,至少是人格心理学所必须涉及的社会情境(social situation)中,这种重要性达到了顶峰。社区研究坦率地承认从总体上研究社会情境的必要性,它对纯科学和实用科学的发展具有同样的贡献。没有任何其他类型的研究,能像社区研究那样揭示出影响社区和其中个人生活的多重因素之间的关系。社区研究也提供了对个体需要和愿望的深刻理解。没有这种理解,任何有计划的变革都不可能成功。

怎样研究和描述一个社区的生活?这本没有什么固定的框

架。随着我们对被观察和记录的广阔现象领域的认识逐步提高，几年前还很适用的一套社区研究方法，今天已无法解答我们提出的许多问题。大部分早期的社区研究主要是计量的，目的在于获得某些数据，使研究者很容易进行数据统计处理。这些数据告诉我们村庄在某个时期有多少台洗衣机、多少所教堂以及属于每所教堂的村民的人数。尽管这些数据是有价值的，但现代社会科学家对揭示洗衣机和教堂怎样整合进社区生活，以及人们对它们的看法方面的兴趣正越来越浓。

vi

如果社会科学家涉足的是美国甚或西欧的社区，在这些方面的知识缺乏，部分可由共同理解的背景来弥补。即使缺乏具体资料，人们也会自然而然地理解许多事情。然而如果他试图涉足的社区文化与英美文化有本质的差异，则几乎就没有什么事情是可以自然而然地理解的。虽然我们可以肯定人类动机中有共性的东西，但这些共性太一般化了，在理解具体情境时不能提供太多的帮助。在这些一般化的因素和社区成员的公开行为特征之间存在着一个观念与态度的领域，正是这些隐蔽的文化因素给公开的行为提供了社会意义。如果没有这方面的知识，许多行为将无法理解。

如何深入异域文化中的隐蔽层面？这一直是调查者所面临的最大难题之一。因为任何社会的大多数态度都是在无意识层面上运作的，无法通过直接提问的方式来获得。甚至在社区成员抱着完全友好和合作态度的情况下，他们也无法告诉调查者许多事情，只因为他们从来就没有想过这些问题。调查者不得不自己去发现。要成功地进行研究，他不仅必须对这种语言有深入的了解，而且还必须对他的研究对象有真正的同情和超乎寻常的敏感。他必须有能力看到事情的情感领域，而且能够理解许多没有说出的东西。遗憾的是，这种感情能否通过学习或受教育获得还是个问题。至少获得这种情感比学会一种陌生的语言或学会记录社区组织和活动的技巧要困难得多。

大多数美国社会科学家已充分意识到了这些困难。他们知道,获得一种文化的切近知识的最佳途径,是而且永远是在这种文化中被养育成长。于是他们越来越多地求助于在非欧文化中出生和成长的那些人,通过他们的帮助来理解这些文化。这些非欧人士获得社区研究所必需的科学技巧,比外来人获得社区的一整套知识要容易得多。而缺乏这些知识,纯粹的技巧是没有任何价值的。当然,任何想描述他自己所在社区的生活的人都必须采用更客观的方式,而那些在欧洲科学方法的运用中学会实际技能的非欧人士,都能发展出这种客观性。任何切近地参与两种文化的人,都处于更加清晰地观察这两种文化的位置。文化的每一个不同之处,都会使原来处于无意识状态的态度和价值进入意识领域。“边缘人”不仅把他们的文化解释给我们,而且也向我们解释我们的文化。可以肯定地预言,对社会科学最有价值的贡献,将来自那些由于双重文化参与,从而能无偏颇地获得事实和理论体系的科学家。 vii

眼前这本书表明了切近的知识和科学训练的结合是多么幸运。虽然这项研究不是此类研究中最早的,但我认为是最成功的研究之一。杨博士对他的村庄的熟悉程度不亚于当地村民,又能用科学的无偏颇的态度进行研究。他的描述既准确又充满感情,社会科学家和一般读者都会感兴趣。人们读完这本书会有这样的感觉:这是一些真实的人,一些和我们非常相似的人。

拉尔夫·林顿

哥伦比亚大学,纽约

作者前言

当乡村复兴运动在国家重建计划中越来越重要时，政治家、经济学家和社会领导者逐渐认识到，对中国过去和现存的乡村生活进行科学和全面的研究是推进这一运动的基础。这类研究有助于消除自运动一开始就出现的大量无效投入和资源浪费，而且还能够防止重大的失误。

当前世界形势是国家之间的交往日趋密切。目光远大的政治家和人文研究者认识到相互交往的基础是各国文化的相互理解。我们高兴地看到，在过去半个世纪中，中国很荣幸地被众多西方学者从文化角度进行研究。本书是这些项目中的一小部分。作者希望这项工作能有助于中美两国之间的文化沟通。

选择台头村作为研究对象，是因为作者在那里出生并在那里长大，高中以前一直生活在那里。直到最近几年，他每年还至少回村一次，暂住五天到几个月不等。他一直和台头村的亲属保持着联系，所以他知道村庄里的日常生活和偶发的重大事件。这项研究是对作者本人所见、所闻、所经验的事实的记录。

这类研究中碰到的最大问题是怎样选择最好的叙述方法。通常的做法是选择社区日常生活中最重要的方面——经济、社会、政治、宗教、教育——分别详加描述。更好一些的方法似乎是从描述初级群体开始，一直扩展到社会领域。从动态观点看，社会就是由初级群体中个体之间的复杂关系以及较大组织的群体之间的复杂关系构成的。社会以及个体的实际生活就像一条河，从源头开始，流向更宽阔的水面。这也是一个扩散和辐射的过程，离最初的源头越远，联系越松散。研究乡村社会生活的一个有效途径是以初级群体中个体之间的相互关系为起点，然后扩展到次级群体中初级群体之间的相互关系，最后扩展到一个大地区中次级群体之间的相互关系。选择这一途径主要考虑到，每个地区的生活必须以整体方式而不是以分散的片断的方式来叙述。

我们发现在台头村，家庭是初级群体。在大家庭中确实可能有两三个基本小单位，比如已婚儿子与其妻子和孩子，他们在家庭中构成一个排他的群体。但只要所有成员生活在同一屋檐下，一起工作和吃饭，家庭就是一个统一的初级群体。

村庄是次级群体。在家庭和村庄之间，存在着各种过渡性的集团——宗族、邻里、以相似的社会或经济地位为基础或以学校为基础的家庭联合以及宗教团体。村庄之外是集镇，它以松散但明显的联系把所有村庄都结合起来。集镇代表着一个大地区，在集镇与村庄之间的过渡性纽带是小村庄结成的群体，以及分散在两三个邻近村庄的同宗家庭结成的群体。这些群体内部的联系往往不同于其他种类群体内部的联系，不可忽视。

以上述方法和发现为基础，这一研究安排如下：首先描述自然环境、社会类型、社区中的人、人们的谋生手段以及生活水平，这样读者首先看到的是作为静态社区的村庄。然而，社会生活的基础是家庭中个体之间的相互关系。为了解释中国式家庭的类型，我从家庭成员之间的关系、经济和礼仪活动、幼儿的抚育和训练、老人的赡养以及婚姻的意义等方面描述了台头村一个典型的农民家庭。

在讨论村民的生活水平时，我们的方法是描述人们在一年内实际所吃食物的种类以及他们怎样准备一日三餐。我们也注意到食物消费方面的主要风俗，以及与家庭餐食类型相关的社会分层。因为这些方面还没有用纯经济的观点分析过，所以在图表或曲线，换句话，在统计资料中找不到。 xi

在家庭之外，生活扩展到村庄，所以接下来就得描述村庄生活。显然与家庭生活相比，这部分所研究的村庄生活的重要性要小得多。尽管村庄是个有它自己的统一生活的单位，还有正式的村庄领导，但在村庄组织内还有较小的群体。因此这本书随后的部分就得涉及村庄组织、邻里活动、村外联合、村内冲突和村庄领导。因为宗族组织经常对个人和家族产生重大作用，所以需要花一些篇幅来研究它的形式和活动。

村庄以外的乡村生活主要是村庄与集镇的联系，以及村庄与同一个集镇范围内的邻村的联系。因为作者的目的是要描绘出一幅整合的总体画面，所以没有把这些联系分割成经济、社会、政治、宗教或教育等各部分。

在结论部分，本书也简略地提到了村庄直接与集镇范围外地区的联系，尤其强调最近发展起来的与青岛的联系。

作者相信描绘出乡村社区日常生活的结构轮廓是可能的。为了使画面真实，本研究从一个在此社区长大并经历了所描述的大部分社区生活的参与者的视角进行描述，以一个村中少年的故事为结尾。作者相信本研究所用的资料是可靠的，所描述的生活画面尽可能保持其完整性。作者希望台头村这个乡村社区在文化上能被读者理解。

然而，本书的数据，除引自出版的书籍和发表的文章那些以外，不能要求统计上的精确性，而且所有资料也不能保证百分之百的准确。这很令人遗憾，但也无可奈何，因为作者是在远离村子几千英里的地方，完全凭记忆进行写作的。

可以预料，对本书描述的经济和社会背景，那些通过各种途径熟悉中国农村的人士可能会有不同意见。有人可能觉得这幅画面描绘得太理想化了，有人可能会指责作者对地主、高利贷者和狡诈的乡绅太宽容了。但不管怎样批评，我们首先必须承认一个事实：一个人不可能在一项研究中遍及中国的所有部分。中国如此之大，而且由于交通和通讯的不发达，从一地到另一地的生存环境是如此多样，在中国南方观察到的可能完全不同于中国北方。即使在同一个省份，不同地区的经济和社会差异也极大。因此，人们不能作出这样的假定：因为弊病存在于中国的某些地方，所以在台头村也必然存在；如果一些村子生活是暗淡的，那么台头村也必须是这样。读者尽可放心，作者已尽了最大努力免受重大偏见的影响，不会有意夸大文化中的某一因素，也不会隐瞒另一因素。作者尽了最大努力保存事物过去与现在的本来面目，也尽量采用大多数村民赞同的方式来解释一切。当然，作者不可避免地会把他本人的看法带进他的作品。

xii

这项研究得以进行是由于哥伦比亚大学人类学系（其系主任是拉尔夫·林顿教授）的善意倡议。林顿教授不仅指导了整个研究，而且几次耐心阅读手稿，提出了许多极有价值的建议。他的真诚欣赏给了作者很大的鼓励，也促成了这项工作的完成。

我也要感谢利昂娜·斯坦伯格小姐。她在整个工作期间提供了大量帮助，校订了手稿，并在材料组织方面提出了许多建议。

我还要向研究中提到的那些台头村村民表示歉意和感激。虽然隐去了真实姓名，但由于社区是一个人们相互熟知的地方，而且所描述的生活完全是当代的，所以很容易从书中谈到的个人和家庭辨认出台头村现在的村民。这里必须指出所有引用只是为了科学研究这一单纯的目的，丝毫没有掺杂个人的好恶。

杨懋春

哥伦比亚大学，纽约

1945 年 4 月

导 言

“免于匮乏的自由”——罗斯福总统当作人类目标列举的四大自由之一——已引起全世界的兴趣。1943年举行的有关食物和农业问题的温泉城会议毫不含糊地确认了如下事实:食物是人类健康和幸福的基础;只有农业的科学应用发生重大转变,世界人口的食物供应才会更充分。科学带来了一个更美好世界的希望,这一希望不断激起中国、印度和其他人口大国发展科学、高产农业的兴趣。越来越多的领导者从这些国家和世界其他地区来到美国学习农业方面的科学发展。他们的兴趣不仅在于科学本身,更在于科学怎样实际应用于生产和生活。

过去十年,我们在社会科学方面取得了显著进步。我们认识到一门学科的进步必定带动所有其他学科的发展。例如,许多农业领域的实验室和实验成果已被运用到对人类健康这个最大福利的医学研究上。近来,在土壤保护和人类营养这两个领域,我们通过民众教育在推广研究成果方面取得了可观的成绩。我们在推广科学真理上取得的进步,应归功于社会科学的研究、教育普及以及人民教育水平的提高。

如果我们要进一步利用科学发现为人类谋福利，我们就需要进一步了解人们在谋生过程中所使用的方法和手段，他为实现重要目标所采取的组织形式，他已有的生活水准以及想达到的水准，他对谋生手段的看法以及他与外部世界沟通的渠道。我们需要进一步正确评价人们赖以生存的基本价值观念、它的嬗变过程以及在嬗变中起作用的各种力量。

直到近几年，人们才开始意识到理解“文化”在农业领域的重要性。在异国传教的人士总体上还未充分立足于当地文化，结果忽视了社会科学家提出的许多文化准则。美国人民对中国既欣赏又同情。传教士来到中国，提供了出色的服务。虽然美国的农业专家来到中国提供了多方面的帮助，但是其对中国的影响仍然是有限的。

战后的中国不可避免地要发生重大变化。因为中国是农业大国，所以在农业方面的变化可能意义深远。由于战争的磨难和毁损，中国希望尽可能快地恢复农业，使它勇敢的人民少受苦难。为了有助于这一变化，中国的农业专家和技术人员来到美国接受研究和推广的训练。

杨博士这本书，通过把乡土中国放在它的文化和社会背景——一个村庄中，提供了乡土中国的生动描述。在读杨博士的书之前，我曾读过许多随手搜罗的有关中国农业的书籍，从这些书中我只能了解中国农业和乡村生活的片断和局部。我认为，杨博士的书是在完全贯通和透彻理解的基础上把中国乡村生活各方面总合起来加以描述的第一本书。

我认为对于解答中国和美国共同关心的问题，没有哪本书比本书更适时了。读过这本书的人会立刻产生这种深刻的印象：中国的乡村文化与我们的文化有巨大差异。我们从实践中知道，不可能把我们的文化移植到亚洲。如果我们理解了中国文化运作的科学基础，我们就能在农业重建工作中给中国更多明智的帮助。在我看来，杨博士的书将会作出巨大的贡献，它有助于我们在计划和发展更高产、科学的农业过程中提供给中国人可接受的帮助，因为它给了我们一把理解中国乡村文化的新的、科学的钥匙。

从另一个角度看，杨博士的书对所有农业领域的工作者都很重要，这是运用文化人类学方法研究农业社区这一新途径的成功范例。我希望世界各地出现更多这样的研究，这类研究对世界范围内乡村条件的改善意义非常重大。 xvii

M. L. 威尔逊(M. L. Wilson)

美国农业部推广部主任

华盛顿特区

1945 年 1 月

第一章　村庄的位置

1

台头村坐落在胶州湾西南岸群山环抱的一片平坦土地上。从台头村往东穿过胶州湾是一个小半岛，青岛就位于该半岛的南端，这个近几十年才发展起来的城市，现在是山东和邻近省份出入外部世界的通道。青岛是商业、工业和交通中心，在乡村中国与世界各地的制造中心间日益频繁的贸易关系中起着举足轻重的作用。

台头村所在的地区是中国最古老的农业区之一，居民几乎是清一色的农民，他们住在稠密的村庄里，耕种着自己的土地。这个地区大约有二十个村庄和一个乡镇。乡镇就是辛安镇，是该地区唯一的集市中心。台头村大约在辛安镇南三分之二英里①的地方，有一条新建的大路与辛安镇相通。台头村与外部的交通相对比较便捷，有经过改进的陆路交通线和现代海轮。村民如果要去青岛，他们就沿大路向南到薛家岛的小港，再从那里乘汽轮穿过胶州湾。在天气好的时候，胶州湾上还有许多用帆船横渡的航线。台头村向北有一条通往大集镇王店的现代马路，从那里可再到县城所在地胶县。台头村在行政区划上虽然隶属于胶县，但对交通网的观察表明它到青岛的距离比到县城的距离要近得多，因

① 1英里等于1.609千米。——译者注

而它与青岛的联系也比它与县城的联系更加重要。

台头村西面是当地最高的小珍珠山,北面是由西向东绵延的长山,南面是长墙。这三者构成了环绕东海岸的弧形平面。

四条小河由西向东流经台头村,都是些小溪,不能通航。河上没有架桥,只有些可供踩着过河的石礅。在多雨的季节,因河水高涨淹没石礅,这四条河实际成为交通和行走的障碍。

2 台头村南边的小河,当地叫台头河。台头河的北面地势较高,以台地的形式一直延伸到小珍珠山脚下。台头河南面向下伸展,河谷中有低地,由山区向东冲入海洋的水流冲积而成。台头村的村名就源于这种地形:“台”的意思是台地或台阶,“头”的意思是终结。低洼地是这个地区极少几块适合种植水稻的土地,虽然其中部分还是草原沼泽地或森林沼泽地。

该地区依山傍海,气候宜人。台头村没有任何气候记录,下面是青岛市政府的记录:

3 夏天多雾。从4月到7月末几乎每周都有一次或几次大雾。从12月到第二年3月,天气干燥而寒冷,但下雪不多。因此青岛天气最怡人的季节是从4月中旬到6月中旬和从9月初到11月初这两段时间。在青岛,最热的时候气温不超过35.6℃,而最冷的时候气温不低于零下12.8℃。

风向方面,夏天东南风较多,冬天西北风较多。微风多于大风,几乎没有大风暴。冬天总有三四个大风期,大风从渤海(或莱州湾)经过北面的山东半岛刮来。①

---

① 《胶澳志》(也称《青岛志》)第二卷,1929年,第六部分“概要”。(《胶澳志》出版于1928年,英文原书作“1929年”。——编者注)

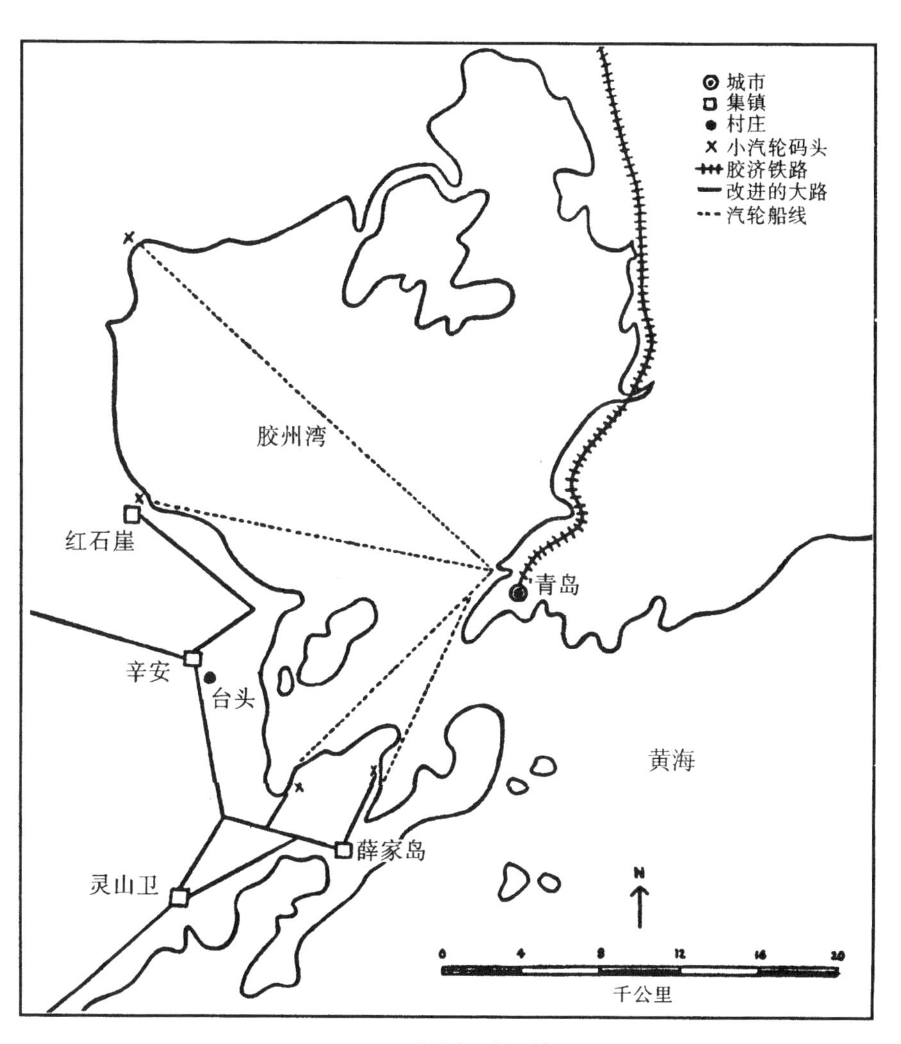

图 1－1　胶州湾及邻近地区

这一总体性描述,可以用下面列出的青岛连续20年[①]的气候简略记录来说明。

青岛20年气候的平均月记录

月份	气压(mm)	气温(℃)	季风	雾、霜、雨、雪的天数	雨量(mm)
1	772	-2	北风	2,15,5,5.5:27.5	8
2	770	-0.1	北风	4,13,4,4:25	8.4
3	767	4.4	南风	4,7,1.5,5:17.5	15
4	762	10.1	南风和东南风	6,0.5,5:11.5	27
5	758	15.4	南风和东南风	雾8,雨7:15	28
6	755	19.5	南风和东南风	雾11,雨8.5:19.5	80.7
7	755	23.5	南风和东南风	雾12,雨12:24	96
8	755	25.3	南风和东南风	雾2,雨11:13	136
9	761.4	20.8	北风	雾0.5,雨7.5:8	92.8
10	765.7	15.9	北风和西北风	雾1,雨3:4	12
11	779	8.0	北风和西北风	雾1,雨4.2:5.2	17
12	773	1.0	北风	1,14.4,4.4,3.3:23.1	15.9

表注:《胶澳志》第二卷,第六部分。

4 根据卜凯提供的资料[②],该地区年降水量是700mm,这显然是该地区内陆与沿海降水量的平均数,可见表上536.8mm的年降雨量是可信的。表上的气温也和卜凯的记录相吻合:1月份,0℃,或稍低于0℃;7月份,卜凯的记录是24℃,表上是23.5℃,这是由于台头村离海较近。台头村最热的天气不是在7月而是在8月,气温为25.3℃。

---

① 此处"连续20年",大概指1909年至1929年。——译者注

② 卜凯(John Lossing Buck):《中国土地利用》(*Land Utilization in China*),上海:商务印书馆,1937年,图集,第三章,地图5、12、13。

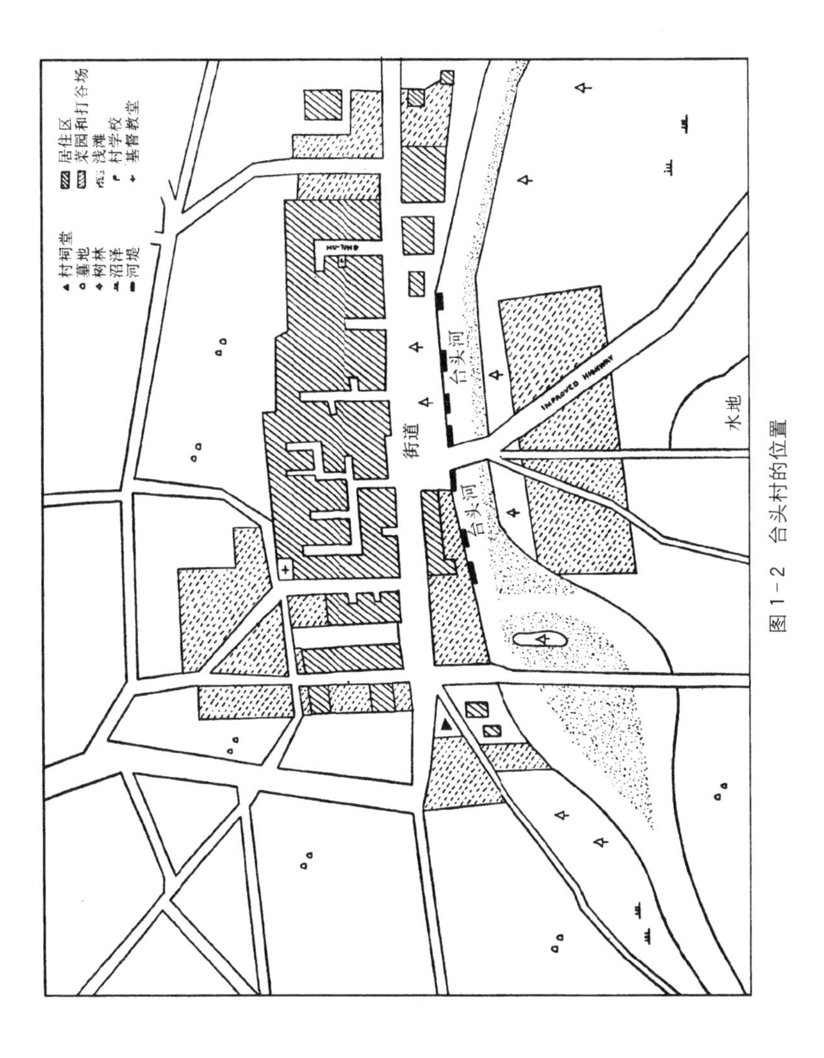
村祠堂
墓地
树林
沼泽
河堤
居住区
菜园和打谷场
浅滩
村学校
基督教堂
HU-TUNG
街道
台头河
台头河
IMPROVED HIGHWAY
水地

图1-2　台头村的位置

台头村土地的土壤质量差别很大。台头村西面、西北面和西南面的山地，是黄色的沙质土壤；而东面、北面和东北面的土壤则是暗色的，不宜耕作。台头村南面和东南面是洪泛地、沼泽地和水地。水地的土质非常肥沃，可以生产优质水稻。洪泛地中有些是盐碱地，但由于积累着很厚的洪泛土壤，土质也很好。然而由于洪水的周期性威胁，其价格只相当于劣质土地，甚至低于劣质土地。水地的价格与居住区土地相当。根据《青岛志》上的地质记录，该地区的地质构成大体上是石灰石，而卜凯却把它归入褐土地区。

耕地分布在村庄四周(参见图 1－2)。尽管相邻村庄之间的边界常常重叠，但一般来说边界线还是能够辨认的。台头村村庄到四周边界的距离不等。到南面边界线的距离很短，经过菜园和打谷场，再过几片田地就到了；村庄到西南边界线的距离要长得多，几乎有 1 到 1.5 英里；而到西面、西北面、北面、东北面和东面边界线的距离大致相等，约有三分之二英里。

村庄可大致分成两部分：居住区和外围地区。居住区位于台头河北岸。沿着弓一样弯曲的台头河，是一条大街，从大街分支出的小路向南北两个方向延伸。与大街相连的小巷、小径大多向北延伸，大多数居民住在大街的北面。当地人把小巷或小径称为胡同，如果某一胡同的村民大多是某一家族的成员，就用该家族名称来称呼这一胡同。但有时住在西面的人会叫东面的小巷为东胡同，而住在东面的人则叫西面的小巷为西胡同。西端的两条小巷实际是通往邻村的路。不是所有胡同都通到村子的北头，这是为了村庄的安全，可能还有其他原因。近来为了防备土匪抢劫，胡同与大街相连的南入口用门和路障设了防。

6

大街的中心区很宽阔，南面临河，可以看到开阔的田园风光。

殷实的人家沿着河岸修筑了几段河堤，上面种着成排的杨柳。这儿是村庄的社交中心和公共广场。夏天，整个炎热的下午村民们往往都坐在树下的石头上或大堤上聊天。冬天，老人们靠墙晒太阳，照看在场地上玩耍的孩子们。村民们不愿意呆在他们那狭小而烟雾弥漫的家里，经常到这里来编篮子、织蓑衣或修整农具。该公共场所的有些部分是村民的私有财产，这些村民白天经常把它作为家禽的围场，在把粪肥和泥运到田地里去之前，也经常把它们堆放在这里。

较好的房子都位于居住区的中心。村里有四个家族，胡同把居住区分成四大块。第一块占整个居住区近十分之八，所有的好房子几乎都在这里，是村中最大的家族——潘姓家族的居住区。第二块是陈姓家族的居住区。第三块是杨姓家族的居住区。第四块是刘姓家族的居住区。从村庄地图上可以看出，同一家族的家庭聚居在一起，形成一个中心，中心往外直到这一家族居住区的边界。每个家族都有几个孤立的家庭，他们住在别的家族区或主要居住区之外。比如一个杨姓家庭几年前迁到东胡同潘姓家族居住区，而一个潘姓家庭则迁移到靠近杨家和薛家的西面一隅。最近，另一个潘姓家庭在村庄北面田地里造了一幢新砖瓦房，与老居住区完全分离，这在村民看来是极其少见的。一般说来，较老和较富有的家庭占据居住区的中心部分，而较穷或较小的家庭散布在居住区的边沿。在主要居住区，有村学校、基督教堂、两个榨油厂和一个小铸造厂。村学校没有自己的房子，借用了一两间民房。基督教堂建于 25 年前①，是一座很好的建筑，只有潘家的新房子能与之媲美。

① 英文原书初版于 1945 年，此处大致指 1920 年。——译者注

紧挨着居住区的是菜园和打谷场。第一块，从台头河向南，属于潘姓家庭。潘姓的打谷场和菜园很大，经营得也很尽心。第二块在东边，也属于潘姓家庭。第三块在西边，大部分属于潘姓家庭，少部分属于陈姓和杨姓家庭。最后一块在西北边，属于杨姓、陈姓和刘姓家庭。

园地外面是四个家族的墓地。全村没有公墓，每个家族都把死者安葬在能给子孙后代带来福佑的地方。当家族变大，分成几个分支时，每个分支自行选择墓地。几代之后，小墓地或孤立的土墩分散在村庄四周。奇怪的是，这里的墓地不像中国其他地方那样用松木或其他的大树来点缀，即使是潘姓家族的墓地也是光秃秃的，看上去相当荒凉、丑陋。

在夏天，居民区的南部相当美丽，在河的两边有几块森林沼泽地。不久前，当乡村生活比较安定，潘姓家族兴旺发达之时，这个村庄曾为南来的行客所羡慕。在到达河边以前，南来的行客几乎看不到村子，因为有一道浓密的绿树挡着。但继续往前走，村子便突然出现在他眼前。接下来的一刻，他就在村民们眼光的注视下行走，同时他也可以看到农夫在菜园里锄地，或在打谷场上劳作；妇女在河堤上洗衣服；孩子们在周围玩耍；人们在高柳树下闲坐或劳作；还有高大的牛和骡站在河岸上。遗憾的是，现在大部分美景都已消失，最近十年来，潘姓家族迅速衰落，树木被砍伐，损坏的河堤没人修补，高大的柳树几乎消失了，牛和骡也几乎见不到了。

台头河虽然不大，但由于靠近小珍珠山，河床很浅，河边几乎没有堤岸，所以每年多雨的季节村庄都会遭受洪水侵害。这时台头河的水流很急，大量的河水淹过两岸。或许正因为如此，村民们从来没有想到在河上造一座固定的桥。河北岸是居住区里的

8

大街，受小堤保护。河南面的大片土地大约在半个世纪前就已经被破坏或完全冲走。现存的林地和沙地在以前都是良田。雨季过后，台头河又成了一条又窄又浅的小溪，为了取到水，有时人们不得不掘进河床很深。

除了通往田头的小路，还有两条大路通往南面。一条与大街的中部相连，另一条经过村庄的西端，都是改建过的路。东边有三条通往邻村的小路，西边只有一条。改建过的大路向西北方向延伸，把台头村和集镇联结起来。

9

第二章 村 民

很难说清台头村人口的确切数目。保甲制[①]恢复以后，每家必须把写有家庭成员的姓名、年龄、性别、亲属关系和职业的卡片贴在前门门楣上。然而不可能通过这种方法计算出确切的人口数，我们只能以家庭的平均规模和村庄的大致家庭数为基础来估算村庄的人口。

根据卜凯的研究[②]，中国农业家庭的平均人口是5.21人。卜凯所依据的资料是在1929年到1933年期间从遍及22个省、253个县的269个村落中收集来的。资料有三个来源：县政府的记录、熟悉内情的当地居民以及南京大学农学院一个系开展的农业调查。在山东省有23个县被纳入了这一研究，尽管台头村所属的胶县不在其中，但邻县即墨县却是其中之一。即墨县在农业、自然资源和社会组织等方面与胶县很相似，因此在即墨县得到的研究成果也大致适用于胶县。根据该项研究，即墨农业家庭的平均规模大约5人，而每户的平均规模是6.5人。第一个数据略低于全国其他地区的平均数，而第二个数据则大大高于平均数。在该项研究中，研究者把农户界定为“所有一起生活和吃饭的人，包括没有亲属关系的人，如雇工”。

---

① 参见本书第239页。

② 卜凯：《中国土地利用》，“农业人口”。

根据作者目前的印象，台头村的家庭规模不可能少于即墨县的 4.8 人，甚至可能高于全国 5.21 人的平均值。杨姓家族 13 个家庭中的 10 个至少有 6 人，陈姓家族和潘姓家族的许多家庭也有 6 到 10 人。因此把台头村家庭人口的平均数定为 6 人（包括父母、子女和孙子、孙女）也许比较恰当。

10

台头村的家庭数目也很难估计。十多年前通常认为约有 100 个家庭，但在最近十年中家庭数目显然增加了。因为许多大家庭分成三四个独立的小家庭，而且没有家庭迁出台头村，虽然有些家庭消亡了。似乎可以较有把握地说，目前台头村里约有 120 个家庭。如果我们采用这两个估计，那么台头村的人口数约为 720 人。

青岛市政府发表了市政当局 1924 年到 1926 年连续三年的人口普查资料。① 青岛城郊大部分是乡村，如靠近台头村的薛家岛位于胶州湾的西南面，是农业和渔业地区。三年人口普查资料表明该地区的大中村庄家庭平均人口是 5 到 6 人。这既支持了卜凯的数字（5.21 人），也支持了我们的估计（6 人）。但我们必须切记村与村之间的人口数字是有差异的。有些村庄家庭平均人口小于 5 人，而另一些村庄则大于 7 人。

我们不知道台头村的出生率和死亡率，因为村民没有出生和死亡的正式记录，至今也没有人对该村男人、女人、老人和年轻人的有关数据做过任何调查。在作者记忆所及的那几年里，台头村在这些方面没有发生任何异常的情况。这或许与如下事实有关：该村庄始终以乡村生活为主，迄今没有受到可能引起打破古老平衡的因素的严重影响。这里从未发生过溺死女婴的情形。

① 《胶澳志》第三卷，第一部分“人口”。

根据薛家岛地区的人口普查资料，1926 年 46 个村庄 3 629 个家庭的人口总数是 19236 人，其中男性 10338 人、女性 8898 人（男女各占 54%和 46%，男性高出 8%）。除两个村庄外，所有村庄中女性都少于男性，而且在有些村庄差异大得令人难以置信。这些数字肯定有相当多的错误。这个地区的男人和其他地区的男人一样，不愿向外人提起他们年轻的妻子。人口普查的初步资料显然是由地方警察局收集的。对许多乡下人来说，警察是陌生人，至少是值得怀疑的人。而警察可能对人口普查的目的一无所知，他们没有努力引导人们说出他们不愿意讲的事。因此，许多妇女可能没有被登记。

11

有些家庭保持不变，而有些家庭人口增长很快，发展出几个新家庭。比如一个杨姓家庭，有四个儿子和一个女儿，都结了婚。大儿子的妻子结婚时 25 岁，婚后第二年生下第一个孩子，共生了七个孩子，两个在婴儿时就死了，在 45 岁时她生下了最后一个孩子。如果她早八年结婚，她可能比现在多三个孩子。二儿子的妻子 23 岁结婚，也在婚后第二年生了第一个孩子。她现已 45 岁，有五个孩子存活了下来，两个在婴儿时就死了。如果她早几年结婚，可能比现在多生两三个孩子。三儿子的妻子 28 岁结婚，婚后十个月生下第一个孩子。她共生了五个孩子，死了一个。她现年 40 岁，如果她早 12 年结婚，而且最近三年不与丈夫分居的话，她可能比现在要多五六个孩子。她与丈夫不想要太多孩子，他们已经采取了节育措施。四儿子的妻子 23 岁结婚，婚后十年生了四个孩子。这家的女儿 19 岁就出嫁了，生了七个孩子，其中五个活了下来，两个死了。由上面的叙述可知妇女的平均生育率相当高，尽管还有许多妇女由于疾病或健康原因只生了几个孩子或没有孩子。

孩子的死亡率相当高，每生六七个大约死两个，大多数村民对此已习以为常。但如果失去孩子太多，如五个中死掉三个，邻居就会觉得肯定什么地方出了毛病，要么是妻子给家庭带来了厄运，要么是祖宗干了伤天害理的事。另一方面，如果家中所有的孩子都养大了，人们就会认为这位母亲和这个家庭很幸运，非同寻常。孩子在三岁以前的死亡率最高，在五到十岁间逐渐降低。小孩死了，尸体并不深埋，很容易被野狗和狼挖出来。当一个老妇人问邻居的孩子年龄，得知小孩已经十岁时，她就会说："好，不会喂狗了！"——意思是死亡的危险已经过去了。

12

成年人的平均寿命大约是六七十岁。女子的寿命比男子短，这也许是因为她们要生孩子、工作辛苦而且饮食通常不如男子。当一个 60 岁以上的男子，病得几天不能起床，整个家庭就会觉得非常严重。但如果他不到 60 岁，他们就不太在意，因为死亡的可能性很小。一个人如果不到 40 岁就去世，亲属和邻居都会觉得非常意外，显得非常悲伤。一个人不到 60 岁就去世，人们也会觉得意外，但不会太悲伤，因为死者成年的孩子可以延续家庭的香火和照顾年老体弱者。如果死者超过 60 岁，死亡就是自然的事，只有近亲才会悲伤。如果一个人活到七八十岁以上，他的死亡对亲属和朋友往往是个解脱，特别在家庭贫穷或晚辈不孝顺时更是如此。死亡也可能成为一种幸福，对于一个寿命较长、已享受过美好人生的老人，在老得遭晚辈嫌弃前死去也许是件好事。

像中国其他社区一样，该社区的婚姻制度也是从父居。女子到丈夫家居住，这是人口流动的主要形式，迁入和迁出的人口极少。住在村庄两头的王家和薛家是六七十年前迁入台头村的，这两家一直又小又穷。王家的父亲和一个儿子曾是该社区受欢迎的木匠，要不是女儿与邻村的年轻男子私通，他们或许已经成为台头村的正式成员了。女孩的母亲，因为纵容这件事而受到人们的责备。村民们抱怨这件事败坏了他们家乡的名声。父亲和儿子意识到这种普遍的排斥，留下女儿，远走他乡。后来女儿嫁了人，这个家庭就从台头村消失了。

薛家也曾受到欢迎。有一段时间，薛家的父亲还担任过村中的公职。但父亲去世后，儿子没能延续下去。而且因为家里穷，这个家庭在社区事务中渐遭忽视。另外一个薛姓家庭在几年前迁至该村，在居住区西南的外围造了房子，这个家庭现在正趋于衰落。这些人得不到其他村民的亲切对待，与其他家庭也没有多少联系。

13 关于杨姓家族怎样来到台头村有个传说。约200年前，在台头村西南100英里的斜午镇住着贫穷的杨氏两兄弟，他俩来到胶县东南部当农业雇工。由于他们诚实、勤劳又可靠，大户农家想继续雇用他们，但他们不愿受雇于同一个地方。一个来到台头村西面仅半英里的萧庄干活，另一个来到台头村西北十英里的一个地方干活。兄弟俩都赚到了足够的钱，在他们干活的地方结了婚，安居下来。100年来，他们的后裔形成了一个大族。在萧庄，杨姓家族是主要家族，有80到90户人家；另一兄弟的后裔形成了一个叫杨家氏联的村庄（同一地区的几个村子称为氏联，杨家氏联就是杨家的氏联）。后来萧庄的一个杨姓家庭迁入台头村，现已增加到一打①以上的独立家庭。

偶尔也有家庭迁出台头村。在台头村半英里外两个小山丘之间有一个10到15户人家的小村子，他们是六七十年前迁出去的一两户潘姓家庭的后裔，他们与台头村潘姓家族仍保持亲属关

---

① 一打指12个，是一种12个单位的计量标准，是英制单位。——译者注

系。邻近山区的几个更小的群体也是迁出去的几家潘姓家庭的后裔，他们人数太少不足以形成村庄。一个潘姓家庭迁至村庄的外围地区，后因两个儿子都未成家生子而消亡。另一个潘姓家庭迁至台头村西面约两英里处的一个村庄，后来逐渐成为那里最有影响的家族。

约五十年前，一个杨姓家庭从台头村迁至辛安镇，据说迁移的原因是已婚兄弟们及其妻子之间发生争吵。然而，在他们离开后，亲戚和亲属仍对他们进行季节性拜访，还给他们稻谷、粮食和特殊的帮助。这个家庭因儿子未娶亲、父母未留下任何财产，在不久前消失了。

台头村的人口一直是比较稳定的，很少有家庭迁离村庄。尽管个人经常流动，许多年轻人到较大的镇上去工作，但他们与家乡的亲属保持着密切的联系，而且常常回村庄，最终在村庄里定居下来。台头村的人口变化主要是出生率和死亡率引起的，与人口流动关系不大。

14

第三章　农　业

与中国其他地区的农村一样,该地区的耕地长期以来一直被复杂地分割成很小的碎块。一个农民或一个家庭拥有的并不是一整块的农田,而是分散在很多地方的小块农田。农民住在村庄里,要到他的耕地上去,必须去几个不同的地方,有些地方还离得很远。每块农田都属于不同的主人,每块农田的主人必须有到达农田的路,所以在田地里有众多的小路和小径。在夏季或收获季节,田地看上去就像许多不同颜色的小邮票错落有致地排列在一起。

在一个村庄,土壤的贫瘠程度相差也很大。土地的极度分散使得某一质量的土地不致全部为一个或几个家庭所有,从而减少了任何一个家庭颗粒无收的可能性。因为不同的土质适合种植不同的作物,一个在几个地方拥有土地的家庭可以种植多种作物,他们多少能从土地上得到回报,因而可以自给自足,很少需要交换。在以前,每家的田地肯定比现在更大。由于父亲的财富要在儿子之间平均分割,因此田地就有一个分割和再分割的无穷过程。同时大量小笔土地的买卖也使得小块土地增加了。一个家庭从邻居那里买下的往往是小片土地,很少是整块土地。把这些碎块土地重新合并起来是不可能的,因为那需要两三个土地所有者同时把他们的土地转让给一个人。一个家庭不到迫不得已是绝不会卖地的，因此几个家庭同时不得不卖出土地的情况是极其罕见的。

农田的规模变化很大，最小的可能只有十分之一亩①，最大的有五亩，甚至超过五亩。在山丘、山谷和水地，农田一般较小；而在平地上，农田较大。在山丘地区许多小农田是斜坡或坡底的梯田，这些梯田常常仅是些小角落——其中很少有一亩大的土地。水田是村民们最珍视的，每小块的价值极高。水田已经被分成许多小块，使得每个富裕家庭都有一块。在北部、西部和东部的平地上，很少有小于一亩的农田，大多是一两亩，也有一些是三亩的。四五亩一块的土地通常只有富裕家庭或曾经富裕过的家庭才有，因为只有富裕家庭才能同时在同一块地方买下这么多土地。只有当拥有大量地产的家庭衰落时才有可能购置到大块土地，而这种机会是很少的。该村的潘姓家庭尽力保持大块土地不被分割，但随着后裔人数的增加，这种状况不再能够维持，最后多数大块田地都被划分成许多小块田地。

根据卜凯的研究②，全国农村田地的平均规模是半英亩，但在中国北方（或小麦区），平均规模是中国南方（即水稻区）的三倍以上。“西南水稻和水稻-茶叶区田地的平均规模分别是 0.12 和 0.17 英亩，而春麦区是 1.26 英亩。”台头附近地区与这些情况不符，台头村是冬小麦和高粱区，由于这里的人口密度远远高于卜凯得出数据的春小麦区，平均田地规模虽然比水稻区大得多，但比春小麦区仍要小。

通过对家庭地产规模的大致分析，可以把家庭情况划分为四

① 该地区的一亩比四分之一英亩少一点（4.3 亩＝1 英亩）；该地区的亩是正式亩 240 平方步的 1.5 倍，合 360 平方步。

② 卜凯：《中国土地利用》，第六章，第 184 页。

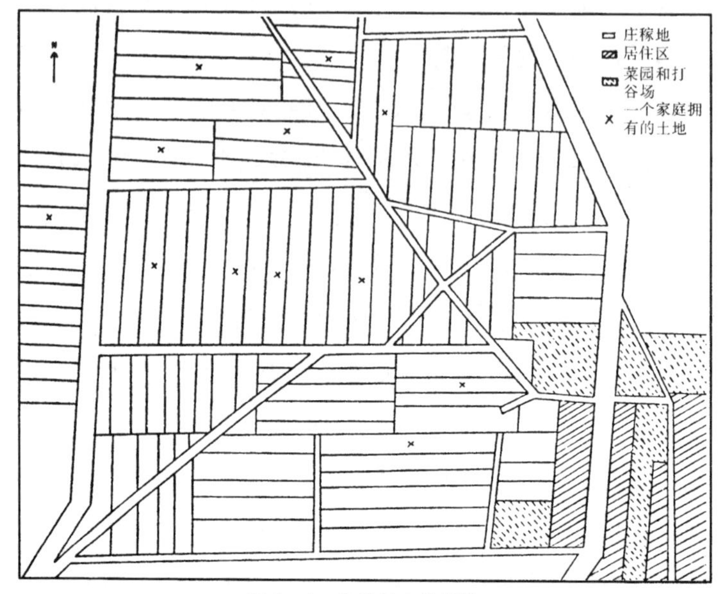

图 3-1　台头村土地系统

此图表明了台头村各家庄稼地的分散程度。标上×的田地属于同一个家庭，该家庭还有许多田地在地图上没有画出的其他地方。

等:拥有 30 到 40 亩土地的家庭，拥有 20 到 29 亩土地的家庭，拥有 10 到 19 亩土地的家庭，拥有 1 到 9 亩土地的家庭。约十年前还有两三个家庭各拥有 80 到 90 亩土地，有五六个家庭各拥有 40 到 50 亩土地。最近十年来，所有这些家庭要么是分裂成小单位，要么因土匪打击或孩子浪费被迫卖掉了土地。目前拥有 40 亩土地以上的家庭或许已经没有了。

这里的主要作物有小麦、黍、大麦、大豆、玉米、甘薯和花生。菜园里种着各种蔬菜，有卷心菜、萝卜、洋葱、大蒜、荠菜、芫荽、红萝卜、黄瓜、菠菜、各种菜豆、南瓜、豌豆和甜瓜。也有各种水果，但产量不高。这儿没有果园，大多数的菜园旁边可以看到一两棵果树。

大部分土地适宜种植甘薯和花生，产量很高。因为大多数家庭拥有的土地数量有限，因此他们不得不种植最适宜于土壤、最有希望获得高产的作物。6月到10月间，甘薯、花生和大豆占去了整个庄稼地的50%到60%；其次比较重要的作物是黍，占去30%；只剩下10%种植其他作物和蔬菜。11月到第二年6月间，一部分土地种冬小麦和冬大麦，一部分土地休耕。田地较多的家庭多种些小麦、黍和大豆，较贫穷的家庭不得不多种甘薯和花生。小麦生长期长，所需肥料多，产量却不高，但小麦粉是最好的食物之一。富裕人家喜欢小麦，也有能力种植小麦。小麦也是一种好销的作物。甘薯在山上和沙土里也能生长得很好，所需肥料不多，这是它的一大优点。从产量和营养价值来看，甘薯是比小麦更可依赖的食物，因此土地不多的家庭不得不种植较多的甘薯。花生可在不宜种植小麦的土地上生长得很好，因此成为较贫穷家庭主要的出售作物。大豆对出售与家庭消费同样重要，所有家庭都大量种植。黍是当地农民消费的最主要食品，因此人们大量种植。

17

除几家没有菜园外，其他家庭都有菜园，蔬菜也有长在野地里的。每户家庭种植十分之一亩到半亩的萝卜。菜豆和豌豆种在庄稼行间或田地边上。有些家庭还种西瓜和甜瓜。湿水稻长在水地，水稻的年收获量在全村经济中不是很重要，但令人感兴趣的是水稻给这个村庄带来了该地区很少有的水稻文化。

在8月底(约阴历七月中旬)[①]，黍和大豆刚好收获完毕，空闲下来的土地用犁犁过，休耕约一个月，在9月底开始播种冬小麦。播种前几天，人们先把准备好的肥料运到田间，堆成小堆。播种开始时，至少三人来到田间，带着一组联畜(一头牛和一头驴

① 本书中出现的月份，阳历用阿拉伯字数表示，阴历用汉字数字表示。——译者注

或一头牛和一头骡)、一把犁、一个木制耙、几个肥料桶、种子和一些豆饼粉。首先，把种子、豆饼粉和肥料仔细混和起来，使每把混料都包含等量的种子和肥料。然后扶犁人赶着他的联畜沿田地长的一边犁地，其余两三个人在肥料桶里装满了混料，挂在肩上，跟随着犁在相距约一英尺①的两条犁沟里一把把地撒混料，每人负责一部分田地。采用这种方式要花很多时间和劳力，但这里劳动力便宜，肥料、种子很贵，所以人们比较喜欢采用这种耕作方式。播种结束后，联畜拉着木耙把田地拉平，于是犁沟不见了，肥料和种子被覆盖起来。约一周内，嫩芽就会破土而出，一个月内就能适应严寒天气。如果降雪很多，村民会指望小麦丰收，而如果天气太干燥或冷雨下得太多，幼株就会严重受损。因此，一场覆盖地面的大雪总是令人愉快的，新春的庆祝会因此更热烈、更丰富多彩。

4 月，天气转暖，小麦的幼株又开始迅速生长。有些农民去田里除草，但大多数人不去。冬小麦的生长期持续两个月多一点，即从 4 月到 6 月初。在阴历五月初五，冬小麦成熟时，有一个隆重的节日——端午节。

在该地区，收割小麦不用镰刀。人们把麦秆连根拔起，而后束成小捆放在独轮车、畜背或人肩上运到打谷场。谷子打下晒干后贮存起来。打谷由畜力和人力借助简单的工具完成。打谷期间是妇女一年中的第一次户外劳动。小麦生长期间所需的劳力比其他作物少，但资金费用高，土地要施肥，产量又不理想。

黍在早春开始种植。天气一转暖，前一年种过甘薯或花生的休耕地就用犁犁过或用钉耙松过，春天的犁耕不必太深，然后人

---

① 1英尺等于 0.3048 米。——译者注

们把准备好的肥料运到田间。5 月初，田地完全解冻，开始种黍。黍的种植很像小麦，但因为春天土壤松软，幼株需要更多坚固泥土的支撑，所以播种后的田地需要用石磙压实，没有石磙的农民就用脚踩。

如果天气适宜，一周左右，黍的小幼叶就破土而出了。下一周，幼叶变成了幼芽，再下一周幼芽就长到三英寸[①]高。这时艰苦的劳动开始了。密密的幼株必须疏植以得到自由发展的空间，这只能借助于一把锄头手工进行，所以工作缓慢而吃力。只有经验丰富的农民才能把良株与弱株、幼草分开。约一周或十天后，田间需要除草，需要在植株的底部培土让植株站立起来。十天或两个星期后，再重复一次同样的工作，需要重复三四次——草除得越干净，庄稼长得越好。从种子抽拔到收获期间，农夫不必在黍田里花很多时间，除非需要拔除病株或被虫蛀了的植株。

19

在这一地区，黍和同类谷物在 8 月后期成熟。黍的收割与小麦一样。当作物被汇集到打谷场时，妇女们，尤其是姑娘，用锋利的铁片把穗头从黍秆上割下来。所有妇女，不分老少，这时都要参加劳动。姑娘们甚至可能为其他家庭劳动，赚上一点私房钱。妇女也参与打谷和脱壳工作。

花生几乎与黍一样，也在 5 月初播种。花生一般与甘薯在同一块田里轮种。准备种花生的田地先要犁过并施上肥。精心选出来的花生种子先在家里用温水浸泡一会儿，然后在温暖的地方放上两三天，等种子发芽后，就可以播种了。种花生时，首先把肥料撒在犁沟里，然后把种子(一次约三粒)放在肥料上，这件事经常由孩子来干。田地要用石磙压平，压结实。田地要非常平整，

---

① 1英寸等于 2.54 厘米。——译者注

使得幼株长出来时，泥块能依附在上面。在嫩叶生出、青藤开始伸展时，进行第一次除草。约 15 天后进行第二次除草，如果草长得很快，可能需要第三次除草。从这时起土地应该潮湿、松软，以使将长出花生壳的“针”能容易地穿入土壤。花生壳长大，核仁成形，需花一到一个半月，这期间需要气候干燥，因为如果土地太湿的话，花生壳会烂掉。农民们懂得这个道理，所以他们通常把花生种在有沙土的山丘地里。

花生在 10 月底收获，这项工作非常吃力，如果花生不是收入的一个来源，花生蔓藤不是家畜饲料主要来源的话，人们早就放弃种植这种作物了。原先的做法是先把蔓藤割下来，搬离田地，然后用犁耕，使泥土变成包含花生的小块，再放在筛子(用木框和网状的铁丝制成)里筛，这时，泥土落下来，而花生留在筛子里。这种方法因为太费力，早在 20 年前就不用了。现在整个工作只需一个劳力加一件工具——一把锄头即可，但工作更辛苦。农民把锄头举过头，狠狠地砸进植株周围的土地。他这样砸两三次，泥土就碎开，这时可以把根上附着花生的整个植株拔出来，并把留在地里的花生捡起来。整个收获过程需要经过长时间的体力消耗才能完成，多人合作并不能缩减工作或使工作轻松一点。

妇女和孩子们从蔓藤上把花生摘下来，有些女孩受雇干这项工作。女孩们也到田地里去拾落下的花生。勤奋的话，一天可以拾到二三十磅①，约值一美元以上，十天她就可以赚到 10 到 15 美元②。这些钱归她个人所有，不属于整个家庭。如果榨油厂这

① 1 磅等于 0.4536 千克。——译者注

② 英文原书初版于 1945 年，在 20 世纪 40 年代，1 美元相当于 4 块大洋(银元)。大洋为圆形，价值相当于七钱二分白银，主要有袁大头等。民国初年，一块大洋可买 70 斤大米，一头牛的价格大概是 5 块大洋。——译者注

时开工，女孩还有另外的赚钱机会，即到厂里剥花生。

在人们所干的农活中，种甘薯最累人。4 月份，农民开始在他贮藏了一冬的新鲜甘薯中选出最好的甘薯做种子，把这些种子埋在温暖的砖床上的湿沙里。十天或两周后，种子的表面绽出嫩芽，不久嫩芽变成苗。这时天气已很暖和，苗可以移植到菜园里去了。它们被成排移植到苗圃里，施上很多肥料。当嫩苗长出蔓藤，开始在地面上伸展时，苗圃必须始终保持湿润。

小麦收割后，空地上必须马上做好种甘薯的准备。田地需要犁过，筑起成行的垄脊，垄脊顶部必须松软、平坦。如果要施肥的话，常常把肥料施在垄脊下面，但一般情况下是不施肥的。这时，农夫的妻子和孩子们在家里忙着把苗圃里的长蔓藤剪下来，捆成一束，放在篮子里带到田间。经验丰富的父亲在垄顶上种苗，稍年长的儿子或雇工用桶去附近的河、池塘或井里挑水。年幼的女儿和儿子在刚刚种上苗的小坑里灌入一品脱[①]水。母亲和年长的女儿用土把坑填起来。除了一片叶子必须留在外面，苗蔓必须全部埋进土里。如气候适宜，一周内就会长出嫩芽，苗蔓变成新蔓藤。这时开始除草，几天后必须不断除草。在雨季，地面潮湿，长苗蔓上到处长出小根须。不能让这些根须钻进地里，所以每次下雨后，农民的儿子要把苗蔓从垄的一边移到另一边。如果垄沟因大雨经常冲刷而变小，垄与垄之间的土地要重新耕过，把新土加到垄顶上去保护甘薯。

21

甘薯与花生同在 10 月份收获，这是台头村农民最忙的季节。年幼的男孩先把甘薯蔓藤割下来，然后父亲和年长的儿子带着锄头、篮子、推车和驴来到田间，像挖花生一样把甘薯挖出来。年幼

① 品脱是英、美计量体积或容积的单位。用作液体计量单位时，美制 1 品脱等于 473.2 毫升。——译者注

的男孩把甘薯放进安装在推车上的两个大框子里。甘薯不是拿回家贮藏过冬，就是运到一个开阔地去加工。加工工作大多由妇女来完成。女儿们在田间把甘薯洗干净，母亲在地上放一个小桌子，把洗干净的甘薯切成片，薄薄的圆片经过切刀下面的孔落到篮子里。人们把甘薯片铺在地面上，在太阳下晒干。妇女做饭并在家吃午饭，男子则在田间吃午饭，饭后继续工作。傍晚，妇女们早些停工回去准备晚餐，而男人们继续工作，直至天黑为止。回家路上，每个人都精疲力竭，腰酸背痛、两腿僵硬、手心火辣辣，但是他们心情愉快，因为收获不错。在晒甘薯片的地方临时搭建起棚屋，有个儿子睡在这里，在打谷场的小棚里则睡着另一个儿子，看护放在那里的花生和邻近菜园里的卷心菜。田间的这些工作约两周时间才能完成。

这时，人们花在打谷场和菜园里的时间更多。作物已经从田里收上来堆在这里的地上，准备贮存起来。每天太阳暖和的时候，大堆未售出的花生必须铺开晒太阳，而在太阳下山后堆起来，以防花生腐烂。甘薯片也得同样当心。还必须把这两种作物的干蔓藤和草一起切下来，贮藏着作为牛和驴的饲料。收获上来的卷心菜或其他蔬菜要么贮存起来，要么进行加工。当打谷场又干净时，就可把农忙季节搭的小棚拆掉，把搭棚的材料拿回家。

22

大豆的种植相对比较简单，在小麦和大麦收获后马上开始播种。农民只要把种子播种在犁沟里，田地事先并不一定要耕。男孩跟在犁后面下种，然后用木耙把田地拉平，把种子盖起来。除非家里有多余的肥料，一般不施肥，因为大豆并不一定需要肥料。三五天后，只要土地湿润，嫩芽就会钻出地面。植株长出三片叶子的时候开始第一次除草，在 15 天内又要进行第二次除草，这时需要多雨和高温天气。而当豆壳成形、半饱满时，地面不应太湿，因此雨水太多又不适宜了。当豆壳饱满，豆粒结实时，收获也就开始了。农民和他年长的儿子用镰刀把豆株割下来，刚好割在地面上一点，然后放在驴背上或用独轮车运到打谷场上。妇女们不参与这项工作。

有意思的是，在这么大的地区只有这个村子种植水稻。这里的水稻种植方法与产稻区有所不同，这里的农民不是先把种子播在苗圃里，因而也不需要重新播插秧苗，而是简单地直接把种子播在田地里。四五月份，当水变得温暖而水位较低时，农民用铁铲把厚厚的一层土翻过来。土壤表面变暖后，在上面挖些小洞，把稻种播下去，几天后就长出幼苗了。这里的农民从不灌溉水稻。稻米是村里的高档食物，因为它太难得到了。如果问穷孩子，他最喜欢吃什么食物，答案总是小麦做的食物、大米饭和卷心菜烧肉。

不管菜园多小，每个家庭都有一个，在早春到冬天这段时间使用。因为菜园很小，所以要非常精心地种植、施肥和浇水。菜园的收获一般可满足家庭的简单需要。菜园里长着大量的卷心菜，可以贮存起来留着冬天吃。萝卜和菜豆也贮存起来，但其中一部分可能拿到集镇上出售。萝卜的种植比其他农作物要精细得多，幼株必须几次疏植，在叶子完全覆盖住地面前需要除草好几次。冬天和春天正是其他作物的供应淡季，萝卜成了重要食物。

23

农具一般也很简单，最重要的工具是犁、两种木耙、除草用的锄头和掘地锄头、木制和铁制的草耙、木制或铁制的铲、收割用的镰刀和各种叉。打谷时的主要工具是石磙和连枷。这里的农村没有多轮车，独轮车最常用。这可能是因为这里是山地，大多数路仅是狭窄小径的缘故。（这些工具构造的详细情况参见附录一。）

除编几个粗糙的篮子外，村民们自己并不制造工具，因为他们需要的工具可以在集镇一年两次定期举办的特殊集市上买到。有些工具是由邻村制造的，那里有制造工具的材料。其他工具是远些的地方制造的，由小贩贩来。在收获或犁耕季节来临之前，走村串户的铁匠来到村里修理或加固铁制农具或钢制农具。虽然农具很简单，但制造也还需要一定的技术，学会这种技术需要花一定的时间。而且，在制造工具前还必须收集各种材料、有一个工场。这对一般农民来讲是难以做到的，他没有时间也没有必需的知识，所以他宁可买现成的工具。近来，村里建了一个小型铸造厂，可以用当地的材料在当地制成许多铁制农具和生活用具。这些工具大多由男人使用，妇女和儿童几乎不会操作。

为了肥田，人们把人畜的粪便小心地收集并保存起来。在前庭和后院的角落里，人们把茅坑和邻近的猪圈用墙和篱笆围起来，朝院子开门。茅坑当厕所用，所有粪便、牲口棚里的废料及外面的废料都放在这里，甚至厨房里的灰也被小心地保存在这里。坑满之后，坑里的东西就被运到专门留出的空地上，用一层泥土覆盖起来。混合肥在坑里已经开始发酵，在这儿继续发酵。根据当地农民的经验，生粪不肥，发过酵的混合物是最好的肥料。播种季节来临时，把粪堆砸开，让混合物在太阳底下晒干，然后制成粉末运到田里。

24

第二种重要的肥料是豆饼。大豆的油榨出后，残渣制成豆饼。豆饼既可做牲口饲料，也可做肥料。做肥料用时，豆饼一般与堆肥混合使用，这不仅是因为光用豆饼农民负担不起，而且还因为当地人认为混合肥效果更好。

老砖炕、老灶头或老房子里面的泥土也可用作肥料。村民的炕是用晒干的泥砖砌成的，这种炕内有两三个通道，一端与厨房灶头相通，另一端与烟囱相通。灶头点火时，烟从通道进入烟囱，再到屋外。一两年后，炕东面的砖头沾满了烟尘，已被氧化。在春天里，农民用新砖重新砌炕，就把成了粉末的旧砖与粪肥混合后撒到田里或直接撒到田里，这对大豆、甘薯和萝卜特别合适。

绿肥很少看到，部分原因是缺乏无机燃料。用作燃料的不是煤和汽油，而是树枝和树叶、麦子和其他作物的秸秆。虽然该地区几乎群山环抱，但木材仍然很珍贵，不能当柴烧掉。任何不派其他用场的植物都被小心地收集、保存起来，塞进厨房的灶头里。牲口饲料主要是黍秆、花生和甘薯的藤蔓及各种草料。另外，房屋大都用茅草盖顶，直到最近才有几家用瓦盖顶。农民认为既然植物还有其他许多用途，用作肥料不合算。例如，麦秆可以当柴烧，灰从灶里挖出来和粪肥混合可以肥田。这样一来，麦秆就具有两种用途：当柴用和当肥料用。其他草和藤蔓也具有这两种用途。但是麦秆灰没有绿肥的肥田效果好。商业肥料还未引进台头村，保守的农民并不完全相信新东西的效用。最近有些富裕农民在青岛买了肥料，但那不是化学肥料，而是他们喜欢用的人畜混合粪肥。

25

然而收集粪肥也有不便之处。茅坑堆满后，坑里的东西不能直接撒到地里，而要移到门前的空地或街上的人行道上。如果在粪堆堆好、覆盖起来前下雨的话，整个街道将充斥秽物。另一件麻烦的事是把尿和粪直接施到蔬菜上。对农民来说，这些都没有多大的妨碍，相反，他以有一大堆秽物，里面养着三四头猪而自豪，因为这代表着家庭的财富，有助于他儿子娶到好妻子。再说，村民也不会在与家庭经济没有直接关系的事情上花太多的时间。

最近，河北定县的“平民教育协会”作了一些努力，来改善农民家庭的厕所环境。齐鲁大学和燕京大学试图寻找方法,防止厕所成为夏季疾病的来源。他们尝试在施用粪肥前把其中的虫胚杀死,他们也试图通过在粪肥中混入一定数量的草、泥土和植物的办法来增加肥料的数量。这些努力取得了一些成效,但情况仍没有很大改观。

牛、骡和驴是常用的农用牲口。其中驴最便宜,甚至一个仅拥有10亩土地的家庭也有一头驴子;拥有15亩土地的家庭就会有由一头小牛和一头驴组成的一组联畜;拥有20亩土地的家庭就会有一头驴和一头大牛;拥有40亩以上土地的家庭就会有一头驴、一头大牛和一头骡。拥有土地不足10亩的家庭买不起任何牲口,田间劳作要么不用牲口,要么与较富裕的邻居合作,用劳力去交换邻居家的牲口。

牛主要用来犁耕和播种,极少用来拉车和推磨。犁耕或播种完后,就把牛牵到牲口棚里、柳树荫下或靠墙的阳光下。骡子使用得更多,当驴子太吃力,或人们骑着去其他村子做客时,由骡子来把收获的谷物从田地运到打谷场或从事推磨工作。

实际上每户家庭都有一头驴,它们用作运输工具和做各种家务劳动。村妇不经常与牛接触,也从不驾驭骡子,但她们像爱畜一样使唤驴子。没有驴子的话,不仅对小农的田间工作有妨碍,而且对他们的妻子做家务也有影响。

尽管农业是获得收入的主要手段,但在农闲期间也有许多辅助性职业可以获得收入。比如,台头村潘姓两兄弟,原先在青岛的一家机器厂工作,现在建造了一家小型铸造厂。工厂虽然简单,却是现代的。在获得了相当可观的收益后,这个家庭买了几亩地,造了两三间较好的房子。兄弟俩不仅为本村村民,而且为附近其他村子的村民提供铁制农具。他们曾为村教堂铸了一口

26

钟,村教堂也愿意把生意给本村的工厂做。

村里还有一个木工场,一个木匠和一个徒弟在里面制作家具、简单的门窗、大量简便的农具。他们的产品除满足村民们的订货外,还拿到集镇上去卖。村里还有其他木匠,他们没有工场,就到顾客家里去干活。木匠的收入高于农民。他既吃人家的饭,又拿人家的钱,工资也比农业雇工高。虽然收入可观,但很少有人去学这门手艺,这一事实表明农田工作在村民眼里的重要性以及他们对农田工作的明显喜好。

村里有三四个织布匠。其中一个曾经买过一台改进的织布机,开设了一家工场。他自个儿织布,拿到集镇或其他村子去卖。遗憾的是因为资金短缺和不能稳定地工作,工场停业了。其他织布匠都只有旧织布机,生产效率极低。近来他们被迫与日益涌入农村的工厂生产的布进行竞争。年轻人只要条件允许更喜欢细布料,老年人仍然认为土布更好——说土布耐穿,更适合繁重的田间劳作。新布的输入导致了老年人和年轻人之间的有趣妥协。许多家庭已放弃了传统的原棉纺纱,现在他们到集镇上去买棉纱,然后在家里织成布。这种布基本上保持了原貌,因为是用老织机织成的。年轻人暂时对这种布还能满意,因为他们不能经常买相对昂贵的新布。眼下他们还能接受这种妥协。老年人听到老织机的声音,看到布保持原样就感到安慰,他们为老传统仍然存在,世界还没有完全乱套而欣慰。然而既然他们的女儿不必纺纱了,怎样让她们在漫长的春天有事可做呢?这一新问题是老年人更加关注的。

27

几年前,有三户家庭开办了榨油厂,在冬天和春天他们用当地产的花生和大豆来榨油。其中一家还开办了一家制篮厂,篮子是作为把油运到青岛去的容器使用的。这是个有利可图的行当,有时需要雇用十到十几个人来做。然而近年来,由于盗匪猖獗和重税盘剥,所有榨油厂都关门了。设备仍然保留着,一旦秩序恢复,他们马上就可恢复生产。

有五六个泥瓦匠,为本村和邻村造房子,有些还定期去青岛做工,收入与木匠相当。有儿子当泥瓦匠的家庭在社区中常能取得较好的地位。

有意思的是所有这些手艺人都是穷人家的子弟。有些人已使家庭地位得到了改善,至少也使其家人免于饥饿。只有榨油厂是富人家开设的。然而我们注意到很少有人从事工业。当地人认为最有价值的是土地,对他们来说,大量的地产和肥沃的农田才是财富的真正标志。这是乡村工业没有发展成重要行业的原因。对农业以外谋生的人来说,需求是唯一的刺激,至少是主要的刺激。

除基督教堂的传教士和基督学校的教师外,该村没有一个手艺人是完全靠手艺谋生的。所有泥瓦匠、木匠、织布匠、小铸造厂工人、村学校教师、庄稼看守人和几个村官员,在播种和收获季节或者偶尔不从事专业工作时,都与他们的家人一起在田间劳动。所有手艺人的工资中只有部分是现钱,其余包括吃饭,偶尔还包括住宿。

独立的生意冒险吸引着有雄心的年轻人。冬天或不下农田的时候,他们收集鸡蛋、家禽或蔬菜到青岛去卖,获得一些收入。有些人去城里采购新年庆典用的物品或其他季节性日用品,拿到特定的集市上转卖,赚点小钱。有三四个固定商人经常来往于青岛和邻近几个集镇做买卖,他们的收入用于家庭改善房屋、改进农田或购买更多的田地。

28

捕鱼不是一个固定的职业,只是妇女获取收入的次要来源。有些妇女在退潮时去海边挖贝类动物，卖给村民或集镇上的海货商人。一个有经验的妇女可通过这种途径获得可观的收入。在清闲的夏天，年轻男子也去捕鱼，只是不把这些捕捞物卖掉，而是作为家庭的贮存食品。

有两种农业雇工，按年的（即长工）和按日的（即短工）。农业雇工也按农业和家务劳动的经验和技术进行分级，有工头或监工，而那些技术不够好或刚下田干活的是辅助工。长工不一定一整年都工作，他的雇用期通常是从农历一月十六日到十月一日。短工主要受雇于播种、锄地和收获等农忙季节。雇用长工的家庭为了及时完成工作也可能雇几天短工。在农忙时，一群体格强壮的男子带着锄头镰刀，穿着草蓑衣，戴着草帽，每天早晨在集镇大街一角等着有人来雇他们，这在当地叫“劳力市场”。需要帮工的农家派人来这儿雇人。这些雇工没有固定的价格，但通常以初次成交价格为准。来到雇佣市场的大多是些贫穷农民，他们只需照料一小块土地，而且通常在农忙前后或晚上回家后干自家田里的活计。有时一个家庭也请贫穷的邻居帮忙，这时他们不去劳力市场，但仍按市场价格计算，这样两家之间或多或少会形成长久关系。穷些的家庭向富裕人家借牲口、种子和农具而不付租金，富裕人家也可能派联畜去穷人家犁地。穷人家的妻子和孩子在富人家需要的时候去富人家打谷场上或家里帮忙。

29

长工的合约通常通过中间人在冬天签订。事情一旦决定，雇工的父母会要求雇主预付他们的儿子一部分工资。如果第二年还要继续合约，雇主必须在雇工离开前通过中间人转告，并商定好工资。另一方面，如果一方或双方都愿续约的话，在雇工离开前双方需相互告知。长工除了得到现金工资外，也接受一些好意的补偿，该村的惯常做法是：两升（约 60 磅）小麦、十尺布、一套普通衣服、一件蓑衣和一顶草帽、长工消费的烟草和一些春节食物。雇主偶尔也会让长工去看一场村戏或去集镇每年举行的定期集市，这时会给他一点钱。雇工的伙食与住宿皆由雇主提供。

雇工和家庭成员在田间干活时，通常在田间吃早饭和午饭。整年工作中，雇工可得到几顿特别好的餐食。第一次是他工作第一天的欢迎宴，第二次是二月初二举行的欢庆宴[①]，第三次是三月初的清明节，接下来是五月初五的端午节。六月和七月也有一些特殊的餐食，在这以后最大的节日是八月十五的中秋节。九月份因为是农忙季节，也有许多不平常的餐食。最后是十月初五的告别晚宴。一年的工作到此为止，雇工准备离去，如果他们来年继续受雇，晚宴将更丰盛。

根据当地习惯，有固定膳食的传统节日是清明节、端午节和中秋节。这些节日供应大量的肉、蛋、鲜鱼和海货、绿叶蔬菜和当地自制的白酒。一般说来，每个家庭必须在经济能力允许的条件下尽其所能为雇工准备餐食；否则，雇工会抱怨这个家庭吝啬，并传播出去。这样一来，该家庭要雇人为其干活就很困难。在这三大节日里，雇工受到客人般的款待，一家之主为其斟酒，请他们放开肚皮吃。人们普遍认为让雇工吃得好是家庭农事安排成功的先决条件之一。

30

小家庭的雇工可能与其未婚的儿子同睡一屋，也可能独自睡一屋，或者住在打谷场的小棚里。富裕的家庭有专门为雇工建造的住处，房屋布置得很简单。雇工自己照顾自己。妇女不允许进这些房间，雇工也不许带妻子同住，但一年内可以回家几次。

家庭成员与雇工的关系通常是融洽的。经济地位变化频繁，

---

① 参见第八章关于节日的介绍。——译者注

长期雇用劳力的家庭很可能在同一代发生受雇于其他人的情况，而大量曾经贫穷的家庭也会变得相对富裕。由于这种变化是大量发生的，因而一个家庭不会觉得比另一个家庭高贵或低贱。而且，多数雇工自家也拥有土地，尽管可能很少，但只要一个家庭拥有一寸土地，他们就认为与他们的村民朋友是平等的。一个相对富裕的家庭，其儿子也可能为邻居家庭或邻村的某一家庭干活。比如这个家庭有十亩地，因为父亲、母亲和一个儿子就能照料好这些土地，所以另一个儿子就能够为别人干活。通过勤劳和节俭，这些小块土地每年可能有所增加。这样一来，这个家庭就会受到该社区人们的尊敬，谁也不会看不起来自这种家庭的雇工。所有雇工不是来自同一村庄就是来自同一地区的其他村庄，这些家庭之间相互了解。雇工与雇主从事同样的工作，都是在田间干活。所有这些因素都有利于缩小挣工资的人与雇主之间的区别。然而近年来情况有所变化，雇主与雇工之间发生了更多的争执。雇工要求较高的工资和较好的伙食，雇主出于自愿或被迫尽量满足雇工的要求，但他们抱怨现在与雇工打交道很困难。至于谁对谁错也很难作出公平的判断。雇工工资上涨不是由于真正的劳力匮乏而是由于社会和政治的混乱，所以情况总的说来并不乐观。而且自战争爆发以来，盗匪活动和动乱相应增加，许多年轻人抛弃了老传统，变得越来越不安分。一些年轻人做了土匪，一些加入了当地有抱负的首领招募的民兵组织，另一些人则完全失踪了。

31

32

第四章　生活水平

按照食物消费情况，可把台头村人大致分为四等。最低一等以甘薯为主要食粮，往上一等是甘薯和小米结合，第三等主要吃小米和小麦，最高一等主要吃小麦。在蔬菜上市时，四个等级的人都消费大量的蔬菜。前两个等级的人很少吃肉制品，后两个等级的人也只是偶尔吃肉。①

穷人家在一整年中，每天每顿吃的都是甘薯，从收获到第二年春天他们吃的是新鲜甘薯，新鲜甘薯吃完后吃晒干贮存的甘薯片。甘薯片可煮熟吃或磨成粗粉与其他粉混合制成面点和面条。除主食甘薯外，其他食物主要是大麦粉和花生粉做的粥，其次是剁碎的卷心菜和豆汁做的杂烩，再次是一两种腌菜，偶尔也有几种面点。

在农忙季节，食物消费更丰富些。蒸小米或小米面点替代了甘薯片，饮食中添加了肥肉煮蔬菜。在穷人家的餐桌上，只有在招待客人或新春庆典这些特殊的场合才会看到肉、新鲜的鱼或蛋。烹调用的是豆油或花生油，较富裕的家庭还用猪油。穷人家的妇女只有在生孩子时才能吃到糖。

家庭随着经济条件的改善，其饮食也相应得到改善。饮食中

① “中国饮食几乎都是素食，相反，美国的饮食主要是动物产品，含有大量卡路里。”卜凯：《中国土地利用》，第十四章，第414页。

除了甘薯外，还有小米、大麦、大豆、小麦和其他谷类食物，食物的消费因季节的变化而不同。在冬天和早春，田间工作比较清闲，每餐中的主食是甘薯做的食物。一旦男人们开始忙碌起来，食物的质量也相应提高。男人（包括家庭成员和雇工）的早餐是小米粉和大豆做的蒸面点、煮甘薯、大麦粥、萝卜和大豆的杂烩、咸鱼和一两种腌菜；午餐是蒸小米面点、蒸小麦面点、一盘肥肉煮蔬菜、小米和大米粥、咸鱼和腌菜；晚餐与早餐相似。在收获小麦期间，午餐还要好些，面点更多，肉烧蔬菜也很常见，每天可以吃到小麦粉做的面条，咸鱼和腌菜也供应不断。

33

然而，农忙过后，小麦的消费就受到限制，其他谷类食物的消费开始增加。人们大量食用绿叶蔬菜，尤其是菜豆，这是由于菜园里长满了蔬菜，而且蔬菜还可以长在田边和黍秆行间。蔬菜不会全部消费掉，其中大部分卖给集镇上的商人或贮存起来供冬天和早春食用。收获甘薯和花生的季节是一年中最忙的季节。这时，富人家的饮食是一年中除新春和特殊节日外最好的。食物丰富多样，菜单中有了更多的猪肉和牛肉，更多的小麦粉，还有卷心菜。每个人吃得都很好，就连乞丐看起来也很健康。一旦田间和打谷场清理干净，雇工离开后，饮食又开始受到限制直至春节来临。

从十月到十二月底约三个月期间，食物有甘薯、花生、大麦、大豆、萝卜和卷心菜。这些食物尽管也有营养，但人们却要遭受缺少卡路里和饮食单调之苦。村民们强烈渴望在冬天和早春吃到较好的食物。随着春节的到来，村民们的渴望才能得到暂时的满足。在春节期间，大部分家庭有 10 到 15 天时间享用较好的食物，蛋白质的消费量很高，此外，还要消费掉更多的脂肪、大量的豆腐、小麦粉和其他粉、卷心菜及更好的蔬菜。

富裕家庭在农忙季节的饮食与一般家庭大致相同，富裕家庭的优越之处是全年都能吃到好的食物，在春节期间可能尤其讲究。但是除了招待客人外，其春节期间的饮食与一般家庭也没有显著的不同。在农忙季节，富裕家庭和中等家庭都要雇用雇工，如果他们提供的餐食不同样丰盛的话，就有可能产生劳工纠纷。一个家庭为了要让雇工满意，可能会不让孩子和妇女吃某种食物。

34

由于小麦粉是深受人们喜爱的食物，许多社会习俗都以此为中心。比如订婚时，男方家送的最主要礼物就是用纯小麦粉做的花卷，每只有两斤重（约三磅），花卷上贴着用红纸剪成的“囍”字。女方家把花卷分送给亲戚、朋友和邻居，这样就表示正式订婚了。女方家还要把剩余的花卷回馈给男方家，由男方家分送给他们的亲戚和朋友。

在婚礼上，亲戚、朋友和邻居送给新郎家的礼物是小麦粉做的花卷，按礼俗规定约为30到40个。与新郎家送给新娘家的花卷相比，这些花卷做得小些，但装饰得很漂亮。花卷如果不用精制的小麦粉做，赠送者会受到严厉的指责。新郎家邀请参加婚礼的客人“来吃面”，因为用优质小麦粉做的面条是为惯熟的客人不拘礼节的拜会准备的食物。

一些穷村民谈起基督教牧师、学校教师或集镇上的商人时，就会说：“他是一年四季吃小麦粉的人，他的脸怎么会不光滑呢！”当一个人好运不断时，他的村民朋友就会说：“正如肉和小麦花卷总是一齐端上来一样。”村民们把获得成功的人比作冬小麦，冬小麦优于其他谷类，因为它经历了最严寒的冬天。所以当一个人通过艰辛和自我克制获得成功和好运时，他会被比喻为小麦，所有认识他的人都很钦羡他。

黏粥，一种用大麦粉和大豆制成的粥，是村民饮食中不可缺少的部分，因此有许多与之相关的俗语。如果一个人用他的家产去冒不可预测的风险，朋友就会告诫他：“你是不是不想要你的黏粥锅了？”如果一个人准备辞去工作，就会对朋友说：“我真不想端这个破黏粥碗了。”而当一个人死了，人们会说：“他死了，不必再喝黏粥了。”

这个地区的人一直被外人称为“吃甘薯的人”，因为甘薯是穷人家吃的食物，他们觉得这个名声是耻辱，但是他们知道他们是多么依赖这种作物。加工甘薯有许多专门的技术。虽然妇女不参加田间劳作，但是切甘薯的工作大多由她们来完成，掌握切甘薯的技术是做媳妇的一项特殊条件。一种特殊的切刀专门用于加工甘薯。甘薯总有一部分要晒干贮存起来。在每家卧室的砖炕上方约四英尺的地方悬着一个平台，主要用于贮存甘薯。在准备造房子时就必须考虑建筑平台的材料和空间，外来的泥瓦匠和木匠因不知道这种情况常常陷入困境。

35

平台还用来贮藏绿叶蔬菜。夏天，菜豆相当多，人们就把煮熟的菜豆挂起来放在阳光下晒干，直到第二年春天绿叶蔬菜稀少时再拿出来吃。在萝卜很充裕或者萝卜在贮藏处开始腐烂时，就把萝卜切成片，煮熟后晒干，贮存起来，等到食物供应短缺时食用。

秋天要腌制大量蔬菜供冬天食用。每家都有两三大缸腌菜或泡菜。在晚春，海里的箭鱼很多，农民们常常大量购买并腌制起来。不过人们从来不腌肉，因为还没有哪一家买得起那么多肉。如果需要，可到集镇或邻村的肉铺去买新鲜肉。养猪是为了积肥，而不是为了吃肉。即使一个农民在家里杀猪，还是把大部分肉卖掉，只留少部分供家庭食用。

农历新年的庆典对中国人比圣诞节对西方人重要得多。人们事先要准备许多特殊的食品。从十二月初开始,为了做节日糕点、小麦花卷、蔬菜丸和豆腐,村中所有妇女都忙于碾磨小麦和其他谷类作物。有一种糕非常大,需要两个成年人才能抬起来。糕是用两种黏质的黍米、煮熟的甘薯和酵母制成的。在这些配料混合起来发酵后,盛在圆形大容器里,放到很深的锅里蒸。蒸熟的糕点厚约 6 英尺,直径 2.5 英尺,切成许多方片存放到新春。一个小家庭一般做一个这样的糕,富裕的家庭做两个,富裕的大家庭要做三四个。人们把准备这些糕看成一件大事,对孩子们来说更是如此,这预示着新年的来临。糕非常大,制作时需要相当的技术和经验。整个家庭都极其关心蒸糕的结果。事实上,蒸糕是一件如此重要的事,以致产生了保证蒸糕成功的某些传说。当生面放进锅里开始蒸的时候,家里所有人必须保持安静,并有条不紊地干自己的事。小孩不允许走出走进,必须不引人注目。前门关起来锁上,因为这时客人是不受欢迎的。负责灶头添火的是这方面最有经验的人——通常是一家之主。蒸笼旁点根香,以便控制蒸糕的时间。由于在中国,尤其在农民中,烧香有宗教和神秘的含义,所以这个风俗也被看成向灶神祈祷,以确保蒸糕的成功。如果糕蒸出来不好,家人就会说一定是恶鬼派来的人在蒸糕时敲了门。如果这时有陌生人来,他一定会被指为来破坏他们运气的恶鬼。如果他是邻居,这家就会怀疑他,断定他是恶意的,这种打扰可能会引起两家之间的争吵。

新年期间要制作大量的豆腐。豆腐的制作过程极其复杂,需要几个邻居间的合作,尤其需要推手推磨的人。大豆在水里浸软捣碎,然后用手推磨碾磨成白浆,加水后放到大锅里加热。加热后注入布袋,然后把布袋放在板上挤压,榨出的汁注入另一口锅再煮。煮完后注入一个大瓷罐，罐里放的海水或某种化学酸使其凝结起来。加入适当的海水做出有适当稠度的豆腐需要相当高超的技术和经验。当凝乳形成后，再放入布袋榨压，这时榨出的浆就可以最后煮成豆腐了。最后一次榨出的残渣贮存起来可以做猪食。

新春期间要制作一种特殊的小麦花卷。甘薯浆和在生面里，熟栗子和糖做花卷的馅。小花卷主要是为孩子们做的，用红色的甜枣装饰，象征着幸福即将来临。“枣”的发音同“早”。“栗子”第一个字的发音与“利”(应该是“立”——译者注)相似，第二个字发音与“子”一样，所以栗子象征着“早生儿子”。这是中国家庭的最大幸福。 37

新年最有代表性的食物是饺子，①这是一种有馅的小包子，因为代价高又难做，所以很少在餐桌上出现。新春佳节是最重要的节日，所以需要做大量的饺子。首先把卷心菜的最好部分和肉放在一起剁碎，再在这个混合物里放进酱油、香油、姜末、碎洋葱和盐。卷心菜在和猪肉混合前必须先榨干，这并不太难。生面既可用纯小麦粉也可用混合面粉制作，这要根据家庭财力，但必须用一点纯小麦粉，否则这种食物上供时，祖先的灵魂会不高兴。生面揉好切过后，压成厚1/16英寸、直径2.5英寸的小圆片。每个圆片里放一汤匙卷心菜和猪肉的混合物，然后把圆片折叠成半月形，小心把边封好，以防蒸时或在沸水里煮时发生破裂。煮前先把大量的水烧开，再把饺子放下去，小心避免饺子破裂或粘在一起。10到15分钟后，水又一次沸了，饺子浮到水的表面，轻轻晃动直到煮熟。在煮饺子时，一家之主先尝一两个，当他表示满

① 参见本书第75、92、93页。

意时，饺子就煮好了。

房屋明显地反映了一个家庭的经济地位，不过也有例外。比如一杨姓家庭房子多得住不了，而且每间房子条件都很好，但这家只有少量土地，总的来说还处于挨饿边缘。几十年前建造这所好房子时，这家还是很富裕的，但前一辈耗尽了家中的收入，几乎卖掉了所有的土地，只有房屋没有卖掉。在最近十年间，这家的年轻一代开始努力工作，生活节俭，情况有所改善，现在他们不仅保住了房屋而且又开始购买土地。另一方面，另一个杨姓家庭拥有大量的土地，每年都有盈余，但只有两间房子，其中一间还很小，条件也很差。然而，一般来说，房子是衡量家庭经济地位的一个非常准确的指标，因为人们非常关心房屋，只要条件允许，就会建造或修缮房屋。

38

台头村的房屋大致可分成三等。最富裕人家的房屋是用石头、窑砖、石灰、优质木材和盖顶材料建成的。石基打在地下，高出地面六英寸。在石基上砌墙，下墙约四英尺高，用石块砌成。前墙用正方形或长方形的石头，后墙用不规则的石头。下墙上面是一层窑砖。窑砖上面的墙用小石头或土坯砌成，外墙涂抹着一层石灰。顶部是拱型的木屋顶，上面盖着茅草。内墙上嵌着未磨光的小石头。

收入一般的人家的房屋除了使用的材料较差外，建造方法与富裕人家相似。他们的石头磨得不那么好，砖头用得少，屋顶结构没有那么结实，木头可能有些弯曲。穷人家的房屋用的材料差，房子小，形状也不规则，仅是小棚屋。造房时很少用石头，窑砖和石灰几乎不用，木材仅是未经修整的弯曲的小松树枝。墙用土坯、晒干的砖或高粱秆砌成，屋顶上盖着薄薄的一层茅草，不能遮风挡雨。

图 4－1　一所好房子的前墙

1. 石基上部
2. 下墙，大长方形，表面是石头
3. 中线，用砖砌
4. 上墙，用小石头砌，表面抹上石灰
5. 木框大前窗
6. 墙顶，两层砖

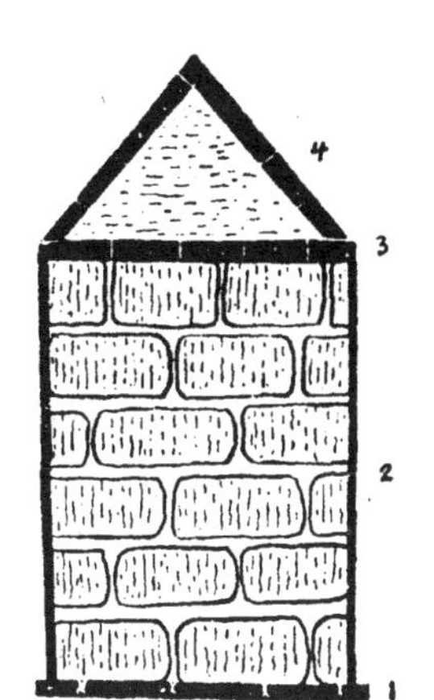

图 4－2　一所好房子临街的侧墙

1. 石基上部
2. 主墙，磨得很好的大石头
3. 顶线，用砖砌
4. 三角墙，用小石头砌，表面抹上石灰

图 4－3　一所好房子的后墙

1. 石基上部
2. 下墙，不规则的大石头
3. 中线，用砖砌
4. 上墙，未磨光的小石头或土坯，抹上石灰
5. 木框小窗
6. 墙顶，两层砖

图 4－4　"龙骨"盖瓦的茅草屋顶

A 侧面图

B 端面图

图 4－5　一所好房子的木框屋顶

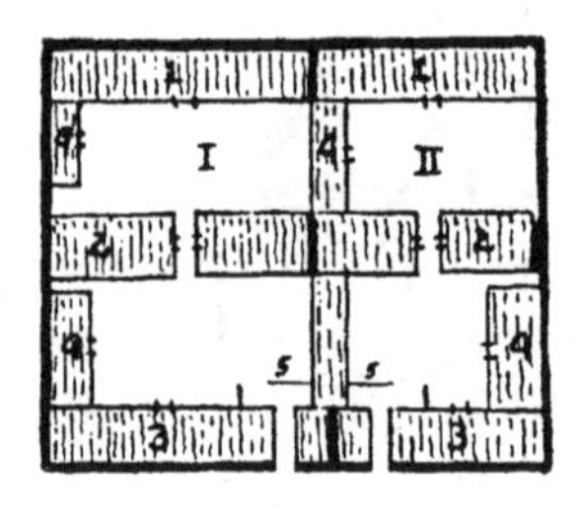

图 4－6　上层家庭的两套房子

1. 主屋或正屋,住着父母、未出嫁的女儿和结了婚的大儿子
2. 中屋或间屋,住着结了婚的二儿子或年幼成员
3. 前屋或南屋,住着雇工,也堆放农具
4. 小房间,养家畜,也放手推磨
5. 照壁

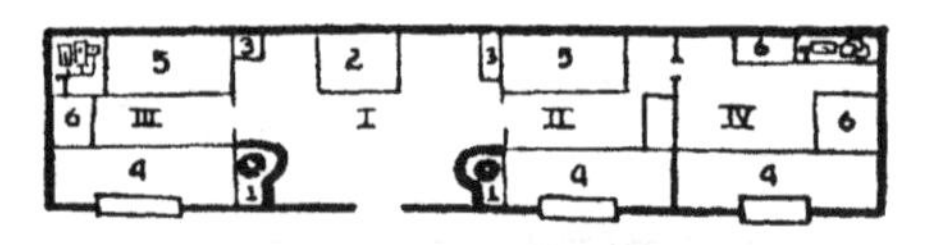

图 4－7　主屋平面图

Ⅰ. 会客室、餐室和厨房

Ⅱ. 父母的卧室(在冬天也做餐室和会客室)

Ⅲ. 结了婚的大儿子的卧室

Ⅳ. 未结婚的女儿的卧室

1. 安装着固定锅子的灶头
2. 餐桌(在新年也是仪式桌)
3. 放盘子和厨房器皿的橱
4. 暖砖炕或火炕
5. 木床
6. 梳妆台
7. 大衣箱和小衣箱

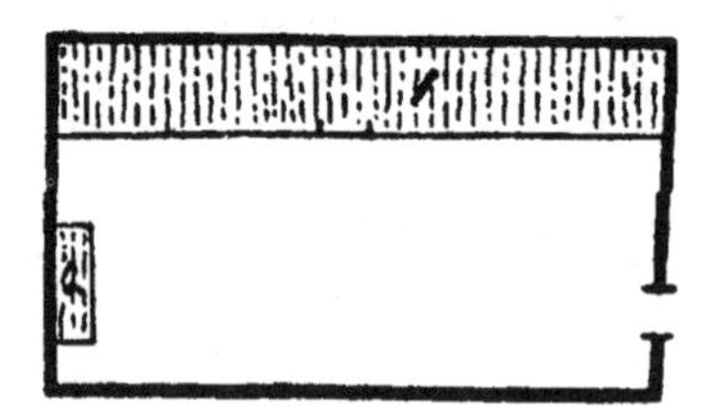

图 4－8　穷人家的房子

1. 三(或二)间房间的生活区
2. 放农具的小棚

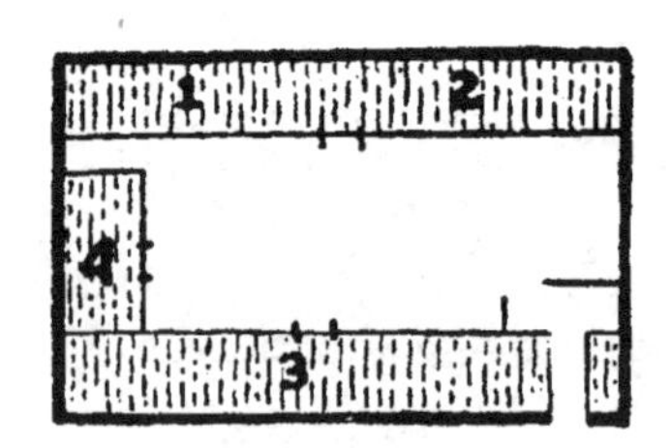

图 4－9　中等家庭的房子

1 和 2. 家庭成员的卧房

3. 住雇工、放农具的房子,也是谷仓

4. 养家畜、放手推磨的小屋

主要房屋或北面的房屋，叫正屋，通常有三五间房间，庭院左右两边一般有两三间房子。富裕人家的正屋宽度约有 12 英尺，长度差异很大。房子的地面都是平整过的泥地，墙用纸裱糊上。窗户上糊了一层薄薄的白纸(有时纸上还抹油)，能够透过充足的光线和阳光。房间里塞满了大砖炕、木床、桌子、镜台、橱和私人物品。由于卧室与厨房紧挨着，灶头与砖炕有通道相连，房子在冬天能保温，但在夏天有时会热得难以忍受。那时厨房会暂时移到庭院或空房里。

40

在富裕人家有一两个专门的房间，放着家具供客人使用。一般家庭把父母的卧室做客人的房间，客人基本上都是亲戚，所以彼此之间也没有什么不好意思的。在冬天，父母的卧室也做全家和客人的餐室。大砖炕上铺着厚厚的一层稻草，上面放一条用高粱皮制成的整齐光滑的席子。冬天的夜很长，外面很冷，全家人都聚在父母的卧室里干活或闲谈，邻居来了也坐在同一张炕上，这样父母的卧室实际上成了家庭生活的中心。

结了婚的儿子和他的年轻妻子住在穿过厨房的房间里，房间的门一般总是关着，房间内部不应让父亲或不是这个家庭的男人看到。成年女儿的房间一般在父母房间的后面，任何人不先经过父母的房间是不能进去的。有男客或男邻居来时，女儿必须先离开所在房间或者安静地呆在那里，直到客人或邻居离开。孩子长大后就不再与父母住一间屋子。如果家里房子多，就会给孩子们分配单独的房间。但如果房间不足，成年的孩子可能要睡在邻居家或和雇工一起睡。成年的女儿们可能同住一间房，结了婚的儿子必须有自己的房间。如一个家庭只有两间房屋，父亲在儿子结婚后只能睡到邻居家的谷仓里，幸好他只有一个儿子。

房间的地面总是很脏，扫地时，满屋尘土飞扬。有时在扫地前洒些水湿润地面，虽然有点用，但还解决不了问题。在桌子、木床和镜台下面堆放着一些零星的东西，上面积满了厚厚的灰尘。母亲会让小孩直接在屋内的地上撒尿拉屎。由于房间很拥挤，没有足够的新鲜空气。每个卧室里都放着一个陶缸，供夜间使用。在冬天，当所有窗户都用纸糊好，门也关着时，气味异常难闻，早晨尤其如此。只有在天气晴朗，所有的门都开着时，臭气才能散去一些。

41 露天厕所对农民的健康是一大威胁。夏天厕所招来苍蝇，由于没有适当的办法把食物遮起来，苍蝇会再飞到食物上。在有些家庭，母亲会坚持要求所有房间保持清洁，父亲也对庭院的肮脏或谷仓和贮藏室的混乱不能容忍。厕所建在庭院的一个远角，为减少苍蝇而盖了起来。所有向南开的窗户经常重新裱糊，保持清洁明亮，使阳光可以透进房间。台头村的农民——其他许多村子的农民也这样——坚持所有饮用水都要煮沸，所有食物都要烧熟。他们只有在远离家门的时候才喝新鲜的泉水或清洁的溪水。这些措施减少了疾病的危害，但还不足以预防疾病。

最近十年来，该村建造的大部分房子都是原来只有富裕人家才有的那种式样，这不是因为经济的持续繁荣，而是因为目前这一代人喜欢展现他们所有的一切，而且喜欢在他们力所能及的范围内享享福，不像他们的祖辈那样节省所有钱财去购买土地。新房子有天花板，并用在青岛买来的有花纹的纸裱糊，窗户仍用一般的纸糊。五年前，一杨姓家庭在建造新房子时想改用玻璃窗，后因长兄和妻子的守旧，放弃了这个打算。

农民在劳动时穿的衣服大多是用棉布做的。夏天也有许多村民穿丝绸裤子。这种丝绸料子是当地产、家里纺的，粗糙但很耐穿。每年的七月和八月，许多富裕人家的中年妇女劳动时穿亚麻布外衣。许多村民还有皮毛外套或上衣，但只在上集镇或不干体力活时才穿。羊毛只用在冬天的鞋子、帽子和床单上。一些富裕人家有羊毛衣服，不过不经常穿，并且从不在干活时穿。

男人在正式场合穿的衣服也主要用棉布制成。较富裕家庭的妇女有优质丝绸和优质布匹制作的衣服。村里至今没有一个男人在任何场合穿过丝绸外衣或上装，但这并不表示他们没有。可以非常肯定地说，少数富裕男性村民一定有丝绸服装。许多年轻妻子有丝绸被褥。农村人用的丝绸有两种。一种叫缎子，是很厚有图案的织品。“缎”的发音同汉字“断”，而“子”是儿子或子孙的意思，所以这个词暗含着对孩子不利和不幸，因此新娘的衣服或被褥从不用缎子做，父母的寿衣不用缎子。另一种叫绸子，是薄薄的丝绸。“绸子”的发音是吉利的，“绸”的发音与中国字“稠”相同，表示有众多的孩子。

42

一个农民有两三套工作外衣。冬天穿棉袄棉裤；春秋天穿有衬里的上装，拿掉里衬的棉花的裤子；夏天有两三件外衣和几条裤子，这些外衣在冬天当内衣穿，同时在裤子里重新衬进棉花。男孩和女孩的衣服基本一样。男人和男孩的短袜是用家中织的布制成的。妇女的脚用布裹起来，不用穿长筒袜。在新式学校上学的女孩则穿自家或工厂制作的长筒袜。布鞋大多是自家做的，在从前，鞋底是把旧布糊在一起后用亚麻线纳成，而现在许多鞋底是用猪皮做的。有趣的是，该村人广泛使用废弃的车胎做鞋底。在过去，未来媳妇的一个重要条件就是能为其丈夫和丈夫家人做鞋，现在女孩已不再把它看得很重，因为不再需要做鞋的技术了。现在农民为自己和家人买鞋，自家做的鞋渐渐不见了。这一变化常常引起老年母亲和父亲的哀叹，他们反对花钱买鞋，而且认为买的鞋不耐穿，他们甚至认为成年女儿和年轻的媳妇因不必为他们的男人做鞋而变坏了。

村里的每个人都有一两套正式场合穿的衣服。年轻人的衣服制作得比他们长辈的更精细,样子更时髦。在新年庆典、婚礼或正式访客时,人们穿这些较好的衣服,一般场合就穿洗干净压平过的工作服。男子正式场合穿用优质布匹制成的长外套和上装,妇女正式场合穿用优质布匹制成的衬衫和上装。妇女通常只穿裤子和上衣,不穿裙子。妇女的上衣,不管是正式场合穿的还是劳动时穿的都必须长到臀下五英寸,还必须宽松地垂下。如果她穿的上衣又短又紧的话,就会受到严厉的指责,而且人们会怀疑她想勾引男人。

43

衣服的颜色也很重要。女孩、年轻妇女和新娘穿的颜色可以鲜艳一点——红色、桃红色、紫红色或绿色;成年男子和中年妇女适宜的颜色是蓝色。30 岁以下的男子不应穿白衬衫,50 岁以下的男子不应穿白裤子。中年人的棉裤也许是白色的,但棉袄肯定不是白色的。一般说来,正式场合穿的衣服通常都有颜色,长外衣是蓝色的,上衣大多是黑色的。妇女除非戴重孝从不穿白衣服。男人的鞋帽一般是黑色的。妇女年轻时穿红色、桃红色或绿色的鞋子,过了中年就要穿黑色的鞋子。妇女不戴帽子。

布的式样在变化,与此同时,织布的方法也在变化。在从前,人们从集镇上买回棉团,女孩们在冬天用老式手纺车把棉花纺成线。这种活干起来非常吃力,眼泪和抱怨一起纺进了长线中。在晚春,人们请村里的织布匠到家中把线织成布。一般家庭要留织布匠在家住 15 天甚至更长。这不是因为家里需要织的布太多,而是因为布织得非常慢。仲夏时节,走村串户的染工来到村庄,把布收去,几天后染好再送回来。母亲或一家之主把染过的布和未染过的布在已婚儿子和成年儿女之间平分。媳妇和女儿则把她们自己的布、父母与未婚兄弟的布洗净、浆硬压平、收藏好，因为这时候田里和家里要做的事情太多，没有缝纫的时间。等忙季一过，妇女们就开始制作和缝补家里的衣服，在9月底之前，冬天要用的衣服必须缝制好，但制作新年庆典的专用外衣却是冬月里的事。

这一制衣的程序随着青岛的发展渐渐发生了变化。第一个变化是，年轻妇女可以从走村串户的布商或集镇上买工厂制造、机器染色的布。第二个变化是，农民不再买原棉，而是购买青岛棉纺厂纺的线，这使女儿们从繁重的工作中解脱了出来。用这种线织成的布虽然还是老式样，但质量有了很大提高。第三个变化是最近引进了改进的织布机，可织出门幅更宽的布。因为新织布机很贵，至今还未取代旧织布机，村里广泛使用的还是旧织布机。随着工厂织的布匹的消费量不断增加，现在几乎所有年轻妇女的衣服、年轻男子正式场合穿的衣服和孩子的衣服都是用这种布做的，只有男人劳动时穿的外套仍用自己织的布做。老织布技术能否在相当长的时间内继续存在，是值得怀疑的，因为买现成商品的习惯正日益战胜对家庭制品的偏爱。这种情况也适合一般由年轻人制作的其他东西。老一代人的抵制阻挡不了年轻人对吃力的工作方式的反感，这在一定程度上也成为家庭内部冲突的根源。

44

45 # 第五章　家庭的构成

中国家庭，尤其是中国农村家庭，不完全是指生活在一起的一群人。在台头村，也像在其他村庄一样，家庭是家庭成员、家庭财产、家庭牲畜、家庭声誉、家庭传统和家庭神祇构成的复杂组织。家庭应该包括还未出生的后代和早已死去的祖先。活着的人们总是相信，祖先的神灵，不管是在祖宗墓地还是在天国，始终和他们在一起，并关注着他们的一举一动。家庭的幸与不幸主要是由祖先的神灵控制的。神灵满意，家庭就得福；神灵怨恨，一定会有灾祸降临。家庭在特殊的日子，如节日、婚礼和孩子出生时，必须邀请祖先参加，在他们的坟上、祖宗祠堂或家里祖宗牌位前祭拜。在新春佳节，人们的家族感最强烈，因为活着的人觉得祖先实际上是和他们在一起的。

很大一部分家庭活动是由祖先的无形权力控制的。中国家庭或个体所做的许多事情基本上是为了讨祖先神灵的喜欢。比如人们刻苦学习以求在官场飞黄腾达是为了光宗耀祖；而人们不愿当乞丐、小偷和妓女，也是因为那会使祖先丢脸。对家庭绵延不绝的信念既表现在后代的行为上，也表现在代与代之间的纽带永不中断上。中国人总是尽最大努力保护祖先的墓地、祖宗祠堂和祖宗牌位，它们代表了祖先的神灵，是家庭中真实的、活生生的一部分。

对中国家庭来说，传宗接代极其重要，这从父母渴望看到儿子结婚并竭力为后代积聚财富上就可以看出。为了给后代积累钱财，他们勤奋劳动，生活节俭。他们会因吃得太好或多花了钱而产生犯罪感，不是消费不起，而是希望省下来留给子孙后代。一个家庭尽管已有足够的住房，但为了后代还要买房和造房，还要购买土地。在除夕或其他特殊日子，家庭不仅邀请祖先参加而且还要举行象征新生命诞生的仪式。正如死者的权威决定着活人，未出世者决定了他们将要降生的那个家庭的构成和幸福。

46

土地是最重要的财富，因为它属于子孙后代，其内涵远远不只是一块耕种庄稼的泥地。土地是家庭的真正基础，没有土地，家庭无法定居，家庭成员也不会有安全感。人和土地是中国农村家庭的两大支柱。说一个家庭垮了，意思是说这个家庭失去了土地。土地是农民及其家庭生命的一部分，他们对它有很深的归属感，他们对土地的珍视程度不亚于对他们的孩子。在村庄中，家庭地位很大程度上取决于其拥有的土地的多寡，土地数量表明了家庭对其过去和未来的责任的关心程度，以及他们奉行这些责任的虔诚程度。拥有土地也给了农民家庭独立人格、精神鼓舞和自由的感觉。

在中文中，“家”和“住宅”没有区别，指同一个意思，即住在同一屋檐下的人。没有一所自己的固定住宅，一群人不成其为家。我们在前面提到过，在村庄里，住宅是社会地位的标志。有建造并保养得很好的住宅常常会赢得人们的尊敬，因为这是全家齐心协力的标志。屋顶整齐地盖上茅草、墙壁精心修缮并刷上石灰、门窗齐全并经常油漆或裱糊，所有这一切都显示了住宅对其成员的重要性。父母在将女儿许配给人家时总要了解男方家的住房情况，因为可据此判断这个家庭的经济状况。虽然有些家庭实际上比他们房屋所显示的要富裕,但这种情况不常见。如果真是这样,人们会觉得这个家庭肯定哪儿出了问题。

器具和工具也很重要。它们可能是由家庭的祖先制造或购买,再一代一代传下来的。好的工具很贵,不是每个家庭都买得起的,因而成为家庭兴旺的象征。它们经常被借给村中其他家庭使用,由此产生并加强了相互间的友好关系。在村民心目中,工具是和家庭联系在一起的,因此对于拥有工具的家庭,它是非常重要的。

47

家畜是家庭生活中的重要组成部分。在台头村,家畜主要有牛、骡、驴、狗、猫、猪和鸡。前四种家畜被视为家庭的一部分,受到特殊对待。农民对牛最有感情,这种感情非常强烈,以致他可能感到失去牛比失去年幼的孩子更糟,因为失去这种动物会危及整个家庭的生计。杀牛会受到所有人的谴责。尽管没有法律或社会习俗禁止职业性宰牛,但谁也瞧不起干这一行的人。人们相信没有人能在这个行当中发财,屠夫的灵魂在阴间会受到永远的折磨。就算他什么都有,他的子孙也会又穷又弱。农民总是竭尽全力保住他的母牛或公牛,如果有一天迫不得已要卖掉牛的话,将会引起家庭的巨大哀伤。当农民把牛交给买主,看着它被人牵走时,他会伤心得流下眼泪。至少有一两天时间全家人在用餐时沉默不语,这种状况要到买了一头新牛时才能改变。农民不会把牛直接卖给屠夫,即使屠夫愿出很高的价钱。他将非常认真地为牛找一个好买主,就像为他女儿找一个好丈夫一样。如果他发现他的牛卖出去后被杀掉了,他将诅咒自己、诅咒买主和买主的祖先。

在宗教祭祀、节日仪式和正式宴会上不供应牛肉,这进一步证实了人们的这种态度。集市日可以看到几百头猪宰好了在卖,而牛却只有一两头。牛肉的价格一般低于猪肉，这是人们厌恶杀牛的直接结果。在体面的宴会上用牛肉招待客人是对客人的侮辱，至少是不恰当的。这种感情非常普遍，所以即使在荒年，牛肉的价格也不上涨。

在村南面约一英里半的山上有一座叫“牛王庙”的祠堂。农历六月的某一天是牛王的生日，所有拥有公牛或母牛的家庭在这一天都要准备特制的餐食，还要准备一些简单的祭品，供在祠堂里或村外朝向祠堂的地方。农民会在年初的某一天庆祝牛的生日，这时要给它们特别的饲料。

48

有关“牛王庙”的建造有个传说。很久以前，村里所有的牛都集中在山上放牧，全村雇用一个牧人看管。有一天，当牛群在山上吃草时，一头母牛爬上了一块巨大的岩石，直到天黑还下不来。一切办法都归无效后，村民们在岩石前献祭祈祷。随即牛的主人被神灵的代理告知，牛王想在这个地方建造一个住所。村民们立刻答应照办，随即圣牛就从石头上下来了。于是当地人在那头母牛站的地方造了一座庙。这个传说不仅解释了当地农民祭牛仪式的起源，而且也揭示出这样的事实：即该村曾有一座共同放牧的山，村民的牛一起放牧。这一点可由从村子通到“牛王庙”那座山的道路的名字上进一步得到证实。这条路的开头一段叫“赶牛口”，字面意思是“赶牛道”，是指在村庄和山之间来回赶牛的小径。

牛的优劣也反映了家庭的社会地位。看一看拴在门前树上的牛的大小，人们就能够估计出这个家庭有多少亩土地，在村庄里属于哪一等级。因此，一头大而且喂养得很好的牛总会使主人非常骄傲，为了让所有人都看到，他们把牛拴在门前或人们闲谈和聚会的地方。在夏天，村子南头河岸边高高的柳树下是村民特别喜欢聚谈的地方，在那里可以看到许多很好的牛。近来，因为土匪的威胁和富裕人家的衰落，大多数牛不是藏在后院就是被卖掉了。

常听说在两家之间决定婚事时，女方家庭要秘密派人去调查男方家的经济情况。调查者除了解其他情况外，总要看看男方家是否有母牛或公牛，如果有，有多大。还听说，如果男方家非常希望婚事成功，又没有母牛或公牛，他们就从邻居家借一头拴在门前，直到婚事定下来。

49

骡在田间和家里都不是不可缺少的。养骡主要不是为了干活，而是出于家庭的面子或个人的喜好。买骡需要高超的技术和鉴赏力。人们总是精心喂养和照顾这种动物，也精心装配它的缰绳和鞍座。骡子总是由家里的男性成员照看，而不是由雇工或妇女照看。骡子在收获、春节、访亲或赶集时使用。富裕人家一般都有一头骡和一两头驴，把作物从田间运到打谷场。骡子颈上饰有一串铃，所以在很远的地方就可知道它的到来。由一头骡子、两头驴和手握缰绳的可爱孙子们组成的一支小队伍，走在乡村的路上，看着这一情景，孩子的家人会感到非常自豪，也会引起其他村民的羡慕，特别是那些有发家雄心的妻子们。年轻的农家女可能会对年轻男子产生爱慕，但在看到男子与他们美丽的牲畜在一起之前，她是不可能真正动心的。

令人奇怪的是尽管驴子在家务劳动、田间劳作和运输上起了很重要的作用，但是台头村的村民对它却没有什么感情，也没有产生有关它的风俗、传说或仪式。这种可怜的动物在家庭中甚至连个生日都没有。然而，它在当地农业中确实起着重要作用，因而它也像其他牲畜一样受到主人的关心。

人们把狗看作有用的动物，而不是宠物。狗在家务和田间劳动中确实没有什么用处，但作为看门狗，它有特别的用场，也可以报告客人的到来。狗受到人们相当的看重，虐待狗就像虐待孩子或弱者一样属于应受谴责之事。如果打狗没有充分的理由，就是侮辱和打击狗的主人。有句俗话说：“打狗看主人，不能欺小，也不能欺狗。”如果狗总是挨饿，流浪街头，这个家庭就会受到人们严厉的指责。人们对待狗就像对待家庭成员一样，它可以进入房内甚至可以进入卧室，可以躺在厨房或餐房的桌子底下，它成为孩子们尤其是男孩的玩伴。男人去田间时，狗总是紧跟其后。在晚上，一家的安全就靠这种动物的警觉。

50

家庭的无形构成物也很重要，其中人们看得最重的是声誉。家庭希望受到邻居或更大范围的人们的羡慕并被他们提起，这是中上等家庭骄傲的主要源泉。他们往往非常关心别人是怎样谈论他们的。获取声誉有五种途径。其中首先是家里有人当官，如果家中有人当了官，如当县长，村民及其他人就称这个家庭为“县长家”，并极其尊重这个家庭的成员。家庭声誉随着官位的升高而提高。

学术声誉来自于家庭中有人通过了科举考试。在过去，如果家中有人通过了初级科举考试，人们就把该家庭称作“秀才家”①。虽然秀才并不重要，但是在某些特殊场合，这个名称就把这个家庭与普通农民家庭区别开来。如果一个学者继续深造，通过了第二场考试，他就是举人或贡生，这家就可以在门前竖一对旗杆以示这是一个举人家或贡生家，不管哪个称呼都受人尊敬。

---

① 在科举体系中，秀才是最初一等也是最低一等，举人是第二等，进士是第三等，状元是最高最好的一等。新教育体系刚设立时，守旧的人把新旧两种体系对等起来：高级小学毕业相当于秀才，中学毕业相当于举人，大学毕业相当于进士，博士学位相当于状元。

因为在农村，旗杆是最明显的标志，人们也称这个家庭为“旗杆之家”，即在“旗杆旁的家庭”。

因为大多数村民认为种田是最可靠最合理的谋生手段，如果一个家庭拥有大量的土地并有许多卖力种田的儿子，他们会觉得非常骄傲。一个家庭从事农业生产，同时又有一些科举成就，这是农村的理想家庭，通常被称作“耕读之家”。

51 近三十年来，台头村没有哪个家庭赢得过上述两种声誉。村民中没有人当过比村长更大的官，也没有人通过初级科举考试。虽然有一杨姓成员几年前大学毕业，但他的家庭至今仍未从他的学术成就中获得较高的声誉，因为村民不能理解新教育体制的意义。既然现在不再在家门前竖旗杆，所以也就没有任何可以使这个家庭区别于其他家庭的东西。邻村一个杨姓家庭过去出过一名贡生，因此家门前竖了旗杆。虽然这位学者早在几年前就去世了，旗杆也早没了，但这个家仍被称作“杨贡生家”或“旗杆之家”，这种声誉使该家庭在村子里几代受人尊敬。

家庭声誉也建筑在财富上。如果一个家庭很富裕，就会远近闻名。村民经常说：“不要自夸富有，如果你见过扒山王家、王台张和长家和即墨李平和家，你就知道你的财产只是沧海一粟。”在最近30年中，台头村没有一个家庭像上述家庭那样富有。但与其他村民相比，有些家庭可说是富裕的，其中五个家庭有表明地位的专门名称。“南大门”“北大门”“柿树园”，这些都是显赫的名称，因为它们表示家庭有很大的住宅。有大门的人家住宅一定很大，而住宅很大的人家一定很富有。大门是这两个家庭最显著的标志，因为它们南北相对，相应地一个叫“北大门”，另一个叫“南大门”。在农村，普通家庭除了一小块种蔬菜的地外，没有其他园子，而这个拥有柿子园的家庭却有一个种花种树的大园子。如果家庭不仅有姓氏名称，而且还有这样一个描述性的专有名称，家庭成员就会觉得非常骄傲。

村里有一个富裕家庭叫“东油坊”，因为这个家庭有个榨油作坊。另一个富裕家庭也制油，为了避免混淆，不叫东油坊，而叫“富昌”，即财富和繁荣的意思。这个家庭的所有成员都有讨人喜欢的性格，与他们的村民朋友交情很好，所以在很长一段时间，“富昌”是当地人谈话中常提及的名称。

52

仅靠财富还不能建立家庭的声誉。一个家庭可能以富裕出名，但并不一定受人尊敬。要得到尊敬还要具备两个因素：首先，要有一些显著和体面的特征，以与邻居相区别；其次，要有一定的社交活动，从而成为人们闲谈中的愉快话题。我们曾提到过，如果一个富裕家庭与其他村民相隔离，只能被看作“土财主”，意思是指一个富有但没有文化的人。当然仅仅具有显著的特征还不够。有两家人家门前都有一棵大桦树，一家人家很富有并获得村中大多数村民的好感，而另一家很普通。村民把第一家叫做“大桦树家”，即在大桦树旁边的人家，谁都知道这个名称指哪家。

突出的德行也会提高家庭的声誉。一个家庭也许会因为有一个极其孝顺的儿子或媳妇而出名，也会因为家人都非常善良，维持大家庭达四代甚至更多代而出名。后代的孝顺和妇女的贤惠是最受人们珍视的两种美德。虽然台头村没有家庭像历史上“大孝子”的德行那么有名，但确实有几个家庭因为儿子特别孝顺而受人羡慕，也有几个家庭由于媳妇的贤惠能干而繁荣发达起来。

一个以好乡邻出名的家庭与大部分村民都有友好的关系。如果他们举止文雅、态度温和、真诚老实，他们就会很受人喜欢，即使他们在其他方面没有什么突出的表现。这些人总是与人为善，所有村民都喜欢和他们打交道，在社交聚谈中说他们的好话。台头村有几个家庭有这样的声誉：杨家是其中之一；还有一个潘姓家庭，有四个儿子，大儿子是村学校的教师；叫“富昌”的那个家庭几年前也被认为是好乡邻。虽然许多其他家庭相处起来也令人愉快，但还够不上这种特殊称号。

53 家庭声誉是一种基本的社会评价。没有多少家庭能够获得，也不能永远保持，一般只能保持一个世纪。正如中国道教思想所指出的，得到和保持声誉是很困难的，所以道教不赞成这种追求。他们引证一两百年前拥有值得夸耀的豪华宅第的家庭说：“它们现在不就是一堆破砖残瓦吗？”“家庭的声誉或家族的荣誉不过是晨露浮云。”

特殊神祇，与祖先神灵不同，受到家庭的普遍崇拜。每家都有灶神。而有些家庭相信狐狸精。有些人家相信他们的谷仓总是堆满粮食，是因为在他们的谷仓中有一个神灵，它是他们的家神。人们把其他神祇如佛陀、地神、天神、耶稣基督看成村里的神祇（土地神）、社区的神祇（观音）或全人类的神祇（耶稣基督），而家神则是那些崇拜它的个别家庭的特殊保护神。

第六章　家庭内部关系

54

家庭生活的真正核心是家庭成员之间的关系。婚姻和血缘是家庭的基础，决定着家庭中最重要的关系。个体在家庭圈内形成他的人格，形成对自己在更大社会中地位的自我评价与解释，理解与家庭外成员交往的重要性。

在中国旧式家庭中，由于婚姻是由父母安排的，两个年轻人在举行婚礼前互不相识，所以新婚夫妇之间的调适有一定的难度。新婚夫妇与丈夫的家人生活在一起，没有属于自己的小家。夫妻之间经过短暂的相处后即使有了真正的爱情，也不能表露出来。一个孝子或好兄弟必须与他的家人保持比与他妻子更亲密的关系。年轻的丈夫绝不能过多地提起妻子，也不能在家庭聚会中赞扬妻子或向村民同伴赞扬妻子；如果丈夫和其他人在一起时，妻子经过，除非有急事，他们不能说话。丈夫外出归来，必须先向父母、兄弟、姐妹问好，然后才能向妻子问好。他必须等上几个小时才能与妻子在自己的房间里单独相处，而且还得借口洗澡、换衣服等。即使他最想与所爱的人在一起，家人（尤其是他的母亲和姐妹）也完全理解他，他也必须装出满不在乎的样子。

年轻妻子也要避免表现出对丈夫的爱。人们普遍认为，正派的妻子应该爱丈夫，但绝不能让她的爱影响丈夫的事业或使丈夫忽视对家庭所承担的义务。贤惠的妻子白天与婆婆或小

55

姑子一起干活，晚上必须等所有家庭成员都休息了，才能回到自己的房间与丈夫呆在一起。在社交场合，她应该避免和丈夫坐在一起，应该表现得好像不认识他，她还必须避免经常提到他，需要提到时，不应用他的名字或说“我的丈夫”，而应该用代词“他”。在和小叔子或小姑子说话时，她会称丈夫为“你的第几个哥哥”。丈夫出远门回家，她不向他问好，而是根据婆婆的指示为他准备热水和茶饭。然而家中每个人都知道，除母亲之外，最为他的归来高兴的是她。小姑子可能会取笑她，而她则秘密地享受这一乐趣。

新婚妻子肯定会感到寂寞和陌生，因为实际上她是和一群陌生人住在一个陌生的家里。与母亲的突然分离、婆婆严厉的脸庞、公公强装的尊严，特别是一下子介入繁重的家务劳动，所有这一切都使她感到只能任人摆布。既然不能回到母亲身边，她唯一能寻求的是丈夫的保护。如果丈夫能很好地接纳她，她会报以巨大的热情和强烈的感激。然而有的丈夫由于繁重的劳动、原始的乡村生活，更由于他父亲的不苟言笑，可能已变得麻木不仁了。但是另一方面，他已完全成熟，以前不许与成年女子单独在一起，现在有了妻子，可以向她表达浪漫的想法、表白爱情，因此年轻人之间常常非常依恋。

婚姻失败的当事人是不幸的，因为不能离婚，只能尽量维持。表面上看，他们与其他夫妇没有什么不同：不公开争吵，丈夫也不打妻子，妻子也尽职干活。然而还是很容易看出其间的区别：被爱的妻子干活时活泼、愉快、精神饱满，而不幸的妻子干活时无精打采、冷漠。尽管新婚夫妇在外人面前必须表现冷漠，但仔细观察就会发现这种冷漠到底是假装的（像幸福的夫妻那样）还是真实的。婚姻不幸的夫妇在卧室里还继续保持冷漠，丈夫带着叹息上床，妻子只能偷偷哭泣，独自咽下眼泪。丈夫从不主动接近她，而她只能被动接受。两人生活在一起，而且有了孩子，但婚姻却很不幸。

56

然而如果这种一开始不幸的婚姻幸存下来的话，如果绝望和劳动重负没有压垮这位不幸妻子的话，那么随着时间的流逝，这对夫妇的关系会有所改善。一个经历了这些苦难而没有自杀或垮掉的妇女在她亲戚眼里简直成了英雄，她用事实向别人证明了她的忍耐、远见、非凡的智慧和无比的善良。当夫妇渐渐变老，子女成年后，他们之间的感情也变得好起来了。这时丈夫和妻子在家庭聚会上可以坐在一起自由闲聊，可以当众一起走路。丈夫可以在其他人甚至岳父面前开妻子的玩笑，妻子也进行一些幽默的回击。谈话中提到对方时，不再用代词“他”或“她”，而是说“孩子他爹”或“孩子他妈”。如果第一个孩子叫“林宝”，那么妻子将对她婆婆说“林宝他爸说”。

在私下里，夫妻之间浪漫的爱在减少，而伴侣情感则在加深。在卧室里，妻子会告诉丈夫白天家里发生的事，以及她对这些事的看法，还告诉他孩子们的情况；丈夫告诉她有关田里的庄稼，他兄弟及雇工的工作情况。虽然作为一个男人、孝子、好兄弟、有尊严的丈夫，他不应该听妻子对家庭其他成员的抱怨，至少不应该相信。但实际上，他经常听取妻子的意见，而且私下里也会按她的意见和劝告行事。

随着丈夫和妻子的成熟，他们逐渐有了自己的家和对孩子的绝对权威。这时伴侣关系成熟了，不再是秘密，而成了新独立家庭的基础。妻子成了家中无可争议的主人，孩子婚事的安排落到她头上。丈夫管理农事，处理与农业有关的事项。但因为家务和农事之间没有明确的界限，随着夫妇之间的合作和协商在实践中建立，这种界限变得更加模糊起来。根据儒家思想，这时的夫妻关系是“夫唱妇随”，实际上可能妻子起主导作用，丈夫听从她。57 妻子也许更乐于承担责任，但这并不意味着她对丈夫的尊敬减少了，或不承认他是一家之主。

当夫妻到五六十岁时，妻子往往在家里占支配地位。她是一两个甚至四个媳妇的婆婆、一大群孩子的祖母和大家庭的管家。中年的儿子几乎都对母亲而不是父亲有强烈的依恋感。父亲不再去田里劳动，他在田里的权威受到很大的削弱。他也失去了在生意场上的作用，因为他年纪太大，不能把农产品拿到集镇上去与商人直接交易。在一定程度上，他在邻里关系中的重要性也降低了，因为人们发现他不再具有真正的权威，虽然他仍受到家人的尊敬，但他在家中的领导地位更多是名义上的而非实质性的。妻子必须让他吃好、穿好，把他服侍好。他还保留着向除了媳妇以外的所有家庭成员发泄怒气的特权。然而，有时他会认识到他的真正地位，并对妻子产生嫉妒。他可能在争吵中说出这一点，这时妻子将给予安慰和道歉，但实际情况并不会因此而改变。

在儿子们各自建立小家庭后，老夫妻之间的关系也许又会经历一次变化。妻子丧失了全部权威，与丈夫地位平等，夫妻俩同样感到被人忽略，同样需要寻求真正的同情和理解，因此他们又重新建立起早期的伴侣关系。不同的是过去这种关系是积极的、创造性的，并成功地建立起相互关心的繁荣家庭，而现在则是一种自我怜悯和消极的关系。

父子之间绝没有母子之间那种热情和随便。父亲态度威严甚至冷淡，他的权威不容置疑，要求儿子顺从他。虽然农民家庭允许某些不拘礼节的行为，如当着父母的面开玩笑，与父亲并坐，父亲走过时不站起来等，但父子关系一点也不随便和亲密。在儿子是婴儿时，父亲偶尔会跟他玩或带他出去；当男孩长到可以到田里帮忙的年纪，父子经常一起走路，一起劳动；但当男孩长到 58 15 岁后，父亲会摆出威严的态度，总是很严肃。儿子觉得与父亲在一起不舒服，宁愿与其他人去田间劳动。父子在一起劳动时不说话，甚至在家里，只有在有事相商时才说话。在街头聚会或娱乐场所，他们也是相互回避。

另一方面，母子关系相对比较亲密。虽然男孩到 10 岁后，完全处于父亲的权威和管教之下，但这并未影响他与母亲的亲密关系。由于缺少女性同伴和娱乐机会，年轻男子在成长过程中会花很多时间与母亲交谈。吃过晚饭，父亲不在，母亲忙于家务时，他会与母亲随便谈论自己的事，甚至会告诉母亲他对姑家表妹（父亲姐妹的女儿）感兴趣。母亲也会利用这个机会告诉儿子，她正在为他安排婚事，并问他是否满意。他可能会详细询问这个女孩的情况，他也可能会坚持他最喜欢姑家表妹，希望母亲安排这桩婚事使他能与表妹结婚。这时儿子也可能会抱怨父亲的严厉或吐露希望学种地以外的其他手艺或继续读书的愿望，母亲可能会告诉他父母对他的打算。儿子在这期间只对母亲吐露他的想法，这奠定了母子感情长久延续的不可动摇的基础。

在儿子结婚后，母子感情有可能受到威胁。如果母亲是自私、心胸狭窄的人——像许多母亲那样，她就会妒忌年轻的妻子，婆媳之间的许多矛盾在无意中都建立在这种妒忌之上。俗话说："娶了妻子忘了娘。"如果婚姻不成功，儿子可能会责怪母亲，因为他认为母亲对婚配负有责任。通情达理的母亲看到儿子夫妻恩爱，会感到幸福，这有助于保持原有的母子关系。另一方面，如果儿子不是长期沉迷于情爱，而是足够成熟，能理解父母为家庭所作的努力，他马上就会回到母亲那里。这并不意味着他抛弃了妻 59

子，而是说他又恢复了结婚头几年中断了的母子之间的谈话。如果媳妇很明智、有远见，她不会反对这种亲密，而是努力加强她与婆婆之间的联系，并寻找家庭谈话的机会，让丈夫参加这种谈话。如果这三人友好合作，那么十几年后母子关系将会重新恢复到原初的亲密程度。在儿子和其妻子年届中年的时候，母子关系逐渐包括了儿子的整个家庭。在冬天，当男人不再忙于田间劳作时，晚餐一般很早吃完，儿子、儿媳和孙子会聚在老母亲的房里。老母亲逗最小的孙子玩耍，而儿媳、较大的孙子和儿子一起谈论他们在外面的所见所闻。如果父亲喜欢，他也可能会参加这种聚会，但为了保持家长尊严，他常常避开。如果他试图破坏这种随和的气氛，他会遭到老伴的驱逐。

从法律上讲，父亲死后，儿子是一家之主，母亲也受他管。“在家从父，出嫁从夫，夫死从子”，这句俗话表明了妇女的地位。出卖土地房屋必须以长子的名义，母亲只能做证人。所立契约是这样的：“卖者，王传佳，经母亲许可，通过证人张元强和陈高发，议定以壹仟伍佰元的价格卖给李林平一块五亩土地（指出地点及四周土地）……”人们通常很少想起这些法律关系，日常生活中也不去考虑它。只有当为了家庭财产或家庭的延续发生争吵时，亲属和邻居才会争论这些方面的法律问题。

如果生的是女孩，母亲会像关心男孩那样关心她，父亲则保持他一贯的冷淡态度。在下一个孩子出生时，三四岁的女孩就要单独住或暂由祖母照看，不像男孩那样可以睡在父亲旁边。在她六岁多的时候，逐渐开始帮助母亲照顾年幼的弟弟妹妹。到她13岁时，开始学习缝纫、烹调、纺纱和其他活计。到15岁时，她成了母亲不可缺少的帮手。母女之间发展出亲密情感，而父女关系则更加疏远。父亲也许对女儿很有感情，尤其在女儿很贤惠时，但他们之间的感情却受到约束，他只能通过妻子间接了解女儿的情况。女儿的婚事通常由母亲安排，只有母亲才能征询女儿对婚事的意见，当然也要和父亲商量。婚事定下来后，母亲指导女儿准备婚事，劝说父亲在嫁妆上大方些。在婚礼上，母女都很悲伤，这使母女关系更加亲密。在正式婚礼举行前两三天，母女常彻夜长谈。母亲会告诉女儿有关婚姻的所有事项，除性的细节外，还向她传授新娘应有的行为举止。不用说，即将来临的分离对她俩都是困难的。在女孩出嫁后，母亲常急于了解她是否被丈夫满意接纳，是否受到长辈的友好对待。如果一切都很好，女儿第一次回娘家时会显得很幸福，母亲也会因此感到幸福。但如果情况不好的话，女儿会跪在母亲脚下哭泣，这时母亲会感到无比痛苦。

如果成年女孩干活不卖力、行为不检点，人们普遍认为责任在她母亲。如果婆婆对媳妇不满意，她会说她母亲没有对她严加管束，这表明人们普遍认为母女之间有着亲密关系。当父亲听到村民指责他女儿时，他不直接去找女儿，而是找她母亲，母亲不能说对此一无所知或没有责任，而必须道歉，然后再找理由为女儿恢复名声。如果这些指责都是事实，她必须去纠正。村民认为女儿的品行是母亲品行的反映，母亲要承担对女儿的任何直接指责。

婆媳之间的关系时而紧张，时而和睦，但总没有女儿和她自己的母亲那么亲密。媳妇服从婆婆就像服从丈夫，但两个女人之间却存在许多内在矛盾。儿子把感情从母亲身上转移到妻子身上，引起了婆媳之间关系的紧张。现在由妻子负责缝纫和缝补丈夫的衣服，对其他人来说这些变化是很自然的，但对母亲来说却是个沉重的打击。她感到遭到了儿子的遗弃，失去了最大的财

61

富，但她不责怪儿子，因为她非常爱他，所以当需要责怪人时，她自然转向儿子的新婚妻子。起先她可能会说媳妇不应对她儿子太殷勤，使他忽视了对父母、兄弟和家庭应尽的义务。后来她可能渐渐相信年轻媳妇有意在她儿子面前诽谤她，因此心中会升起强烈的愤恨。同时，由于传统的看法或在新环境中产生的孤独、不安全感，媳妇也容易觉得自己受到了婆婆的虐待。这样双方的猜疑和自怜形成了冲突的沃土，鸡毛蒜皮的小事都被看得非常严重。

人们普遍认为，婆婆对媳妇不好，是因为她当媳妇时也受到过同样的对待，她这样做是为过去所受的委屈报复。而在家里，除了媳妇，找不到第二人是她既能够又愿意报复的。

但不少婆婆对媳妇极其仁慈，媳妇也报以感激。不少母亲心肠温柔、富有远见，能够看到家庭和睦对大家庭幸福的重要性。不少媳妇在有良好教养的家庭中长大，这些家庭把胸襟宽广、顺从长辈、子女孝顺、勤勉、俭朴、真诚、忠诚作为孩子教养的目标。这样的母亲与这样的媳妇生活在一起，彼此会相互尊敬。婆婆能够理解一个女孩突然离开父母来到全新的环境中所感到的痛苦。她也知道慈善和同情将使媳妇忠于这个家庭，而这种忠诚是极其重要的，所以她尽力帮助媳妇习惯新家的生活，不让她干太多的活，希望她吃得多，与丈夫和谐相处，有时还帮她照看小孩。受到这样对待的媳妇也会尽力表明对丈夫和全家的忠诚。如果发生不愉快的事，婆婆会像母亲般去纠正，媳妇也会温顺地接受。这样，这位女孩的感情就转向了新家庭，接受了自己在新家中的位置，不再继续想念娘家了。

62

媳妇和公公的关系非常拘谨。她只在很少场合才能见到他，与他说话。父亲在儿子结婚后再进入儿子的房间是不合适的，即使媳妇不在也是这样。公公只有在家庭聚会时才能与媳妇开玩笑，但玩笑绝不能有任何情爱的暗示。年轻媳妇必须尊敬公公，不应在他面前大笑，即使讲笑话，也只能微笑。当她在丈夫父母的房间，而公公进来时，她必须站起来。她对公公的态度，与她丈夫有很大的区别。

公公过问媳妇的事是不合规矩的，除非媳妇犯了过错。如果公公对媳妇行为不检点，他就会在儿子和媳妇家人眼里丢尽脸面。如果发生性行为，媳妇家的年轻人会用骡缰绳和骡饲料对付他，还会做出其他羞辱他的事情。他会失去自家人、村民和所有亲戚朋友的尊敬，从此大家都叫他“骡”。我们不能确切知道为什么用这个称呼，但我们可大胆猜测一下。在家庭中长辈与晚辈之间的性关系被看作畜生行为。就农民所知，只有骡子才与它们不同种的动物交配。该地区马很少，当地人也不熟悉，而且马比骡的价格高得多，所以受谴责的人不配叫马。一个对其媳妇有非分之想甚至勾引媳妇的男人只配得到这种待遇。

在儿童期，兄弟是玩伴，地位差不多是平等的，也不禁止他们之间的打架。往后，兄弟关系有了限制，哥哥要对弟弟友爱，弟弟要尊重哥哥。在兄弟都未结婚或在大哥结婚后，他们相处得还很融洽。他们在父亲的指挥下一起在田间或家里干活，虽然可能有竞争甚至偶尔有冲突，但他们保持着合作、互助和相互信任。在他们都结婚后，他们之间很少能有良好的关系。起先，他们尽量保持原来的友谊，但渐渐他们的努力归于无效，因为他们不能不受妻子的暗示和孩子抱怨的影响，争吵和不信任极易表面化。如果父母不能充当仲裁者或调解者，家庭很可能就会破裂。但村中有许多家庭在儿子们结婚后相当一段时间，仍住在一起没有分裂，有些甚至在父母死后还能如此。然而在大部分家庭，儿子在

63

结婚生子后就各自建立起自己的小家庭。

女孩小的时候,在玩耍和争执中大多受兄弟支配。这部分是由于中国家庭重男轻女的观念,而女孩的缠足可能也是导致她“无条件屈服”的另一原因。在男孩12到15岁时,他开始感到保护姐妹是他的责任,即使她比他大。女孩到12岁后,除了她的兄弟或堂兄弟外,不准和其他男孩在一起。随着年龄的增大,她与男性交往的愿望更加强烈,所以她渴望受到兄弟的陪伴和保护。未婚兄弟和姐妹之间的关系既随便又亲密。他可能会告诉她对某个女孩感兴趣,或向她请教女孩的心理,姐妹可能会扮演她兄弟与其爱慕的女子之间的中介人。然而姐妹却不会向她的兄弟表明心迹,因为她太害羞、太胆小。兄弟可以坦白他的浪漫渴望,却不愿知道姐妹的恋情。一旦知道她渴望恋爱,他会感到羞耻,因为他总把她想得非常纯洁。他讨厌向她求婚的男子,因为在潜意识中,他憎恨将成为他姐夫或妹夫的年轻男子。尽管倾诉不是相互的,但女孩仍从她兄弟的友谊中得到满足,因为她不准了解任何其他男孩,兄弟的友谊对她来说是弥足珍贵的。

在兄弟结婚后,他的态度易于变得冷漠甚至怀有敌意。现在他有了妻子,而且妻子比他的姐妹对他更亲密,他用不着再向姐妹寻求女性的同情和帮助。兄弟的新婚妻子扩大了兄弟与姐妹之间的裂缝,因为她经常妒忌和怀疑他们的关系。又因为大部分新娘要受婆婆的支配,为了发泄对婆婆的怨恨,她也可能会讨厌小姑子。在妻子的煽动下,兄弟可能会为一些家庭小事去责备姐妹,这样就进一步扩大了裂缝。如果母亲还在世,她会保护女儿免受来自年轻夫妇的公开的敌意行为,所以母亲会担心在女儿出嫁前死去。当然兄弟与姐妹之间的关系最终会作出温和的调整。

村中一杨姓家庭有两个未出嫁的女儿,已经四十开外了。女

64

孩在很小的时候就死了母亲，几年前继母也去世了。父亲还活着，有一个儿子已结婚生子，但父子关系不好。两个女子在哥哥的管教下辛勤劳动、俭朴生活，对家庭事务忠心耿耿，从不管闲事。哥哥与嫂嫂感激妹妹的帮助，对她们也很好，因此家庭很和睦。当然一个受雇用的人也能像她们那样对家庭事务忠心耿耿。这两个女子很可怜，但她们在尽量减少她们的不幸上又是精明的。

媳妇倾向于认为她与婆婆之间的麻烦是姑子挑拨与对抗造成的。而未出嫁的女儿则感到兄弟的妻子是她的对手，她讨厌她，因为她把自己的兄弟从她和母亲那里夺去了。很少看到女孩与兄弟的妻子成为好朋友的。通常情况下，女孩对嫂子（或弟媳）很冷漠，而嫂子（或弟媳）对她则敬而远之。因婆婆的缘故，媳妇向姑子让步，反过来，当她很忙的时候，姑子也会帮她照顾年幼的孩子。在嫂子（或弟媳）需要帮助时，姑子会自愿或在母亲的授意下提供帮助。总的说来，这种关系很难说清楚，村民的看法是不大可能好。母亲在安排女儿婚事时，总要问未来的丈夫有几个姐妹。如果其他情况相同，她会选择姐妹最少的男子。

65

兄弟的妻子对未婚小姑子的行为有重大影响。村里人认为当“嫂子”和“小姑子”一起劳动、一起休息时，她们的话题很可能是私生活方面的。小姑总喜欢听，无意间也会鼓励嫂子谈，这是性知识的重要来源，也可能诱惑她干出遭人谴责的行为。女孩向嫂子学习缝纫、烹调、刺绣、看护孩子、照顾丈夫、与婆婆和姑子相处等，所有这一切对她都非常有用。

兄弟的妻子之间的关系可以很和睦，但也经常由于竞争而变糟。媳妇们形成一支由婆婆指挥的队伍，她们相互帮助，相互照看孩子，相互借些小东西如一根针、一团线、一件衣服、一点钱。

她们都同意为给各人留出回娘家的时间而进行的劳动安排。有这样媳妇的家庭被当成模范，并为所有村民称赞。可惜的是，这样的例子实在太少。在许多大家庭中，因为妻子们都要争宠于婆婆，竞争压倒了和睦。媳妇可能觉得婆婆偏爱其他媳妇，于是发生争吵。如果孩子们把相互攻击的坏话传来传去，敌对情绪会更加激烈。父亲们也可能卷入冲突中，起初抱怨，继而愤恨，最后甚至发展到打架。

妇女与她丈夫弟弟的关系是毫不拘束的。如果弟弟很年幼，而嫂嫂已届中年，嫂嫂应该担当起母亲的角色，在男孩母亲已死去的情况下更是如此。有不少失去母亲的男孩就是由长嫂抚养长大的，这些男孩高度称赞他们的长嫂。“长嫂如母”是当地广为人知的一句俗话。

妇女与她丈夫哥哥之间的关系表现为尊敬、保持距离、避免接触。哥哥像父亲那样，除非万不得已，在弟弟结婚后，不得进入弟弟的卧室；如果需要，必须先通知弟媳妇，让她回避。只有在家庭聚会上或在父母的房间里，所有家庭成员都在，谈话又很随便时，大伯才可对弟媳妇开一些不使她难堪的玩笑。当兄弟们和其妻子都到了中年时，不再太拘礼节。在农家，家庭所有成员必须在一起干活吃饭，严格遵守礼节是不可能的。男子和他兄弟的妻子的性关系也是禁止的，但禁忌没有像公公那么严格。妇女与她丈夫兄弟的风流韵事在台头村及邻村都发生过。有这样一个事例：一男子娶了他弟弟的妻子，尽管这桩婚事受到严厉谴责，但他的亲属和村民们没有阻止这桩婚事。后来这对夫妇分手了，妇女第三次嫁人。这样的事足以毁掉一个人的好名声，使所有正派的人疏远她，甚至导致亲戚与她断绝关系。

66

在大家庭仍聚在一个屋顶下时，男孩与父亲的兄弟的关系几乎等于他和父母的关系。侄子要听父亲兄弟（即伯伯、叔叔）的话，如果伯伯或叔叔未婚，那他对侄子的权威就和男孩的父亲一样大，他可以无所顾忌地惩罚男孩。在他结婚有了孩子后，必须限制自己这方面的权力，责骂男孩不应像男孩父母那样严厉。当男人有了自己的孩子，他对兄弟的孩子应该特别友好，因为他的慈善或严厉将得到相应的回报。而友好地对待侄子和侄女也是表明对兄弟感情好的一个方法。孝顺的另一表现形式就是在自己的孩子不太尊重自己的兄弟及其妻子时立即予以惩罚。惩罚必须是惩戒性的；不公平地对待兄弟的孩子，不管是真实的还是猜想的，总会成为兄弟之间许多误解和家庭纠纷的根源之一。

祖父母和孙子孙女之间是喜爱的关系，表现得与母子关系同样温馨。拥有孙子孙女的幸福是中年父母的目标，老头老太的最大快乐就是抱孙子孙女。

调节大家庭成员之间的关系是必要和微妙的，只有摩擦最小时，大家庭才能够结合在一起。成员之间的妒忌和争执会使整个组织失去平衡，如果不能马上找到补救的措施，大家庭就可能破裂。保持家庭成员之间关系和谐是一家之主最主要的职责。如果没有那么多的传统、礼仪和社会制裁作为控制手段起作用，即使是非常老练而有技巧的家长，也不可能完成这项任务。

有两类基本关系：父母与子女（当然主要指儿子）的关系以及儿子与其妻子的关系。从理论上讲这两类关系应该是互补的，但实际上却是对抗性的。父母在为儿子找到妻子时，确确实实希望这对夫妇和谐相处。在婚礼上，这对夫妇很高兴地接受了这样的祝福，如“百年好合”“天作之合”“夫妻恩爱”。然而当年轻夫妇非常恩爱时，父母又会不满，因为这威胁到父母与儿子的关系，尤其是母亲和儿子的关系。我们已指出过，如果儿子太爱妻子或妻子也非常爱他，母亲会多么痛苦。我们也指出过，如果儿子太听妻子的话，就可能忽视、抵制或曲解父亲的教导。一个孝子，即使对妻子不满意，也不能与妻子吵架，不能经常抱怨，免得父母良心不安。据我们所知，这就是要求年轻丈夫当着父母或家庭其他成员的面对妻子采取冷漠态度的原因，也是“听妻子的话，背弃骨肉相亲，不是正直人的行为”这句格言为所有中国父母高度称颂的原因。婚姻主要不是为了丈夫和妻子的幸福，而是为了父母，即在父母健在的时候帮他们干活，服侍他们，满足他们抱孙子孙女的愿望；在他们死后，为他们延续“香火”。

大家庭能否结合在一起不破裂，在很大程度上不是取决于已婚兄弟的意气相投，而主要取决于他们的妻子。如果妻子们相处得好，兄弟也会相处得很好，因为大多数冲突是由他们的妻子引起的。大量民间传说和格言对这类不和提出了警告，然而谁都很难无视妻子的抱怨，刚结婚时他可能可以做到，但在结婚五六年后就很难做到了。

68

很少有男人（妇女更少）能够摆脱这样的偏见，即他们的孩子比别人家的好。兄弟间的关系可能因为孩子的抱怨而蒙上阴影或发生破裂。兄弟们是不会为这种事吵架的，但事实上如果他的兄弟喜欢、赞赏、友好地对待他的孩子，他会感到高兴，反之就会感到不舒服和愤恨。

生活在大家庭里的成员都知道要保持和睦是多么困难。有一则民间传说很贴切地说明了这一点。某村一个家庭非常大，成员有几百人，包括五六代。他们在很长时间里和睦地生活在一起，因此在整个乡村出了名，最后连皇帝也听说了。出于对真实情况的好奇，皇帝把这家的家长召到皇宫，问他是怎样成功管理这样一个大家庭的。这位家长二话没说，要了一支笔，在纸上写了一个字,就是“忍”。

家庭成员之间的关系由亲属称谓表示,用来相互称呼或指称(参见附录二)。决定称呼方式的第一个重要因素是年龄。在男孩很小时,用爱称称呼父母;长大后,惯常称呼取代爱称;儿子中年后,仍经常与母亲交谈,称呼母亲仍用爱称或惯常称谓,但他很少称呼父亲。成年男子和父亲说话,一般不必先称呼,而是直接开始谈话。对老母亲,他经常使用称呼,以表达他的浓厚感情。这是因为如我们前面提及的,母子之间的感情在他们老年时经常会加强,而父子之间的感情则会大大削弱。

父母对孩子的称呼也随着孩子年龄的增长而变化。在男孩小时候或在结婚前,父母叫他小名,并且总用一种亲昵的语调。在儿子结婚,尤其是生孩子后,不再叫他小名,而是用数字前加“老”或用词组“孩子父亲”来叫他。 69

这个年龄原则同样适用于兄弟姐妹之间和远房亲戚之间的称呼。在弟弟很小或结婚前可以用小名称呼,但当超过 15 岁或结婚后,必须改用正式称谓。同样的原则也适用于妹妹。一般应该用正式称谓称呼哥哥或姐姐,即使他们还很小。但在普通家庭,10 岁以下的孩子允许用小名叫他哥哥。但哥哥超过 15 岁或结婚后,非正式称谓必须换成正式称谓。

人们总是用正式称谓称呼父母辈的亲戚,然而如果叫的人和被叫的人都很小,正式称呼前可以加上“小”。当一方或双方都长大了,“小”就不用了。伯叔(舅舅)或姑姑(阿姨)可用与父母同样的称谓称呼侄子(外甥)或侄女(外甥女),但当侄子(外甥)或侄女(外甥女)长大或结婚后,就不再用小名称呼。如果是舅舅或阿姨,出于礼貌,这个变换应该早得多。

决定称呼方式的第二个重要因素是加到正式称谓上的数字

的使用。同辈家庭成员一般按年龄编号以称呼或指称，哥哥称呼弟弟时也用同样的数字。在中国其他地方，也用名字的第一个字或名字中的一个字来称呼，但台头村不是这样，除非在扩大的亲属关系中。

同一家庭中兄弟们的孩子根据年龄统一编号，而不管他们父亲在家庭中是老几。比如，某人是家里第一个孩子，他的数字定为一，两年后，叔叔生了个儿子，数字是二，再两年后，父亲又生了个儿子，数字是三，以此类推。这些男孩之间相互称呼时，就用这一规则。分家后，习惯的称呼方式还会保留一段时间，然后每个小家庭用新的次序重新为自家的男孩编号。兄弟们的女儿也用同样的方式编号和重编。

70

把亲属称谓扩大到远房亲戚、母方亲戚、姻亲和村里所有人的风俗在社会学上有重要意义。首先，家属称谓适用于邻村的同族成员或与台头村村民有亲属关系的人。比如一个杨姓家庭成员应该用兄弟或姐妹的称谓称呼其他杨姓同辈成员，用伯伯（叔叔）或姑姑的称谓称呼与他父亲同辈的成员。在邻村萧庄有许多杨姓家庭，台头村的杨姓成员与萧庄的杨姓成员见面时，就用亲属称谓相互称呼。有一次，一杨姓成员偶尔去西面 60 英里的一个村庄，在那里他发现了一些杨姓家庭，在简单地询问了家系后，他们就开始以正式的亲属称谓相互称呼。

亲属称谓也适用于母方亲戚，但用于称呼母亲同辈或上一辈成员的称谓不同于称呼父方亲戚的称谓。对母亲兄弟和姐妹的孩子的称呼与称呼自己兄弟姐妹是相同的，只是在称呼前面加个“表”字。用亲属称谓称呼的母方亲戚的范围不超过母亲的父亲的兄弟家庭。为了表示好意，应该用对母亲的父亲的称谓称呼母亲的父亲的兄弟，用称呼母亲的兄弟姐妹的称谓称呼母亲的父亲的兄弟的孩子，也用对他母亲的兄弟的孩子的称谓称呼母亲的父亲的兄弟的儿子（不算女儿）的孩子。

两家由于婚姻结成亲戚时，相互之间也用亲属称谓。两家父母用兄弟姐妹的称谓，前面加“亲家”（联姻家庭）。一般农民只用前缀“亲家”相互称呼。比如，当他们在集镇上相遇时，出嫁女孩的父亲叫她的公公为“亲家大哥”（联姻家族的哥哥）或“亲家”；女孩的母亲叫她婆婆“亲家大嫂”（联姻家庭的姐姐）或“亲家”，反过来也是这样。其次，夫妻也用亲属称谓称呼彼此的亲戚。丈夫用对自己父母的称谓称呼妻子的父母，用对自己兄弟姐妹的称谓称呼妻子的兄弟姐妹，称妻子兄弟姐妹的孩子为侄子和侄女。但是这种扩展横向上只及岳父的兄弟和兄弟的孩子，纵向上只及妻子辈以下三代。妻子对丈夫亲戚的称谓与丈夫完全一样，涉及的范围也与丈夫一样广。这里要提及的重要一点是丈夫把亲属称谓扩展到他妻子的亲戚，主要是出于礼貌和礼节，而妻子跟随丈夫称呼却是义务。这是因为结婚后，妻子成为丈夫家的一员，而丈夫不是妻子家的一员。如果丈夫有兄弟姐妹，而且都生活在一起，那么妻子的兄弟姐妹称他们为“表”兄弟姐妹。这样称呼主要是出于礼貌，在丈夫和他的兄弟姐妹分开后，这些称谓就渐渐不用了。

71

当地还有一个风俗就是用亲属称谓来称呼住在同一村庄的人，当然这并没有严格执行。在日常生活中，年轻人用姓名或绰号相互称呼。村民很少用亲属称谓称呼那些有名望的人。一般说来村民使用亲属称谓有三种情况。第一种情况，他是其他人的长辈。上了年纪的人，不论贫富，都用正式称谓称呼，只有那些行为不端的人才被剥夺这种荣誉。第二种情况，在不寻常的场合，比如，村民 A 和村民 B 谈话时一般不用称谓，但如果 B 到 A 家拜访，不管是事务性的还是社交性的，B 首先以“孩子他三哥在家吗”的叫声表明他的到来，A 听出了声音，走到门口向拜访者问好：“噢，是亨申伯，快请进。”还有其他情况，礼貌要求他用亲属称谓称呼他的村民朋友。比如，当请一位平时不太敬重的邻居帮忙时，他在请求前用正式称谓称呼这位邻居，而且叫得尽可能带感情。再有，两个村民发生纠纷，其中一个觉得自己理亏，他将尽量用这样的话抚慰对方：“奋挺伯，现在看来你我之间没有什么大不了的事，我道歉。我相信，你会原谅像我这样的晚辈的。”又比如，村民欠人家钱不能及时归还时，他就会对债主说：“二大伯，我真不想说，但又不得不说我不能准时还钱，很抱歉。希望二大伯能原谅我，让我拖延些时间。”

72

用亲属称谓称呼村民朋友的第三种情况是希望邻里把他看作有教养的人。比如有一个体面家庭的年轻人用正式亲属称谓招呼在街上或田间遇到的每个成年村民，渐渐地全村都称赞这家，并认为这些年轻人是最有出息和令人愉快的。如果一个刚结婚的媳妇总记着向每个邻居打招呼，用正式亲属称谓称呼他们，她不久就会赢得好妻子的名声。

总之，亲属称谓的使用有着重大的社会意义，其功能主要是社会性的。村民不管是否有家属关系都用亲属称谓相互称呼，这一事实对社区团结感的形成起了相当重要的作用。

第七章　家庭作为初级经济群体

73

中国农民最关心的事情是家庭的延续，但把子女抚养长大要比生下他们困难得多。男子结婚后，他的父母和祖先的神灵都会为下一代的即将降临而高兴。男子本人到了一定年龄，也会感到肩上的沉重担子，他不再是个“自由”人，而必须为妻子和未来孩子的生活而干活。他父母也知道下一代出生后就要面对孩子吃、穿、住和受教育等重要问题，而这只能通过辛勤工作、节俭生活来解决。他的妻子一般也这样想。有时年轻的丈夫可能会忘记自己的责任，懒懒散散或随便花钱，这时父母和妻子就会提醒他马上就要有孩子需要他照顾。如果他置之不理，父母会非常担心家庭和孩子的生活，妻子在谈到时则会泪流满面。相反，如果丈夫意识到自己的责任，大家都会非常放心。

年老的父母也分担一些责任，虽然他们不能再像原来那样干活，但他们尽可能地节俭。许多家庭的父母比他们的孩子生活更节俭，因为他们经常担忧自己的孩子会遇到贫穷和饥饿。

年轻妻子比家里其他人干活更卖力、生活更节俭。她虽然不说什么，但对她来说没有什么比家庭的平安更重要的了。她最重要的任务就是设法让丈夫生活愉快、干活卖力。她也在农田管理上为丈夫出主意。此外她还必须让孩子受到适当的训练，为家庭经济出一份力。

男孩(或女孩)15 岁左右时,渐渐意识到自己的责任。父母经常告诫他:不卖力干活,就会吃不上饭;如果希望家里像东胡同的潘家那样有一头大牛、一头强壮的骡子、两头驴、三四间好房子和大片良田的话,他就必须卖力干活。我见过许多穷人家的儿子,虽然还很年轻,没有结婚,但在这方面却相当成熟。

74

全家三代人都很关心家庭的经济安全。经济是家庭幸福的基础,如果受到威胁,大家都觉得是灾难。当主要作物遭到水灾或旱灾威胁时,不仅大人极其关心,孩子们也会担忧。而当收成好,年终有节余时,一家老小都会很高兴。家里即使买进很小一块地,也会使家里每个人都非常高兴。在这样的年景,春节将更加欢快与喜庆。

农民家庭也是一个生产单位。家庭成员集体劳动,他们为整个家庭,而不是为哪个成员劳动,在其他事情上也是这样。

田间、打谷场上、菜园里和家里的劳动根据经验和体力来分配。比如,父亲负责种植甘薯藤蔓,因为他有经验,知道藤蔓哪头向上,哪头向下,并能种在适宜的位置上。他知道藤蔓应该插得多深、两株之间的适宜距离。其他人可能也知道这些,但毕竟还没有有效地实践过。大儿子是家中最强壮的人,负责到远处挑水。弟弟和妹妹往小坑里浇水,因为这不需要太多的经验和力气。最后把藤蔓盖起来、用积土支撑幼株的工作需要一定的经验但不需要太大力气,所以这些工作由母亲和大姐负责。

我们必须记住,这种分工不是事先精心设计的,而是自然而然形成的。一家人到达田里后,每人干适合自己的活,父母不会发号施令。这种分工也有一定的灵活性。当水一时够用时,大儿子可能会亲手学学父亲的活。另外,二儿子可能要求至少挑一次水,以表明他也是强壮的。或者大女儿借口妹妹应该学学成年人

75

的活而坚持与妹妹交换工作。

这种分工也依赖相互间的协作。孩子们有时会争吵，这无碍协作。让我们仍以种植甘薯为例。待田间一切准备就绪时，父亲开始干活，大儿子去挑水。水挑来后，孩子们立即把水浇进小坑，然后母亲和大女儿开始干活，整个过程没有间隙和重复。收获甘薯时协作表现得更明显。一大早，派小儿子去把甘薯藤蔓切下来并从田间移开，其他人忙于把家里和打谷场上的东西整理好。小儿子清理了相当一部分田地后，父亲和大儿子来到田间，开始挖掘甘薯。在切割完所有藤蔓后，小儿子开始把地上的甘薯放进独轮车上的篮子里。大儿子、驴、独轮车和小儿子组成一支队伍，把收获物运到加工地。这时母亲和女儿们已到了加工地，开始清洗和削切甘薯。

劳动中的复杂分工和协作正是家务劳动的明显特征。比如，在新年包饺子时，全家人早早吃过早饭、洗掉盘子，在母亲的指挥下，有人去贮藏室拿卷心菜，有人洗清和切碎卷心菜，有人拿出肉块剁碎，母亲再小心给这些混合物加调料。接着大家坐在长桌旁或母亲的暖砖炕上，开始最难的一步，即做包饺子用的圆皮。不是所有人都会干这个活，负责这个活的是最拿手的人。做圆皮的人是主角，其他人则在旁边等着做出圆皮来包饺子。包饺子也是件技术性的活。[①] 有人只会把生面圆皮折叠起来，而有人包得非常漂亮，后者受到大家的羡慕。干这活很在行的新婚媳妇会赢得婆婆的称赞。包饺子时，年轻人之间确实存在着一定的竞争，但 76 大家都很愉快。新春将临时，姐妹、兄弟之间比平常更随便地相互调笑。对此母亲也不说什么，只是偶尔笑着责备他们几句，这

① 参见本书第 38、92、93 页。

只会使年轻人更调皮。父亲最好不要参与这项工作，因为父亲在场就会扼杀所有的笑声和乐趣。

在旧式家庭中——这类家庭在台头村占多数——每个人的劳动或生产都是为了整个家庭，不管他是农民、泥瓦匠、裁缝、商人还是其他什么人。在自家农田里干活的人不用说是为整个家庭干活，而手艺人的收入也归整个家庭所有。如果他留下部分工资，他会受到家长的指责，家中其他成员也会怀疑他的可靠性。在外做生意的商人生活开支要花掉部分收入，这可以由他自己决定，但他必须把其余的钱寄回家，而且要向家长汇报钱是怎么花的。如果发现有些花费是不必要的，家长就会详细询问，只有给出了满意的解释，他的账目才能结清。如果他是很有地位的中年人，在花钱方面可能更自由，家长也不过多地限制他。即使这样，他也必须知道自由的限度，必须把最大份额交给家里，否则其他人就会抱怨，而家庭的统一就可能受到威胁。儿子去人家做雇工，所得工资直接交给他的父亲或家庭，他可能要求父亲从他工资中给他几块钱，也可能保留或花掉雇主给他去戏院或当地的定期集市的零钱。他不是为他自己干活，而是为他所属的家庭干活。

未婚女孩外出干活，赚的钱归她自己所有。她到田里拾花生，父亲卖掉后把钱给她。她去当地榨油厂干活，工资归她所有。有些大女孩拾海贝到集镇上去卖。女孩 15 到 17 岁时也许已积下了 10 到 20 美元。母亲用这笔钱做资本给她买棉花，帮她开始家庭织布业，或者她把这些钱借给村民朋友以获取利息。到女孩结婚时，她可能已积攒了 30 到 50 美元。

77

一杨姓家庭有三个儿子，其中一个是该地区最受欢迎的泥瓦匠。这个家庭在 20 年前极其贫穷，但因为儿子们干活非常卖力，厉行节约,家庭条件逐渐改善。实际上这是大儿子努力的结果,他对家庭的贡献最大,除去生活费,他凭手艺每年可以赚到约100美元,这些钱大部分用于买地修房。最近他又帮助两个弟弟结了婚,尽管他自己还未结婚,因为他觉得自己太老了,身体又不好。他还当泥瓦匠,全部收入交给家里。几年前父亲去世了,名义上母亲是家长,实际上大部分家庭事务由他管理。

另一潘姓家庭有四个儿子,基本上是农业家庭,但在村里开了一家小型铸造厂。大儿子在村学校教书,一个儿子经常在厂里干活,其他人在农田干活,急需时他们也一起干活。农田劳动、学校教书和铸造工厂的收益全部上交家庭,即交给家长。在铸造厂干活和当教师的人不会说家里大多数钱是他们赚的。合作的结果是这个家庭成了村里最富裕的家庭之一。可以说,村里四个家族中都有许多家庭由于在不同领域工作的兄弟之间真诚的合作和联合,最近繁荣了起来。

因为同一家庭的成员一起干活,穿同样的衣服,住同样的房屋,参与同样的社交圈子,他们的需要也基本相同。全家人总是在一起吃饭,分享桌上的菜肴,喜欢吃同样的食物。如果父亲或母亲吃得好一点,不是因为他或她有这样的特权,而是因为孩子们想用这种方式表达对父母的体恤。如果小孩子多吃点,这是因为父母觉得这样小孩才能长得强壮,较大的孩子也同意这么做。妇女们尤其是年轻妇女一般吃得比他们的男人差,但这种差异没有什么意义,妇女通常认为这是理所当然的。“男人们干的活重,必须吃得好一点;男人是家庭的支柱,我们的生活依靠他们,所以他们必须吃得好。”经常听说中国其他地方的妇女在家里受虐待,常常过度劳累、营养不良,几乎成了男子的奴隶。在台头村没有这种情况,即使有,也非常少。有好东西,父母总要尽量把家人召

78

集起来，如果有家人不能享受，他们会感到遗憾。对农家来说，好食物很重要，但家庭精神更重要，这不仅是个吃好食物的问题，而且也是分享共同辛苦劳动成果的问题。因此所有暂时离家的家庭成员都要尽量回家过清明、端午、中秋和其他节日。在最重要的节日——春节，在外面的人更要回家。如果有人不能回家过节，家人会在餐桌旁为他空出座位，座位代表了家庭全体成员。在清明节或中秋节经常听到母亲这么说：“我希望林儿能回家和我们在一起。尽管不可能，但我希望他能吃到和我们现在同样的食物。”一个不在家的儿子在特殊场合吃到好食物时经常会说：“这真好吃，我知道我的家人也喜欢。”

丰收的喜悦也让家里的祖先分享。冬小麦收获后是端午节，这时必须把祖先的神灵请到家里来或者在院子里供上祭品。在黍和其他几种谷类作物收获后是七月十五中元节，要专门祭奠死去的亲属。在最重要的秋收来临时有中秋节，虽然这主要是活人的节日，但也同样真诚地邀请死去的家人。最后，春节是最重要的节日，这时活着的人和死去的人一起分享一年辛苦劳动的全部成果。

除去个人财物，农民家里的每件东西都是共同拥有的，即为整个家庭所有。一个为家庭赚钱较多的人会受到家人的尊敬，可能会享有高于其他成员的威望，但他不能要求更多的家庭财产。另一方面，那些尽了最大努力但生产或赚钱较少的成员也拥有和其他人一样的对家庭财产的权利。有人什么活也不干，一分钱也不赚，反而每天浪费钱，但只要他是家庭的一员，他就不仅有生活的权利，而且也拥有对家庭财产的权利。有人长期在外干活，但只要他保留他的家庭成员资格，他就和在家的人一样是家庭财产的拥有者，而他的收入也归家庭所有。

个人财物是微不足道的。未婚男子只拥有自己的衣服，甚至这些东西在父母认为有必要时也可以为弟弟分享。结婚后，他才对自己的衣服有了绝对的所有权。除非从零用钱里节省出来，没有人会有自己的钱，因为他的生计由总收入提供。男孩或成年人花钱的机会极少。在春节、集镇定期集市或村里演戏时，父亲或家长会给每人一点零钱，这成为他的个人财产，他可以自己决定花掉或节省下来。如果有人出远门，家里会供给他需要的钱，但他回来后，必须向家庭汇报他的花费，并把剩下的钱交给家长。农闲时，年轻男子可能做些生意，如果他凭自己的信誉借来钱，并承担一切风险，他所赚的钱就归他个人所有，他可以随心所欲地花费这些钱，但这样的事极少发生。

女儿结婚时家里要给她一份嫁妆，加上她在父母家积攒的所有钱财。年轻妻子可能把这笔钱投资到小规模的家庭工业中，也可能借给村民朋友生利。当这笔钱数额较大时，她可能会用来买地，这块地属于包括她自己、丈夫和孩子的小家庭所有，而不属于丈夫的大家庭。丈夫的大家庭也许会耕种她的田地，并拿走收获物。有时妻子会把她的钱借给大家庭，大家庭归还时要付利息，这类财产叫“小惠”，它是合法的，但一般不为大家庭鼓励。当年轻妻子设法赚钱时，她们会变得自私，结果就发生争吵，这将威胁到大家庭的联合。

妻子们总是考虑分家时能分到多少亩田地、多少间房子。当公共财产中增加一块新地时，她们也感到高兴，但她们的高兴不同于原有家庭成员。不仅淡漠得多，而且每个妻子私下里都希望这块田地能成为她小家庭的财产。她可能会认为这块地主要是她丈夫努力的结果，因此觉得把它当作公共财产在兄弟间平分不公平。她还会劝说丈夫如果有收入的话，就把部分收入藏起来或

80

攫取一部分家庭收入，以此积累个人的财产。因为妻子可以用她自己的钱买地，这种田地不在儿子间平分，她可以用丈夫的私房钱为她自己的小家庭买地。这样小家庭在对待自己的土地和大家庭的土地上逐渐有了区别，小家庭的成员会尽其所能、不惜损害大家庭的利益来增加小家庭的财产。如果一个小家庭这么做，其他小家庭也会毫不犹豫地跟着干。

家庭物品的分配也会产生敌对情绪。好东西或水果必须在各小家庭间公平分配，然后小家庭成员各自回到自己房里去吃，这样家庭分成了几个小单位。媳妇接受她父母或亲戚的礼物，留下那些没有明确指出要给她婆婆或整个家庭的东西，她留下的东西将由她自己、她的孩子和丈夫在他们自己的房间里享用。这会威胁到公有精神。一家孩子用贪馋的眼神看着另一家孩子吃糕点，沮丧的孩子们回到母亲身边，肯定会抱怨他们怎么没有糕点吃。如果这位母亲心胸狭窄——不幸她经常是这样——她就会嚷道："你们抱怨什么？你们不是没有像他们那么有钱的外公外婆吗？你们不知道你们是穷种吗？"这些抱怨的话说得很响，那位母亲一定听得到，她当然会把这看作是侮辱，发誓一有机会就要报复。这样当另一家的孩子们吃好东西时，她也会重复同样的抱怨和喊叫。当然，不是所有的年轻妻子都这样做，许多人会把食物平分给家里所有的孩子，或者把礼物交给祖母，让她来分配。如果其他妻子以她为榜样，就可能成为家庭的惯例。

在小家庭中，每个人都情愿生活节俭，省下钱买更多土地或造新房，甚至渴望吃得好点的小孩在购进新财产时也和父母一样高兴。而在大家庭中情况就不同了，兄弟们仍然希望节约，但妇女和孩子就不这样。虽然他们也希望看到家里增加田地和新房，但不会反对伙食好点、衣服多点，甚至有某些奢侈品。妻子们确

81

实更关心个人利益，她们首先忠于自己的小家庭，并希望大家庭最终破裂。由于这些妻子的缘故，小家庭之间处于相互竞争的境地。小家庭更有利于生存。

家庭的延续不仅依靠生命的代代相续，而且还依靠家庭公共财产的持续传递，因此继承是中国家庭的大事。正如我们已经说过的，在中国人心目中，家庭不仅是一群有关系的人，而且还包括土地、房屋、家畜和家庭声誉。兴旺的家庭人口和财产都在增加，衰落的家庭则人口和财产都在减少，“家破人亡”——“家庭财产耗尽，家庭成员死去”——这句通俗的格言就表达了这个意思。因此，临死的父亲想到他没有留下任何财产，他会觉得有罪于祖宗、有愧于子孙，因为他只完成了家庭延续的一半。财产不仅是下一代最可靠的保障，而且因为家庭是个经济单位，所以家庭财产是使家庭结合在一起的首要因素。只要财产完整无缺，家庭就能存在下去。如果财产卖掉了，单个成员可能仍然存在，但家庭却消失了。

中国家庭不仅由活着的人构成，而且也由死去的前辈和未来的孩子构成，大家共享财产所有权。如果活着一辈的财产是从上一辈手中继承来的，那么他们不过是保持财产完整无损、并把它交给下一代的保管员。家庭伦理给了男子财产权，也给了他责任。一个人只有在老年时还完整地保持着他继承来的财产，才能心安理得地死去。他会像胜利者一样把儿子召集到身边，告诉他们他无罪于祖先，无愧于子孙。有些中国父母会说：“不要为子女做牛做马，穷也好，富也好，他们都要靠自己。”但他们只是在对自己的儿子或女儿感到失望时才会这样说，而且即使这样，他们也只不过说说罢了，并不真的这样想。 82

一个人如果没有从他父母那儿继承任何财产，而靠他自己和妻子的努力积起了他的所有财产，他对祖先和孩子仍承担着同样的义务。对他来说，把财产留给儿子来延续家庭的愿望与其他人一样迫切，但他更为自己感到骄傲。他会对孩子说："你们的祖父什么也没有留给我，我们现在所有的一切都是你们的母亲和我辛苦劳动得来的。"这话里有抱怨，是对死去父母的抱怨。然后父亲又说："但我们愿意把这些财富留给你们。孩子们，我们希望你们永远完整地守住它。"在说这些话时，这位父亲一定很自豪。他没有从父母处继承到任何东西，这是他父母的过错；但这并没有使他放弃他的职责，这些职责使他不能随意处置他的财产，因为他与祖先和孩子的关系仍然是一样的。虽然父母没有留给他财产，但给了他生命，他给孩子们的生命就是从这个生命来的。人们重视财产的传递还有其他原因。

如果人死后，人的灵魂在另一个世界确实还需要东西，如果这些需要确实必须由仍活着的他的孩子们供给——如农民所相信的那样——那么他必须给他的孩子留下一些财产，使他们有办法照顾死者。因此，为了他自己的灵魂幸福，他也必须传递财产。对一般人来说，死后被人记起的最主要方式就是留下财产。没有给孩子留下什么财产的父母要么在死后很久还受人责骂，要么立即被人遗忘。增加了家庭财产或恢复了家庭原有财产的父母则被记录在家谱上，受到子孙后代的称颂。只要家庭存在着，他们就会一直被骄傲地谈起。

该地区是父系继承，但女儿在某些情况下也可以得到一点。儿子们对父亲的财产有排他的、明确的权利。尽管新的政府法律规定，除了必须给他儿子和女儿的那部分外，他有随意处置他的财产的合法权利。但实际上没有哪个父亲或儿子这么想，相反他们都认为儿子对父亲的财产有绝对的继承权利。

虽然父母的动产绝大部分给儿子，但还有其他继承方式。动产是否平均分配主要根据家庭的富裕程度，原则上应该平均分配。母亲的个人物件通常归未婚女儿所有，有时已婚女儿也会提出要求。如果没有女儿，就传给媳妇，有时也给丈夫的姐妹。 83

不动产是财产的主要部分，也是导致尖锐的家庭冲突的主要原因。不动产平均、公正地分配需要证人及其助手的参与。

土地和房屋的分配原则是诸子平分。如果在分家时父母还健在，他们更愿意为自己保留一份，要比分给儿子的平均份额大。这一愿望能否成功取决于他们行使权威的能力、证人的看法、儿子的态度以及财产总量的多少。如果女儿未出嫁，要留出钱给她做嫁妆。未婚儿子也可获得一份将来结婚的费用。债务由各人平摊。如果父母一方已去世，分配就可能采取如下几种方法。母亲或父亲会得到一份大于、等于或小于每个儿子的财产。母亲可能选择与某个儿子永远生活在一起；如果她的一份足以维持生活的话，她也可能选择独自生活；她可能会轮流住在每个儿子家，每次一个月左右，在这样安排的情况下，她就没有独立的财产。尽管父母不会表示特别喜欢小儿子，但小儿子在分家中有些优势，这是分家中的普遍现象。母亲或父母通常选择与最小的儿子一起生活，部分是因为他更需要教导和保护。在这种情况下，父母一定会在分家协议中具体说明，在他们死后，财产归服侍他们的儿子所有。这样最小的儿子能得到一份大得多的财产。但如果父母一方或双方在分家后独自生活，那么在他们死后财产将在几个儿子间平均分配。

收养与继承密切相关。如果死者有儿子，就不存在收养问题。但如果没有儿子，就必须收养继承人以延续父系家系。收养的继承人一般是最近的亲属，即男方兄弟的儿子。在有几个兄弟 84

的情况下,应选择哪个兄弟的儿子做继承人没有明确规定。如果一个人没有选定继承人就去世了,在他最亲近的兄弟的儿子中,谁最先穿上儿子的丧服或主持应由正式继承人主持的丧礼,谁就有继承他的财产的权利。收养者根据他们与兄弟及兄弟儿子们的私人关系作出领养的决定。他们在临死前收养儿子,或很早就收养儿子。他们常常通过特别关心希望收养的孩子的方式表明他们的心意。如果收养者很富裕,这种悬而未决的状态会使未来的继承人对他伯伯(或叔叔)非常友好、忠诚和顺从。

如果没有侄子做继承人,就选择男方亲属中稍远的亲戚,不存在收养女方亲戚如妻子兄弟的儿子的情况。风俗习惯允许女婿代替儿子延续家庭,在这种情况下这家的女儿和她丈夫在女家结婚,丈夫和他们的孩子将取女方的姓。

在讨论继承时,我们绝不能忽略保持家庭财产的愿望和有更多子孙的愿望之间的表面矛盾。一位西方朋友曾问过笔者,既然中国继承制要在儿子间平分家庭财产,他不明白中国父母为什么还想要那么多儿子。虽然这个观点看起来很有道理,但中国人并不这样看问题。一个家庭即使是穷人家,生儿子时,并不把他看作将要瓜分家庭土地的人,而是看作增加家庭土地的人。在生第二个儿子时,父母不会担忧他们的小块田地要一分为二。相反,他们开始希望儿子长大后,一个当雇工,另一个当泥瓦匠,儿子们不仅能赚取自己的生活费,而且每年还可为家庭增加50美元左右的收入。两三年后,父母就可以用他们的积蓄买一亩甚至更多的土地了。因此到父母年老时,会比现在更富裕。这一期望随着每个儿子的出生而增强。不像女儿,儿子总被看成一笔财产。

在分家时,自私的妻子私下里可能希望丈夫不要有这么多兄弟,这是事实。而与此同时,她也许会自豪地看着她的四个儿子,并在心里说:“我何必担忧呢?我有四个儿子。田地和房子嘛,他们会赚来的。”当看到她二嫂时,她私下里会很同情她:“可怜的二嫂,她只有一个儿子却有三个女儿,这么多女儿能做什么呢?她们只会赔钱。” 85

86

第八章　家庭作为初级礼仪群体

台头村的家庭，与其他地方的家庭一样，在一年中有许多时候要为祭奠死去的祖先、庆祝丰收、敬神或驱鬼举行仪式。按规定这种场合只有家庭成员或同一家系的成员才能参加。家庭把自身看作一个独立的实体，仪式庆典是家庭排外性的最明显标志。

在所有仪式中，父母的丧葬仪式和祖先的祭祀仪式最重要。父母的死亡尤其是年老父母的死亡极受重视。当家庭成员确信父母大限将临，他们就给他（她）擦洗身体、穿上备好的寿衣，他（她）的所有孩子尤其是儿子必须尽可能在场。最终断气后，尸体被放进旁边的棺材，棺材盖起来但不封住。棺材前放一张仪式桌，上面摆着香、纸钱和灯。每天的祭品也摆在桌上。前门贴上白纸，表示这家死了老人。晚上，儿子们穿上重孝的白衣，去村祠堂向土地神（村庄的守护神）报告死讯。

所有计划好的事在父母死后都要自动延期，所有快乐的标志都要隐藏起来。居丧期间不能举行婚礼或喜宴，所有大红、桃红、紫红的东西都要藏起来或用白、蓝、黑的东西遮盖起来。重孝最明显的标志是白色，门上、墙上都糊上白纸，哀悼者穿白衣、白鞋。虽然所有的丧服都是白色的，但根据哀悼者与死者亲属关系的远近有细节上的差别。儿子们在丧葬期间穿麻衣、戴麻帽，平时则

87

穿一般的白衣服。其他人在丧葬期间穿粗劣的白布衣。未出嫁的女儿与儿子穿得一样。人一死，儿子与未出嫁女儿的鞋子立即涂上一层白糨糊，过些时候再缝上白布。孙子和孙女在葬礼上穿白衣、戴白帽，平时没有特别要求。侄子和侄女在葬礼上穿白衣。死者的兄弟在葬礼上穿白袍，腰间束一条白布，在随后的九个月到一年的时间内，他只能穿黑色或蓝色的布衣。

嚎啕恸哭是哀悼的公开标志。有些哭泣完全发自内心，但此外还有仪式性的恸哭。在死者断气时，站在床边的近亲开始恸哭，标志着死亡的降临，恸哭一直持续到把尸体放进棺材为止。在儿子们去村祠堂报告死讯到返回家里期间也要不断地恸哭。在把棺材最后封住时、在亲戚和朋友供祭品时、在棺材搬出房间时以及举行葬礼的整个过程中，按礼俗也需要恸哭。

尸体放进棺材后，马上进行牲祭，人们带来上供的祭品——大部分是食物。棺材封住后，常要在家里放上一段时间，虽然听说有些富裕人家棺材要放近一年，但一般是一到三个月，时间长短依家庭经济和社会地位而定。越是富裕人家，棺材装饰得越考究，停棺的时间也越长。在停棺期间，棺材前要经常供蔬菜盘，按礼俗也要供香、蜡烛、纸钱和肖像。人们送来钱和粮食，帮助这家支付葬礼的开销，否则丧葬仪式会耗尽家庭的财物。

父母的死讯必须通知这个家庭所有住在其他村庄甚至远方的亲戚和朋友。普通家庭通常派个人去通知，但上层家庭用“讣文”或文告来通知。讣文通常是折叠的黄纸，上面写上死亡时间、

88

接受吊唁及举行葬礼的日子。父母的死讯应该通知所有熟人、亲戚、朋友和远方亲戚，遗漏被看作是侮辱。

有点地位的家庭，在选择墓地时都讲究“风水”。看风水就是请风水先生看房屋和墓地的位置。在汉朝（公元前 202 年—公元

220 年）人们就开始关心墓地的位置，但直至郭璞以后，这种迷信才传遍中国。郭璞写了一本 20 章的书，提出了“风水”选择的原则和方法。它以这样一种假设为基础：五行（五颗行星）和八卦（八种图像）对房屋有影响，因而也对房屋主人的兴旺和灾祸有影响。如果房屋选得符合五行和八卦，家庭将兴旺，否则将有灾祸。

对“风水”的第二种解释以四周物体的走向和地形的自然构造为基础，这种“风水”理论主要作为选择墓地的原则发展起来。根据这种信仰，选择墓地要考虑龙、龙穴、冲积地和水流。在他们的术语中，墓地四周的小溪、环绕墓地的山丘的构造和轮廓代表龙，龙穴就是棺材放入的墓坑，附近的小河或泉水叫水流，四周的地叫冲积地。

风水先生们伪称，如果墓地由水流和山丘环绕、龙潜伏其中，那么埋葬在那里的祖先将从地底下吸取神秘的富饶给予他们的子孙。他们相信祖先埋葬的位置对儿子和孙子的未来兴旺会产生实际的影响。由于所有家庭都想把祖先埋葬在好地方以使他们的子孙兴旺发达，他们都像聆听神谕一样听从风水先生的话，严格执行他的指示。①

大家庭的出殡常常形成一支相当可观的队伍。在出殡开始前，当地佛寺中的和尚先背诵一段祈祷文或颂读一段经文。经念完后，棺材马上抬出房间，这时死者所有的近亲大放悲声。棺材放上棺材架，上面盖一块绣龙红布，接着出殡仪式开始。领头的是邻居家的男孩或男人，举着旗，上面写着颂扬死者善行的文字。后面跟着奏哀乐的吹奏队，随后是据说死人在另一世界要使用的纸房子、纸箱子、纸仆人和其他许多纸制品。这后面是抬棺材的

89

① 更详细的内容可参见《风水》上的一篇文章和禄是遒（Henri Doré）所著《中国民间崇拜》上的参考书目，M. 肯内利翻译，上海，1922 年，第四章，第 402—416 页。

人。再后面是哀悼的人群，首先是儿子，后面是女儿，再后是媳妇，最后是孙子辈。队伍行进得非常缓慢，路上可能会有重要朋友提供祭品。前来吊唁的朋友或远亲也加入出殡队伍，但他们走在棺材前面。队伍出了村庄，哀悼的妇女离开队伍回家，儿子和孙子伴随棺材到墓地。队伍到达墓地后，人们再次在棺材前献上祭品。然后棺材放进墓坑，每个哀悼者放一把或一锹土在上面。这一切之后，他们脱下丧服回家。

葬礼的讲究程度取决于家庭的经济状况、死者的年龄和活着的人的辈分。如果死者年纪不大，葬礼就比较简单。如果他上一辈中还有人活着，葬礼一般也不像死者是家中年纪最大的人那么讲究。重要的是如果死者是父母，尤其是年老的父母，那活着的孩子们必须尽其所能办好葬礼，只有这样才能解脱对父母的愧疚。如果子孙们不尽孝道，村民和亲戚就会指责他们，并可怜死者生了这些不孝之子。如果一个家庭受到这样的指责，所有成员都会名誉扫地。

在埋葬了死去的父母后，后辈仍要努力记住他们，记住他们的善言善行、他们的光荣和成就。后辈不愿相信父母已经去世，宁愿相信父母还活着，仍和他们在一起。父母的言行仍控制着子女的行为。父母刚死后的几年，很容易想起他们，但时间一长，就会逐渐淡忘。为此先贤们设计和发展出许多仪式和节日，使已被淡忘的父母在后辈心目中重新复活。这些仪式和节日自然为所有家庭遵奉。不管家庭是否真想记住死去的祖先，仪式总要举行，节日总要庆祝。这种仪式西方人称为“祖先崇拜”。严格说来，这是错误的，因为中国人并不像西方人崇拜上帝那样崇拜他们的祖先。在中国人中的确存在着这样的糊涂思想：他们死去的父母能以无形的方式和他们在一起，这是他们有意识努力保持对

90

父母生动记忆的结果。但这不应该从宗教意义上去理解，从家族绵延不绝的意义上说，它是一种献祭仪式。

如前所述，台头村没有家庭或家族的祭祖祠堂，所以也没有对祖先表达敬意的讲究的仪式。但在一年的所有节日中，至少必须举行一些简单的祭祖仪式，春节的祭祖仪式最讲究。

所有节日都依阴历确定。虽然法律文件用阳历，政府也用阳历，但村民在日常生活中仍用阴历，农民很难改变祖先使用了几个世纪的传统。只有城市公共机关才过阳历元旦，而在乡村，人们对此一无所知，对他们来说，最快乐的时候仍是阴历大年初一。

在一年的所有仪式中，春节举行的仪式自然是最重要的。春节通常持续约一个月，准备工作从阴历十二月初开始，十二月下旬逐渐达到高潮。十二月二十三日之后，每家都要进行大扫除，叫“扫尘”（扫掉灰尘）。房间里的所有物什都搬出来，洗干净，再重新布置。破了的墙壁、熏黑的天花板、凹陷的地面和旧灶头都要整修。不仅房屋，人甚至是神也焕然一新。在清扫日前，家庭外成员必须离开，比如出嫁的女儿和她的孩子如果受到她兄弟及其妻子们的欢迎，而她婆婆也并不急于让她回家的话，可能会在父母家住几个月，但她必须在这天前离开。如果女儿无处可去，父母会单独为她准备一间房，在那里躲过这段时间，这表明她不再是这家的成员了。如果一个亲密朋友在这家住了一段时间，他也必须在十二月二十三日到元月十五日这段时间离开。如果无处可去，他要么被这家接纳，要么被送到单独房间。灶神也必须在清扫前送走，在十二月二十三日为它举行告别献祭。

91

在这样的场合，无家可归的人特别悲惨。对大多数人来说，春节最快乐，但对孤苦伶仃的人来说，这是令人心碎的时候。不是中国家庭不好客，而是因为春节是家人，不仅包括活着的人而且包括死去的人团聚的时候，也是向祖先表示敬意的时候。这种场合，只有家庭成员才能参加。春节也是举行有关家庭起源、发展和未来的仪式的时候，这绝对是家庭内部事务，外人不能参加。人们认为如果外人参加的话，会冒犯祖先或家神。这种风俗使所有离家的人感到春节必须回家，结果家庭得以团聚，家庭的完整性得到重申。不过无处可去的客人仍可以分享好餐食和该家庭所能提供的娱乐。

春节食物准备要充足，能够吃到元月十五日。另外还要准备招待客人的食物，准备新年向其他村庄的亲属和朋友拜年时当礼物赠送的食物，还要准备祭祖和宗教仪式的食物。门上的春联也必须准备好，春联通常是由两所村学校的老师写的，有些穷人家也去集镇上买。写春联的纸通常是红色或桔黄色，缀以金点。春联的大小根据贴春联的门的大小而定。措辞因家庭社会地位而不同。如果属于上等家庭，强调耕地和读书，前门或大门上的春联可能是“忠厚传家远，诗书继嗣长”（忠诚和诚实使家庭长久存在，诗和经典作品保证子孙后代平安）或“耕读教子，勤俭持家”（教育孩子种地和读书，以勤劳和节俭管理家庭）。如果属于中等家庭，措辞将改为“勤俭持家本，孝悌教子方”（勤劳和节俭是管理家庭的基本美德，尊敬父母与兄长是训练孩子的基本手段）或“以仁成礼，与德为邻”（我们的邻居都是品德高尚的邻居）。如果是下层家庭，他们通常对措辞没有特别要求，请学校老师或邻居为他们选择，措辞可能是这样的：“花开富贵，竹报平安”（花带来兴旺，爆竹预报平安）或“宇天皆花季，无地不春风”（宇宙的一切由创造性的太阳催生，没有一处地方不受春风的吹拂）。一般说来，春联反映了家庭的理想。做生意的家庭，希望招财进宝；官员家庭，表达对官职和晋升的期望；所有家庭都赞扬孝顺和敬重的美

92

德。屋内房门上的春联是有关富裕、子孙、长寿和祛病解痛的。

人们买来年画、鞭炮、香、烛、纸和糖果装饰屋子或在仪式上使用。年画的内容通常是花卉、历史戏剧人物、仕女、天真烂漫的孩童和神话故事。一家之主负责购买仪式上用的鞭炮，其余则是年轻人买的。存放或使用香、烛、宗教用纸时必须表现出虔诚之意（村人不说去买香，而说去请香）。

除夕前两天，各家各户的门用水冲洗、用砂泥擦净。旧春联揭下来，新春联贴上去。窗户擦洗干净，糊上抹桐油的新纸。年画挂起来或贴在墙上。每件家什不是搬动位置就是重新装饰一番，整个屋子焕然一新。次日，即旧岁最后一天，进行最后的过年准备工作。因为最后一天是集市日，所有男人都去镇上，看看有 93 没有需要而没有买的东西。妇女们在家忙着包饺子。黄昏时分，在主客堂的北墙放一张桌子，上面摆着仪式用品：香、香炉、烛和两个烛台、一块四方米糕、一碗盖着枣子的小米饭、一根插在瓦罐上面挂着铜钱的桃树枝、几碗蔬菜和几盘点心。在一个悬于墙上的大卷轴上画着几位想象的家庭祖先肖像，下面画着家族兴旺繁荣——这是家庭的共同目标——的场面。当饭桌放好，画轴挂起来后，屋子里的气氛一下子变得严肃起来，成年人应该小心规矩地走动，小孩要保持安静，不说粗鲁、冒昧的话，邻居直至第二天早晨才能来串门。

晚饭后，天色已黑，父亲和小儿子上祖坟，请祖宗的灵魂回家。而后，在堂屋门口举行迎接财神、天神、地神、灶神以及其他不知名的亲属神灵的仪式。妇女们为全家人准备好新衣，如有空闲，还炒甜瓜子、葵花子和花生。一切准备就绪，全家人便上床睡觉。

第二天清早两三点钟，全家人带着一种既高兴又神秘庄严的心情醒来。他们洗漱完毕，穿上新衣，聚在正屋桌前向祖宗致敬，父亲或一家之主点燃蜡烛和三支香，虔诚地把香与烛举过前额，然后插在香炉中。他跪下数次向画轴上的祖先像叩头，家里所有男性也跟着这样做。另外还要在寺庙举行简单的仪式。

然而，基督教家庭部分或全部取消了这些仪式。例如，信基督教的家庭用基督教仪式取代了传统仪式，他们把祖先挂轴换成四幅两边各配上基督圣诗对联的花卉、风景挂轴，桌上仍有蜡烛，但圣经和几本赞美诗取代了其他东西。唱完圣歌，由一家之主布道，他以基督教的方式宣讲追念祖先、庆祝春节的道理，然后为祖先之灵的平安，为求神赐福于生灵轻声祈祷。在基督教家庭，虽然基督教的上帝已取代了原来的神仙，但其他活动和一般家庭没有什么两样。

94

宗教仪式结束后，开始出现欢乐的气氛。家长首先点燃一长串鞭炮，男孩们也照着样子放起鞭炮。灯笼点亮了，高挂在门口和庭院各处。有人认为放爆竹是为了吓跑在献祭时四处觅食的恶鬼。中国其他地方也许是这样，但在台头村肯定不是这样。在这里，燃放爆竹传统上就是快乐的象征，爆竹只用于婚礼、生日、迎接贵宾、受聘官职等欢乐场面，从不用于葬礼。实际上台头村家庭在家长死后三年内不放爆竹，这是表示子女们对家父或家母的死亡还记忆犹新，欢乐不起来。

妇女们忙于准备饺子，三碗饺子放在仪式桌上做供奉祖先的祭品，然后全家人又聚到饭桌边，晚辈用正式称呼和“过年好”问候长辈，比如儿子向他父亲和母亲问候时会尊敬地说：“爹，过年好！”“娘，过年好！”最后他们都坐下来用餐。用完餐，天还没亮，老人可能仍回床睡觉，但年轻人和男孩们三五成群去拜访同族的其他家庭（当地叫拜年）。天亮后，老少男子都走到街上，用和家里同样的方式相互问候，这时也正是父母和家里长辈给小辈压岁钱的时候。

第三天早上举行另一个祭祖仪式，即“送年”，即向正要离家而去的祖先的灵魂告别，这与其他仪式相似，但要简单得多，只有家长和成年儿子参加。这个仪式过后，春节的高潮就过去了，穿着和餐食恢复到平日的样子。当然还剩下许多东西，因此老人和孩子有时还可以吃到一些好东西。

95

新年的食物要持续到正月十五日元宵节那天吃完，这天是新年第一个月的第 15 日，标志着新年庆典的真正结束。元宵节最主要的特征是把春节剩下的食物吃掉。早晨在街角处的石磨边年轻妇女们把骨头、排骨和剩下的肉屑剁碎并磨成糊状。当这种糊状东西与切碎的卷心菜混在一起时，看上去像回锅肉丁或汉堡牛排。它可以用来做汤、肉丸及其他菜肴。对贫穷农民来说，肉是一种奢侈品，猪肉味道是那么鲜美，他们连骨头也舍不得扔掉，所以他们把骨头也吃了。尽管农民们对现代营养学一无所知，但从生活经验中他们知道骨头和骨髓的营养价值。而且还有一种传统观念，认为吃了春节剩下的骨头，在新的一年中可以消病除灾，也有利于年轻人的成长。

元宵节的第二个有趣特征是张灯结彩。先前只是挂灯笼，现在已有所不同。每家每户都用生面制作许多小圆容器，蒸熟后，插入灯心，注入花生油。灯心点燃后，容器就成了灯盏。晚上 10 点左右，这样的灯悬挂在家里的每个角落，庭院、后院、谷仓，还有菜园和打谷场上，它们象征着家庭所期望的光明和好运，驱走家庭要避免的黑暗和厄运。它们也表示对新的一年丰收的企望，所以挂在庭院里、谷仓里和打谷场上。根据当地的风俗，灯里的油要能烧到天亮。第二天早晨，家人把所有灯收集起来，查看烧过的灯心，如果大部分灯心头上有一团肾形焦炭，就意味着这一年不会歉收。

“二月二”就是二月初二，是土地神的生日，也是祈祷丰收的节日。除几个基督徒家庭外，所有家庭都向土地神献祭。清晨，一家之主用篮子撒灰，在屋门前、打谷场上、菜园里、后院画上谷仓和梯子的图案，表达对丰收的祈望，意思是希望谷粒堆满家里的每寸土地，而且高得必须用梯子才能到达谷堆的顶部。在这个节日还烘焙各种菜豆，包上融化的红糖，年轻人和孩子都非常喜欢。这一风俗的真正含义已很难说清，可能表示对菜豆丰收的企盼。这一天标志着新年农事的开始。如果天气暖和，田间劳动和肥料的准备可能在节日前已经开始，但真正的劳动只在这个节日后才开始。

“二月二”之后是寒食节和清明节。关于寒食节的来源有两种说法，一种与宗教或迷信习俗有关，另一种与一个历史人物有关。据《左传》(春秋时期的编年史)记载，晋国(今山西)公子重耳(公元前697年—公元前628年，即位后称晋文公)有个忠心耿耿的随从叫介之推，他在公元前654年随同公子重耳一起流亡。当晋文公于公元前635年掌权时，介之推拒绝接受因其功劳授予的高官厚禄。为避开晋文公的劝说，他躲进了绵山的森林中。晋文公找不到他，因此把介之推隐入的山林改名为之山，这个名字从《左传》一直延用至今。根据后来的传说，为了让介之推从他的藏身之处出来，晋文公放火烧了山林，介之推和他母亲双手合抱着一棵树被大火烧死。从此，为了纪念他们，在三月的某一天禁止生火，只吃冷食。这就是流传至今的关于寒食节的传说。

在台头村，人们不知道寒食节起源的宗教说法，但他们都可以讲述《左传》上记载的故事及后来的传说，实际上已经把两者糅合起来了。这则故事在很久以前就编成了戏剧,经常在村中上演。在戏中,《左传》上的记载只是个引子,重点放在传说上。很久以前中国的道教哲学就教导人们不要接受善良行为的现世报答,坚决拒绝厚报的美德会受到高度称赞。虽然很难指望贫穷家庭这样做,但他们的确佩服这样的人,尊敬其崇高的献身精神。这出戏无论在什么地方上演,总会出现老太太掩涕、长者们叹息、年轻人静默的场面。这出戏也用来谴责那些成功后就忘了早年同甘共苦的同伴的人。据当地老人说,介之推和王子一起流亡时,有一次他们完全断了食,介之推对主人非常忠心,从自己大腿上割下肉给王子吃。但王子掌权后,忘记了随从们的功劳,对他们很不公正。介之推得知后极其辛酸,逃走了,发誓永不再见王子。介之推的母亲非常忠于她儿子的理想,也不愿在王子的国家生活,这样他们便英勇地死在一起。村民们看戏或听故事时,总是痛责王子,认为这样的人应受谴责。

97

笔者还是小学生时曾读过一篇关于介之推行为的杂文。杂文作者认为这个故事中的所有悲剧都是介之推造成的。介之推是个有野心的人,他在流亡途中对王子的尊敬是由希望得到厚报激发的,割下自己的肉给主人吃是不人道、不合理也是不必要的。不人道是因为人不应该吃人肉,不合理和不必要是因为这样介之推就不能采集果蔬、打猎捕鱼。他没有选择容易又合理的方式,只能看作是对将来巨大回报进行的一次野心勃勃的投资。无疑,王子知道这点,有意让他的随从失望,想看看他会怎样反应。当介之推意识到主人看穿了他的野心时,他没有办法,只好逃走,不再回来,这只是有野心的人在他的丑事败露、希望破灭后的行为。由于他的错误,他不仅害了自己,还害了他母亲,这是一种邪恶的行为。不管杂文家的观点是否正确,但村民们无论如何不会持有这样的看法。在该村，介之推和他母亲的正直和英勇一直受到钦佩，王子则被认为是没有良心的人。

清明节是春节之后的第一个重大节日，清明节通常在三月初或二月底。清明后，天气渐渐暖和、明朗起来，所以这个节日叫清明节。“清明”的意思是又纯又净，清明节庆祝好天气，也表示阳（光明的力量）与阴（黑暗的力量）的斗争。所有生物都喜欢光明，厌恶黑暗。中国人很久以来就把季节的转变，尤其是冬天到春天这段时间看成阳和阴的斗争，春天代表着光明的胜利。农民感觉到了气候的温暖、白昼的明亮，目睹菜园和田间长出了绿叶。在漫长的冬日，他大部分时间呆在光线阴暗的房间里，身上穿着厚重的外套。他在室外遭受寒冷之苦，在室内则遭受烟尘之苦。春天来临，他重新获得了自由，因此清明显然是个愉快的节日。

98

有几个有趣的特征与清明相关。一是扫墓的风俗。这天老老少少都去扫墓。他们把祭品撒在坟墓前的地上或石桌上，给坟墩加新土，拔去干草和野草，也许还要植树与修葺坟地。如果有墓碑，上面的字可能要重写或擦净。这时家庭成员还要追忆祖先或新近去世的父母的行为。他们回家时，家庭统一体的感觉更加强烈。

清明节的另一个风俗是插柳树和松柏。一大早，家里的年轻人去折小柳枝和松枝，在带回家时，树枝不能碰到地面或任何脏东西。在家里，妇女和小孩把嫩枝插在发髻上或佩在衣服上。人们也要在家里门窗上的瓦楞间插上树枝。在中国柳树叫“杨柳”（听上去同“阳”，表示光明的力量），在北方柳树是最早吐绿的，因此被看作春天的使者。松柏是长生的象征，表达了对家庭绵延不绝的期望。

五月五日是端午节和龙舟节。这天的主要特色是赛龙舟。

台头村由于没有航道,不举行龙舟比赛。端午节是为了纪念一位历史人物。公元前3世纪,楚国(现位于中国湖北省)有一位名叫屈原的伟大诗人,他满腹经纶,希望尽忠报国。他起初得到朝廷的重用,后因政敌的谗言,失宠于楚王。当屈原认识到楚王已无可指望地为谗言所蒙蔽时,他跳入汨罗江,自溺身亡,希望用自己的牺牲擦亮楚王的眼睛。当楚王发现他失去了一位既能干又忠诚的大臣时,为时已晚。楚王派了一群人去寻找屈原的尸体,但没有找到。因为屈原死于五月五日,楚王发布命令,每年这一天举行追忆仪式,这是赛龙舟的来源。船只成双成对、前前后后在河里比赛,就像在寻找这位投河而死的诗人的尸体,希望能在全能的龙的帮助下重新找到他。

端午节有一种特殊食品也是用来缅怀这位古代杰出人物的,这是一种叫粽子的糕点。粽子用一种植物的长叶把糯米裹成三角形状,再煮熟。传说人们把粽子扔进河里作为献给这位悲剧诗人的祭品。虽然现在仍裹粽子,但把粽子扔入河中的风俗已失传多年了。

五月五日清晨,家家都在大门两边扎上一小束菖蒲和艾蒿,在人们看来,它们浓烈的气味可以驱除疾病和鬼怪。孩子们在这一天围上围裙,上面绣着五种害虫的图案——蛇、蜘蛛、蜥蜴、蜈蚣和蟾蜍。姑娘和孩子们手腕、脚踝上戴上五色绳圈,衣服上挂着小丝袋。有些丝袋是空的,有些装着香草粉,发出强烈的气味。这一天也制作玩具和小吉祥物,举行刺绣和妇女手工制品的盛大展览。县城或集镇有买卖这些物品的场所,集市持续两三天,通常在城隍庙里举行。原先,围裙、五色绳圈、小丝袋和吉祥物用于保护孩子免遭害虫和恶魔的伤害,而现在,尽管人们仍遵守这个风俗,但除几个老太太外已没人这样想,也没有人相信它们的效力。女孩们做这些东西或是为了找乐趣，或是为了练习刺绣。孩子们喜欢佩戴它们，这就是进行制作的充分理由。

一个为所有中国人熟知的浪漫传说产生了七夕节（农历七月七日）。这个故事是关于天琴星和天鹰星的。天琴星是织女，住在天河（银河）的东面，天鹰星是牛郎，住在天河西面。织女是天帝的孙女，长年辛勤织造云锦天裳。她的祖父欣赏她的勤劳，可怜她的孤独，作为奖励把她嫁给了牛郎。结婚后，织女一味沉湎于爱情，在家务劳动上懒懒散散，而且完全中断了织布。天帝大怒，为了惩罚织女，把她召回天河东面的老家。为了阻止这对情人秘密过河相会，天帝命令移走天河上的桥。

100

一年中只有一天即七月七日晚上，织女才被允许去看她的牛郎。当这对情人去幽会时，发现没有桥，彼此无法相会，于是天帝命令所有喜鹊来到天河上搭成一座鹊桥。

因为这个故事的要点是织布和刺绣的技术、男女之间的爱情、得到好丈夫的幸福和失去丈夫的悲哀，所以中国有些地方已经发展出这样的社会风俗：在同一个晚上（农历七月七日晚上）尘世的女孩们聚会在一起，邀请她们的朋友为织女提供祭品，祈求赐给她们织布和做针线活的技巧，尤其要赐给她们一个好丈夫，所以这个节日也叫“乞巧节”。

这个传说在台头村家喻户晓。夏日晚上，母亲们喜欢指着天空中的这两颗星星向年轻女儿们讲述这个故事。后来这个故事就流传开来了，其意义也相应发生了很大变化。人们告诉女孩们七月七日织女和牛郎的相会是非常伤心的，因为一年只能相会一次。相会时，他们无比幸福，喜极而泣。但一想到幸福转瞬即逝，他们又黯然泪下，这是伤心的时刻。这个地方每年的雨季通常在七月来临，七月七日十有八九要下雨，所以这个故事在当地已经加进流泪的说法。该传说宣扬这样的思想：只有勤于织布和家务劳动的女孩才能赢得天帝的喜欢，这样天帝才会把她们嫁给好丈夫，这种思想自然有助于父母管束女儿。而且它还宣扬一种更重要的思想：男孩应该娶与他们地位相当的女孩。年轻的农家子弟不应觊觎城镇家庭的年轻小姐，农家女孩也不应梦想嫁给读书郎或生意人，织女和牛郎才能成为幸福的一对。女孩出嫁后，应该继续勤于家务劳动，不应沉溺于浪漫的感情或现世的幸福，否则天帝将要惩罚她，使她婚姻不幸。这则故事受人喜爱还有一个原因。这个地区有个风俗，在婚后最初几年，年轻的妻子经常被召回与父母住在一起，而且一住可能就是两三个月。虽然这对新娘会有好处，可以消除她们适应新家庭生活的紧张，但如果婚姻很幸福，这种分离对丈夫和妻子来说就是极大的痛苦。

101

八月十五日庆祝秋收或中秋节，这是一年中最快乐的节日之一，丰收在即，部分作物已经收起来。中秋的月亮又大又亮。这一节日的基调是感恩，人神共享上天的赐福。大部分农民不知道“中秋”这个词，而叫“八月十五”，台头村在这一天庆祝中秋节。中秋节没有什么宗教意义。当地人经常说原来有个节日叫“七月十五”，是鬼的节日，而“八月十五”是人的节日。在中国其他地方，尤其在城市，中秋要在月光下庆祝。八月半，天气一般很好，天空尤其明净，当天晚上的月亮似乎比平时更亮，所以富有诗意的赏月成为成千上万文学作品的主题，月亮也是许多民间传说的主题。

中秋的餐食是一年中最好的，甚至比春节还好。中秋节要吃月饼，月饼是圆形糕点，用小麦粉和红糖制作，当中塞满蜜饯。村民自己不做月饼，而是到集镇糕饼店去买。

冬至在中国许多地方都是一个重要节日，但在台头村不是。

冬至日有特殊的餐食，但仅此而已。冬至是一年接近尾声、人们开始为春节做准备的时候。此时家里外出做生意的成员正准备回家，重大事项正要作最后决定，冬天的寒冷也已接近顶点。

102

十二月八日是腊八节，这个节日的起源与意义人们已经不太清楚。腊八节是八差节和猎人节的合称。[①] 八差节是人们在收获后向八“差”——帮助农民田间劳动的神灵——献祭的日子。八差节是由发明了犁并教人耕地的神农（公元前 2737 年—公元前 2649 年）创立的。八位神灵是神农、后稷（农事顾问）、耕种者的守护神、瞭望塔的守护神、野兽的守护神、池塘和沟渠的守护神、河神和虫神。猎人节起源于中华文明的狩猎时代。因此腊八节可能是纪念农神和猎神的。腊八节吃用八种谷类植物做的粥，当地叫“腊八粥”或“腊八饭”，象征着五谷丰登。对孩子们来说这个节日是春节准备工作的开始。

“辞灶”是告别灶王爷的献祭，让灶王爷和灶王娘高高兴兴地去向天帝汇报这家人的行为。祭礼在十二月二十三日举行，这天晚上，为灶王爷和灶王娘供上四种干点心，其中之一是用黏小米或稻米做成的甜食。仪式在晚餐前后进行，由一家之主或儿子主持仪式。在仪式上要烧纸钱和香，还要放爆竹。院子里放着饲料，象征性地用来喂灶王爷、灶王娘的马。厨房里备下甜食，要让灶王爷和灶王娘向天帝汇报时充满甜言蜜语，只说家里的好事。甜食是用糯米做的，是为了把他们的嘴唇粘在一起，不能再说这家的坏话。

---

① 文中对腊八节来源的说明与《辞海》不同。——译者注

103 # 第九章　婚　姻

中国人相信生命可以通过孩子延续，只要代代相传，先辈就能永生。保持家庭延续是对祖先的最大义务，绝后不仅意味着家庭的终结，也意味着祖先的死亡。《孟子》上说“不孝有三，无后为大”，不识字的农民没有读过这部作品，但他们充分意识到保持家庭之树常青的责任。

男子娶妻生子，由此产生的责任是成年的标志。25 岁的未婚男子还是男孩，而 20 岁的已婚青年则是男人。儿子在婚前可以自由支配时间，他应该孝顺父母，卖力干活，但他没有明确的地位，也从不在社会事务中代表家庭。如果他在村中碰到麻烦，责任将由他父母承担。父亲对他可能很严厉，但母亲和祖父母却因他还是孩子而宽恕他的任性。

然而，婚后的情形就完全不同了。年轻人自己也许并未感到什么变化，但他父母和村民对他的要求改变了。他不再为他个人而要为全家干活。当着外人的面，父母和家人会给他“面子”，但他的过失和缺点不会像婚前那么容易得到原谅。他现在有了已婚男人的地位：村民不再用小名称呼他，如果需要，他可以在公共事务中代表家庭。大人对年轻人说：“你已经二十多岁了，应该成家立业了。”这句话并不是随便说说的，年轻人知道这是一个预告。婚姻与事业总是一起提及，因为婚姻被看作事业的基础。

如果男子没有结婚就死了，下葬时不举行仪式，他的灵魂也不能进入祭祖祠堂。而已婚男人死了，必须举行正式的丧葬仪式。已婚男人如果没有儿子，死前可以收养一个，这样家庭就能延续下去。他的牌位将放在祭祖祠堂，受后代祭拜。

104

女孩在父母家里没有什么地位。父母和兄弟可能宠爱她，但她不是这个家庭的永久成员，不能给家庭增添财富。她注定要成为另一家的妻子和媳妇，她将为他们干活，为他们养育孩子。

儿子的婚姻将为家庭增加一个劳力。有成年儿子的母亲如果没有媳妇帮忙，必须承担极其繁重的家务劳动。而除了特别富裕的人家，一般家庭不会雇人做家务，所以长子必须尽早结婚。15 岁男孩娶个 25 岁女子的事并不少见，对长子来说更是如此。从双方结合的角度看，这样的婚姻不合理，但从增加劳力的角度看，只有成熟的媳妇才能承担繁重的家务劳动。

对富家子弟来说，结婚是自然而然的事，而在穷人家，儿子的婚事在经济上却是个棘手的问题。穷人家的父母希望有很多儿子，因为成年儿子是一大笔财产，但为他们娶媳妇却很困难，因为婚姻需要维持新增人口的财产。家里有许多成年儿子没有结婚，这对父母尤其是对母亲而言是奇耻大辱。人家会说闲话，虽然男孩们自己不在意，他们的父母会觉得极其丢脸。只要这种状况不改变，他们走在街上就抬不起头来。

如果这样一个家庭，全家卖力干活，开始买地了。他们积起钱来，偿清了债务，这家的母亲肯定会毫不犹豫地把这种改善告诉邻居，同时表示她想娶个媳妇。一开始，街坊的妇女会奚落她，但当这个家庭的经济条件越来越好时，媒人会改变态度，开始为他们介绍对象。当然这位母亲不会要求太高而错失机会，这样，一桩婚事很快就定下来了。特大新闻！街坊都感到惊奇，很快全

105 村人都知道了。街角的谈话也改变了：

“是啊，那个女人家也娶了媳妇。”

“你能想到吗，那么穷的人家也能给儿子成婚。”

“为什么不能？那是个正派人家，老老少少干活卖力，为人诚实。我就不明白他们的儿子为什么不能结婚。”

“是啊！申伯说得对。如果像那样的男孩不能结婚，我看我们这里就没有人配有妻子了。”

“穷人家，谁说他们穷？他们不是每年买地、翻修房屋吗？问题不在有多少地，而在于家庭是在兴旺还是在衰落。我宁愿把女儿嫁给条件一般但正在上升的家庭，而不愿嫁给走下坡路的家庭。”

儿子的结婚提高了这家的社会地位。当媳妇出现在街坊邻居面前时，那些曾取笑过这位母亲的妇女也会来祝贺：

“啧，啧，我说你真是个福太太，只要看看你有个多么出色的媳妇！你儿子确实配得上这么漂亮的媳妇。顺便问一下，你二儿子订婚了没有？如果没有，我会尽力劝我姐姐把她女儿嫁给你。我说过好几次了，我不知道在哪儿还能找到像你们这么体面的家庭。”

“啊呀呀！那不是二婶吗？我刚听说你们娶了个好媳妇。我一直说像你们这样的人家早该娶媳妇了。就因为你们要求太高，没有女孩配得上，所以耽搁下来了，但不管怎样这次你们满意了。你一定很高兴吧！你真是福太太的命。跟你们做邻居，我们也觉得脸上光彩。我们来看看你家的漂亮媳妇，你们不忙的时候请顺便来我家坐坐。”

儿子的成婚提高了母亲在大家庭中的地位。母亲的地位取决于她的孩子。确实，她是大家庭的妻子和媳妇，但这只在她有了孩子后才有实质意义。孩子在家庭中有正式的亲属地位，母亲通过他们才能获得这种地位。在大家庭中，所有生过孩子的媳妇们在家人心目中似乎应该有同样的地位，然而实际上并不这样。这部分是因为她们不同的能力或性格使得家庭成员对她们产生了不同的态度。但是决定一位母亲在家中地位的最主要因素是有一个已成婚的儿子。婆婆是中国家庭中最受人尊敬的女性：她的地位不仅因为她对许多妇女的权力，而且因为她对家庭的祖先尽了责，值得尊敬。尽管儿子已成婚的母亲自己还是原来家长管束下的媳妇，但在家中年轻母亲中享有更多的尊敬。尽管做了母亲的媳妇们在名义上是平等的，但媳妇们承认儿子已成婚的媳妇的地位。大家庭中的年轻媳妇都懂得这点，因此总是盼望儿子早日结婚。 106

婚姻由父母——主要由母亲——来安排。如果家里有个 15 岁左右的男孩，媒婆、女亲戚或父母的朋友会问起男孩有没有订婚。母亲总是乐于回答这样的问题，因为如果男孩已订婚，她会很得意；如果还没有，她急于得到询问者的帮忙。这样的询问通常只是谈话的引子，如果这个妇女有意来询问，并提到她知道某个女孩，谈话就变得严肃起来，开始提起求婚。媒人再拜访女孩家，提出同样的问题。如果碰巧她与这家有亲戚关系，就不必提问，直接转入正题。女孩母亲会有不同的反应。如果女孩还很年轻，比如十二三岁，长得不错，而男孩家情况不特别吸引人，母亲便对媒人说："谢谢你对我们的关心，但我觉得我家小妹还不急，让我们把这件事暂时搁一搁。"这表明求婚遭到了拒绝。然而，如果女孩已经 20 岁了，母亲知道不能要求太高，把普通男孩排斥在外，她也许会说："当然可以，请你帮我们成全这门亲事。她父亲和我日夜为她找'婆家'（女儿将要嫁去的家庭）操心。我们毕竟不能把女儿永远留在家里，是不是？如果男孩脾气好，家里有吃的，我看这门亲事就很般配。不管怎样我会与她父亲商量这件事。”

随后，媒人要把女孩和男孩的生辰通知对方家庭。生辰由八个字组成，表示出生的年、月、日、时，写在纸上或记在心里。为了确定女孩与男孩及家人能否和谐相处，女孩母亲也要去测生辰八字。男孩母亲请教街坊中知道用生辰八字算命的老太，如果邻居中没有人会测八字，就请来算命先生。据笔者所知，台头村人不太相信算命，也并不把测八字看得很重要。如果双方母亲都认为八字相配，就开始正式安排婚事。

选媳妇通常比选女婿简单。对男孩而言，只要没有特别的生理或智力缺陷，家庭经济条件比他的个人情况更重要。但对于女孩，她的家庭情况相对不太重要。选媳妇的主要条件是身体健康，能够生育；胜任家务劳动；名声好，没有风流韵事，也没有不顺从父母的表现；最后是没有生理或智力缺陷。女孩并不需要特别的魅力，女孩家庭的经济或社会地位也不重要，但必须有好名声，至少没有坏名声。人们熟知的“门当户对”的观念，即以两家社会地位相同或相当为婚配条件的观念，在农村地区并不普遍，尽管城市地区或有些重要家庭可能奉行这一原则。女孩家的社会、经济地位一般比男孩家低。人们普遍认为一个人不应娶比自己富得多的家庭的女孩做媳妇，否则新娘会把新家和她原来的家作令人不快的比较，抱怨她的损失，而且觉得比其他媳妇优越。

在为女儿挑选婆家时，情况正好相反。父母首先考虑男家的经济条件：拥有多少土地和多少房屋。女孩母亲要弄清这家有几个儿子，计算每个兄弟在最后分家时可分得多少财产，因为有 20 亩地而只有一个儿子的家庭与有 30 亩地但有三个儿子的家庭有很大的差别。在经济条件满意的情况下，女孩母亲再考虑男孩的个人条件，但在这方面不会过分讲究。身强力壮比相貌英俊更加重要，如果其他一切都不错，即使是麻子脸也不要紧。细心的母亲也关心男孩的品行。男人的道德准则与女人不同，不像妇女那样受性道德、传统礼节和家规的严格约束。但如果得知他脾气暴躁，或有诸如喝酒、抽烟或赌博的坏习惯，婚姻成功的机会就会大大减少。

108

在两家都满意时，男家给女家送去订婚的正式信函，同时也给女孩父母带去礼物，礼物通常包括 40 个纯小麦粉做的大花卷、一大块猪肉(约 15 磅或少些)和几种糕点。女孩也会收到珠宝、衣料、钱和做新娘时用的其他东西，女孩收到的礼物的数量和质量依男家的经济条件而定。有时男孩家也给女孩父母一笔钱，从 100 到 200 美元不等，或用布或棉纱代替部分钱。在男孩有几个兄弟或家里并不富裕的情况下，女孩父母就要讨价还价，为女儿争取尽可能多的钱物。如果女孩父母太穷，即使按最低要求，也无力筹备女儿婚事，就向男孩家索要陪嫁。这笔钱一般花在女孩身上，偶尔也由父亲用来维持家庭生计。这样做的父母不得人心，村民同伴会说他们在卖女儿，女儿也会抱怨父母利用了她。因此，体面家庭在安排女儿婚事时从不提钱。但不幸的是，这使穷人家的男孩娶妻相当困难，所以经济地位较低的家庭，规模普遍较小。

订婚仪式在女方家举行。大多数情况下，由男方父亲或能代替父亲的人送去信函和礼物，女方父母请来近亲中的长者，正式设宴招待客人。如果是非常正统的家庭，信函要正式呈送。订婚仪式后两家成了亲家，彼此用正式称谓称呼。在订婚仪式上男方的父亲才能亲眼看到女孩，女孩也向他表示敬意。双方家庭把大花卷分送给亲戚、朋友和邻居，正式宣布订婚。

109 订婚后约半年到三五年举行婚礼。富家子弟通常较早订婚，订婚期可能持续三年多。如果家庭很穷，儿子娶妻困难，订婚时年纪已不小了，通常订婚后不久就举行婚礼，其间只留出女孩制作结婚礼服的时间。

结婚的全套衣装包括一定数量的上衣、衬衫、裤子、外套、内衣、鞋子和被褥。新娘至少有 12 套冬衣和 12 套夏衣，应该用丝或上等布料做成，还要准备 10 到 12 条被褥。所有这些准备都要花时间，富家女孩的婚礼准备时间更长。另外皮箱、衣箱、盒子、镜台、橱和梳妆用具也必须买或做。当然男家也会提供部分物品，但如果女方父母不想让自己和女儿蒙羞的话，他们必须竭尽全力准备。如果女孩还很小，这期间她将在母亲的指导下学做家务活，如烹调、缝纫、推磨和绣花。自然，她也会悄悄地学习怎样做新娘，怎样与陌生男人相处。即使在订婚时她只有 12 岁左右，她的头发也应梳成一定的发型，表示她已订婚而且准备结婚。

在这段等待期，除了必不可少的聚会，两家人不常见面，甚至应该互相回避。尽管这样，他们仍十分关心对方家庭的事情，因为订婚不像结婚那样具有决定性，还有改变的可能。虽然体面家庭不愿解除婚约，但这种事确实发生过。在两家关系密切的情况下，解除婚约对双方都是件难堪的事。订婚男女婚前不宜见面，男孩不准拜访女孩家，也不能看到他的未婚妻，除非她生了重病。由于所有婚约(只有几个例外)都是在不同村庄或社区的家庭间缔结的，所以男女双方很难见面。

在婚礼筹备结束后，男方家要正式拜会女方家以确定结婚日期。男方必须由父亲或年长者出席，女方家正式设宴招待客人。110 结婚事项由两家代表商量决定。这时男方送给女方的礼物，大部分是给女方家的，只有几件小礼物是给新娘的。婚礼通常在这之后的一两个月举行。

婚礼前几天，新郎家开始准备食物、筹集器皿、装饰“喜房”（年轻夫妇将要住的房间）。他们还接受礼物和祝贺，邀请住在远村的亲戚。这时姑母、阿姨及孩子们可能会来住上几天。

在新娘家，母亲和女儿也忙于准备工作，但气氛却是悲伤的。母亲为即将到来的分离伤心，女儿内心则交织着希望、恐惧、焦虑和羞怯。父亲和兄弟也为他们的损失感到神情沮丧，他们沉默不语。这时家里不招待客人，也不邀请新娘的亲戚参加婚礼。

举行婚礼的那天早晨，新郎家派四个身强力壮的男子抬着装饰过的迎亲轿子来到女方家，四个抬轿人是新郎的堂表兄或村里的年轻人。在其他地方，这种场合要雇吹奏队，但台头村和周围地区的村庄没有这种风俗。轿子到达新娘家时，一直在等待的新娘马上由她哥哥或叔伯抱进轿子，这时她母亲哭泣起来，父亲默默地站着。新娘穿正式的结婚礼服或红色、深粉红色的新娘长袍，头上顶一块红缎子。轿子用帘子遮起来，使路人看不见新娘。她的两个兄弟或亲近的堂兄弟，也可能是叔伯陪她去新郎家。一路上，迎亲队伍行进得很慢，使新娘不致发晕，也使大量奢华的嫁妆能被路人看到并引起羡慕。这时，新郎正穿着正式的蓝色婚礼长衫和黑上衣在喜房里等。

新娘到达新郎家门，两位老年妇女出来迎接她，男人们则照看嫁妆，迎接陪新娘来的客人。两位妇女的任务是把新娘的小梳妆盒从轿子上搬到喜房里，并把新娘带到举办婚礼的地方。如果天气好，婚礼通常在前院举行。庭院当中放一张桌子，上面放着献给天神和地神的祭品、一对红烛和三支香。新娘和新郎并肩站在桌前，敬拜天地，然后互相对拜。这之后，新郎新娘被带往喜

111

房。新郎走在前面，新娘因为头上盖着东西由两位老年妇女搀扶着走。在路上，新郎的姐妹塞给新娘一块红布包着的方形甜糕。新娘要跨过一副马鞍。马鞍放在新娘经过的路上，象征着企图阻止新人结合的恶魔，新娘跨过马鞍意味着克服了障碍，保证婚姻成功。如果家庭很正统，新娘和新郎在屋里还要拜祖先，而一般家庭认为庭院里的仪式已由祖先分享了。在喜房里，新娘坐在木床上，新郎坐在砖炕上，新郎要揭掉新娘头上的红布。这对新郎和新娘都是非常重要的时刻，因为这是他们第一次看到对方的脸。新娘吃从家里带来的食物，也分给新郎和他父母。然后新娘由新郎陪着去问候她的婆婆和公公。两人再次回到喜房后，坐到砖炕上并脱掉结婚礼服。这时家里和街坊的年轻人可以进来看新娘和嫁妆。新娘应该静静地坐在炕上一言不发。新郎也坐在那儿，看起来非常难为情。

全家人忙于招待客人。陪新娘来的两人是最尊贵的客人，由族中长者、村庄领导或学校教师陪座。家庭尽其所能安排筵席。在筵席上，亲戚早前送来的礼物派上了用场。结婚当天或前一天来的朋友也要送礼，礼物可能是钱、一块缎子（上面佩着写有祝辞的金纸）或只是一对纸卷轴（写着吉利话）。这种场合最受欢迎的话是“早生贵子”“百年好合”等。

112

新郎家门上都贴了新对联，一个大大的“囍”字写在照壁（建在庭院前门后的墙）上，或写在纸上贴上去。如果家庭条件允许，房屋要油漆，房间里的墙要重新用纸裱糊。

家人和所有客人像除夕那样穿上最好的衣服。新娘的礼服即使在夏天也必须填棉絮，因为填棉絮的衣服象征着富裕和家庭的延绵不断。在中文中，“棉”字与表示子孙延续的“绵”字发音相同。没有填棉絮的衣服叫“单衣”，就是没有衬里的衣服。“单”的意思是单薄、单个、单独，所以不适合这样的场合。栗子和枣子缝在新娘礼服的夹层里，也缝在填着棉絮的被褥里，还放在橱里、柜里和喜房里所有大大小小的箱子里。栗子和枣子听起来与儿子有好运和早生贵子相似。在有地位或有官方荣誉的家庭，新娘在结婚仪式上应穿新娘官袍，但普通人家不是这样。

结婚那天晚上，喜房里烛灯辉煌，挤满了来闹喜房的年轻亲戚和好友。玩笑有时开得很出格，但一般是取笑新郎使他难堪。新郎的堂兄弟、同龄朋友、嫂嫂和堂姐妹都会来，他们坚持要求新婚夫妇做些逗乐的事。闹喜房就是要尽可能久地呆在喜房中嬉笑，使得新郎和新娘不能太早睡觉。闹喜房的人离去后，尽管已是半夜或更晚，新娘和新郎在就寝前还要完成婚礼的最后一个仪式，即为婚姻相互祝酒。一瓶葡萄酒和两碟蔬菜放在小托盘里送到喜房里，房门关起来，夫妇俩单独在一起。他们应该喝点酒、吃点菜。但在大多数情况下，经过一天的生理和心理紧张后，他们只能假装吃点喝点。这个仪式后，两人才真正结合在一起，才具有丈夫和妻子的名义。

113

有三样东西保证婚姻的合法性：新娘坐的轿子、从新娘家到她丈夫家的迎亲队伍和对天地与丈夫家祖先的祭拜。众所周知，在中国农村，婚姻不是由双方签订正式的婚约来认可的，尽管媒契（求婚信函）是由男方父母写成并得到女方父母同意。结婚也不到民政机构登记注册。长期以来轿子一直是社会公认的把新娘接到她丈夫家的唯一合法的运载工具。如果她是由其他工具接去的话，她就不被看作合法的妻子，在家人及亲戚眼中的地位极不体面。轿子只能在第一次结婚时使用，妇女再婚就不能坐轿，因为再婚是件不体面的事。如果夫妻间或妻子与丈夫家庭成员间发生严重纠纷或法律争端，妻子就可能对丈夫或相关人员说:“你想怎么样,你要知道我不是自己走到你们家的,我是你们用轿子抬来的。”这表明她是明媒正娶的妻子,得到社会的认可和法律的保护。

轿子和嫁妆组成的迎亲队伍表明婚姻是正式举行的,同时也让人家看看新娘的嫁妆。拜天地表明婚姻不仅得到了人的认可,还得到了神的认可。在祖宗桌前举行的仪式是告诉人们这位妇女已正式进了这家的门,往后就是这家的一员了,她将承担对活着的人和死去的神灵的全部责任。因此中国的婚姻要得到男女双方的承认,得到两家人和他们亲戚的承认,得到夫妇所在社会的承认,最后还要得到神灵的承认。因此,毫不奇怪,中国婚姻破裂的情况很少发生。

在其他农村地区,据说女孩 15 岁、男孩 17 岁就结婚了,但在台头村平均结婚年龄约 20 岁。新娘一般不会小于 17 岁,新郎不会小于 19 岁,穷人家的儿子结婚更晚。娶媳妇是为了帮助干活,不是要满足男孩的愿望。15 或 17 岁的女孩还太小,用处不大,所以她最好还是在家里呆几年,学习必需的技术。收媳妇当学徒在经济上没好处,她应该在她自己家里完成学徒期。当然,新娘越年轻,她的生育期越长,对中国家庭来说,妇女的生育功能非常重要。但 15 或 17 岁的女孩能否生孩子是值得怀疑的。至少当地人坚信这个年龄的女孩太小,不能当母亲。有趣的是直到最近,大多数年轻夫妇结婚后两年左右才有孩子。这进一步证实了这一信念:20 岁以下的男孩和女孩还不够成熟,不能生孩子。

未婚者得不到性方面的知识。女儿准备结婚时,母亲告诉她有关做妻子的一切,唯独不讲性。女孩也许从嫂子那儿了解了一点,但这也不常见,而且在体面人家受到严厉禁止。男孩也有同样的障碍,事实上他了解性的机会更少。母亲或女亲戚与男孩讨论这个问题比与女孩更难为情;父亲、哥哥或叔伯也不跟他讲这事;他已结婚的堂兄也不开导他;他也不能从同龄村民处了解,因为大多数已婚年轻人很害羞,不会讲他们的经验。偶然获得的知识还可能是模糊和错误的。每对夫妇一般不得不经历一段试错期。已婚女子在怀孕后才被告知生育孩子方面的事。

这种情况近来开始改变。据说现在的未婚青年尤其是男孩在性方面知道得较多。他们谈论性方面的事更加随便,如果被问起是否想结婚,他们也不再那么难为情。现在年轻夫妇结婚第一年就生孩子。年轻父亲在街上抱孩子不太觉得难为情,陪妻子回娘家做客,也不再感到不自在。许多母亲抱怨家庭发生争吵时,已婚儿子总站在妻子一边。显然,社会对性的态度已多少有所改变,这也许受了青岛传入的观念的影响。

婚姻是绝对的一夫一妻制,尽管直到前不久法律并不禁止一个男人娶两个妻子。几年前,邻村有个男人发了财,回乡后纳妾,因为他的第一个妻子 45 岁还没生育。这样做尽管符合旧民法,但一般得不到赞许。最近民国政府颁布了一系列婚姻法,根据婚姻法,第一次婚姻没有因死亡或离婚解除,丈夫不准再婚,因此纳妾被废除了。但这里流行的一夫一妻制主要不是法律改变的结果,换句话说,台头村和大多数农村地区没有一夫多妻制不是由于法律禁止,而是由于其他因素,主要是经济因素。穷人家为每个儿子娶一个妻子已经相当困难,即使他能再找到一个,他也供养不起。即使能够支付得起再娶费用的家庭,也不会再娶,除经济原因外,确实还有另外的原因。笔者认为这个原因就是对一夫多妻制根深蒂固的反感,这构成了当地的社会传统。多少世代以来,除了前面提到的那个人,没有哪家纳过妾。解决妻子不育问题的方法是领养而不是纳妾。纳妾者不仅受到自己的兄弟和堂

115

兄弟的严厉谴责，还要受到全社区的严厉谴责。上面提到的那个人与其兄弟关系很不好，纳妾后不得不搬到青岛去。他兄弟认为他完全可以领养他们的儿子，他不这样做表明他宁愿与家庭脱离关系。

台头村也和中国大多数地区一样，婚姻是父居和父系的，妇女来到丈夫家，其姓前加夫姓。尽管台头村有四个不同的家族，但村内男女之间的婚姻却不受鼓励，据笔者所知，台头村没有村内通婚的先例。有些村庄只有一个家族，这时异村联姻是必要的，而在台头村没有村内通婚的原因可能是大家不喜欢联姻两家住得太近。住得太近，未婚夫妇很可能会见面，闹出风流韵事。联姻家庭相互间应有所保留，如果住在同一村庄，他们将频繁地见面或拜访。村内的家庭也容易卷进村庄或街坊的争吵，如果姻亲在这种争端中处于敌对位置，将极其为难。总的来说，村内关系比一般的姻亲关系更密切。

有一种趋向，即一个家庭的几个成员都与分布在一两个邻村的家庭结亲。比如一杨姓家庭的女儿嫁到台头村南五英里处一个村庄，而这家的儿子和孙子都娶了该村庄的女孩。几个潘姓家庭在同一个地区（包括许多邻近的村庄）为孩子们找丈夫和妻子。大多数家庭，富人家更是如此，不请职业媒人，而是请亲戚或朋友做媒。媳妇介绍堂妹或她父母街坊的女孩做小叔子的妻子，这种情况很普遍。已婚女儿喜欢给她兄弟介绍她丈夫街坊的女孩。

最近三四十年来，只出现过一件离婚案。妻子婚前怀了孕，婚后只在丈夫家呆了几天。在首次正式回娘家后，她不愿回丈夫家而与情人私奔了。她家人和丈夫家都找不到她，丈夫只能宣布离婚。因为没有报纸可登载，也没有法律机构可登记，所以离婚声明写在一张纸上，由村里的几个长者做证人，送至女方家。这件事如此特别，很久以后人们还反复谈起。后来听说这位离婚的女人与她非法丈夫在一起很不幸福，她感到后悔。如果当时她没有怀孕，她不会拒绝回她丈夫家，如果她坦白罪行，她也可能会得到宽恕。这种说法表明当地人多么不愿意承认离婚这一事实。

这种态度在最近 10 到 15 年内已经有所变化，尽管在台头村还感觉不到这一变化。据报道农村家庭的离婚案日益增加，目前这些离婚大多数是由教育程度差异引起的。现在许多富家子女去新式学校上学，毕业后在城里找到工作，不再回农村。离开家庭的现代男女青年在城市相遇，他们坠入情网并希望结婚，尽管他们许多人在农村已有妻子。在这种情况下，离婚是唯一的解决办法。这些年轻人摆脱了旧社区的羁绊，家规也不能约束他们，新政府已使离婚合法化，家庭在经济上又能供养家里的妻子，所以离婚没有多大困难。在这种情况下，年轻男人一般只是简单地向其没有知识的旧式妻子宣布离婚，放弃对他们那份土地的继承权后，在城里结婚建立新的家庭。这种离婚会遭到所有亲戚和朋友的严厉批评，但批评没有用，因为批评的对象在他们可控制的范围之外。即使有时离婚是非法的，家庭也不会采取行动。农村人仍把这类事看作自己的私事，如果案子引起公众议论或由法庭处理，他们将感到非常羞耻和难为情。其次，被遗弃的妻子不知道任何法律程序，害怕陌生人，她们确实伤透了心，但认为抗争没有用——她们已经失去丈夫了。她们认命了，不进行太多的反抗，因为她们还有孩子可依靠，有公婆供养她们。

对离婚最常见的责难是离婚对妻子不公平，因为她们不能再婚，但又不能期望已坠入情网的男人继续与前妻保持婚姻关系。受教育者来到城市就业，他们需要妻子陪伴参加社交活动，农村妻子不能满足这些需要，特别是因为城市妇女也受过教育，农村妻子在社交场合不知道怎样与她们打交道。

男女之间的社会不平等没有比在再婚上的歧视表现得更明显了。妻子死了，男人完全可以再婚，而且还可以娶黄花闺女，仪式、祝贺、迎新队伍、亲戚的快乐与他第一次结婚时一样。如果死去的妻子没有留下孩子，她就会被完全遗忘。寡妇不能再嫁，如果她是有地位人家的妻子或者如果她有孩子尤其是个儿子时，她就应该守一辈子寡。普遍的看法是“好女不事二夫”。穷人家或没有社会声望的人家的寡妇再婚时，不用轿子接，也没有兄弟或叔伯陪同，也不举行任何仪式。只有她的新丈夫，用牲口或独轮车把她接过去，通常在清晨或傍晚不被人看到的时候。新丈夫家待她更像女仆而不是妻子，街坊妇女也不跟她说话，也不来看她。寡妇只能嫁给非常穷的男人，或是孙子或亲属不允许正式再婚的老人。

男人娶寡妇——即把寡妇简单地带回家——在台头村只有两例。第一例是个既无子女又无财产的妇女。她与一个很穷的男人（四兄弟中最小的一个）结了婚，四五年后丈夫死了。丈夫死后不久，她与丈夫的哥哥结了婚。这个男人结过婚，有一个儿子，妻子已去世多年。四兄弟在父母死后老早就分开了。寡妇的第二个丈夫是兄弟中最穷，也是村中最小气的人之一。这个妇女来自一个较远的村庄。他们再婚后，村里没有人跟他们说话，他们与所有村民、朋友和亲属的社会关系都中断了。人们对这桩婚姻议论纷纷，严厉谴责。这对夫妇生了个孩子，但他们只在一起生活了三四年就分居了（这也是村里唯一分居的例子）。这个女人带着她的孩子与第三个男人一起生活。这个男人是同村村民，比她前两个丈夫名声好得多，他为乡绅和族长工作，渐渐表现出他的才能，成为村长。他的婚姻也受到指责，但没有前面那么严厉，这是因为他以前从未结过婚，与这个女人也毫无瓜葛。

至于这位妇女，人们谈起她就觉得讨厌，一直回避她。但在她丈夫当了村长，并建立起一个有孩子和房屋的家庭后，村民们渐渐恢复了友好的态度，不再议论这桩婚姻。邻居们在街上也同这位妇女打招呼，她偶尔出去串门也受到人家的接待。

另一个例子是一个体面家庭的老人带回一个寡妇，让她在夜间陪伴、照顾他。他年纪太大，不可能正式结婚，再说他儿子和媳妇也不同意他结婚。

台头村一陈姓家庭的女儿嫁到较远的村庄。她在丈夫死后几年改了嫁。人们对她的行为深感遗憾，因为她家和她丈夫家都有很好的社会声望，而且她已有了一个儿子，也有一些田产可供生活。当她再婚后回到台头村看望亲属时，受到了冷遇，以后她再也没有回来过。她把前夫的儿子给了她兄弟。

当地习俗允许男人娶死去妻子的妹妹，有时这种婚姻还受到已结成亲戚关系的两家的鼓励，在街坊闲谈中也总受到赞许。但这在很大程度上取决于这个男人是否出色。如果他一直被妻子家看作好丈夫，又有可靠的经济地位，所谓的“续亲”极可能发生。如果女孩非常爱死去的姐姐，极其同情没有母亲的孩子，她会表示愿意“填房”，即使这个男人并不是一个非常如意的丈夫。

当地习俗也允许男孩娶父亲姐妹的女儿或母亲姐妹的女儿。如果男孩母亲和女孩母亲相处得很好，她们无论如何会促成这桩婚事。但人们普遍认为这类婚姻不好。姑母（姨母）婆婆与侄女（外甥女）媳妇之间的关系经常会坏上加坏，因为这个缘故，有远见的人不赞成表亲联姻。

没有正式婚姻的性关系受到道德的禁止。同一家族或家庭之内的成员通奸受到严厉谴责，男子将永远失去社会和家族地

119

位,未婚女人可能会自杀,因为她再也嫁不出去了。如果年轻人与不同族的女孩私通,他受到的处罚很轻,有时不过是村民的嘲笑,但女孩却受罪了。村里有三四个家庭,社会声望极低,村民对他们也区别对待。人们并不把这些家庭的不道德的性关系当回事,也没人关心,除非给全社区丢了脸。如果一个人用这样的话辱骂他的村民同伴如:“我×你祖宗”“我×你娘(或姐妹)”“你娘(或姐妹)的×”,这是个严重事件,会使所有旁观者感到极其耻辱。但如果骂的对象是某人的妻子,情况就没有那么严重,相反有点玩笑性质。

婚姻通常把不同村庄的单个家庭联系起来。但如果联姻的两个家庭很有地位,两村村民相互之间可能比他们对待其他人更热情,因为两家的显赫地位使两村村民之间产生了联系。另一方面,如果这桩婚姻不成功,比如一家的女儿受到婆婆的虐待,大家知道后,两村之间会突然产生对抗,他们之间的关系普遍疏远起来。在一般家庭中,关系仅局限于相关的两家,而不涉及其他村民,除非两村之间另有许多婚姻联系。

120

把年轻男子正式介绍给妻子的家人,是对姻亲关系的最重要的承认,这通常在婚后的第一个春节。在拜访前几天,年轻妻子告诉丈夫有关她家的事,特别是她兄弟、兄弟的妻子和她的姐妹,这样有助于丈夫适应那种场面。年轻人的父母也会指导他,在被新亲戚当作最尊贵的客人时他应有的礼貌和应遵从的风俗。为拜访准备的礼物依家庭的财力而定,但必须达到一定要求。这些礼物包括用精小麦粉做的 40 个大花卷、10 到 12 斤豆粉做的粉丝、一块 10 到 12 斤重的猪肉、一对光猪腿、一两只活公鸡以及许多糕饼糖果。

拜访那天早晨,年轻男子穿上最漂亮的衣服,骡子也收拾得干干净净，挂上一串响铃和其他装饰品，礼物驮在骡背上。年轻男子因为受到兄弟妻子和姐妹的取笑，心跳开始加快。当接近他妻子所在的村庄时，他看到他的内兄弟正等着迎接他。他们相互问候，一起走进村庄。几乎同时，其他内兄弟跑回家报告客人已到，于是全家人都到门口等候。街坊所有女孩和年轻妻子也跑到街上，想看看她们嫁出去的堂姐妹的年轻丈夫。当他穿过街坊时，所有妇女的眼睛都盯着他，口哨声、笑声、喊声和评头品足声伴随着他。他很难不感到紧张和难为情，而这正是旁观者所期待的。一看到他的狼狈相，他们取笑得更起劲了。如果新郎对这些取笑无动于衷，全村人都会认为他举止粗鲁。

这种特殊的考验要到他的岳父母出来迎接他时才结束。当他意识到他已站在一群必须表示敬意的人们中时，他又一次感到了窘迫，他的脸红了，舌头不听使唤，说不出得体的问候话。当抬起头时，他看到陌生女性的眼睛看着他，内兄弟的妻子在长辈背后做着调皮的手势。岳父母又一次解救了他，他们问起他父母和这次来访的情况，尽力使他安下心来。这时，他的骡和礼物由他的内兄弟及其妻子照看。当他走向主会客厅时，他必须通过另一道防线——他的成年小姨子的眼睛。根据当地习俗，未婚成年女孩见年轻的姐夫是不合适的，但她们也想看看他长得怎样，所以她们躲在房里或一些隐蔽处，在他经过时从窗中偷看。

121

最后，年轻人被引进主会客厅、客房或岳父母的房间。现在他是该家庭最尊贵的客人，得到这家最好餐食的招待。为了表示对他的尊敬，族中的主要领导或乡绅也参加第一次正餐。如果年轻人长得英俊、身强力壮、有学者的声望，岳父母会非常满意，这样的场合也将非常快乐。正餐很正规，岳父和贵宾做主人，吃菜、喝酒较少，谈话充满了赞扬和溢美之辞。岳父和贵宾离席后，由内兄弟和他们的堂兄弟陪同。这些年轻主人的任务是活跃气氛，让客人喝够酒。每个人都通过划拳、为亲戚和朋友祝酒和讲话的方式劝他多喝酒，希望把他灌醉。这一切是为了让客人和年轻人高兴，以表明这家的诚意，因为新女婿在岳父和长者面前感到不自在，所以他们离开，让他开怀喝个痛快。但他应该有节制、举止得体，不要喝醉。他的内兄弟往往有意考验这个年轻人，不停地劝他喝酒。如果他喝酒时表现很好，他走后会受到称赞；如果不好，他会担心他留下的印象。

吃完饭，年轻人被领到岳母那里。岳母也极想看到他，与他谈话。有时岳母喜欢女婿甚于亲生儿子，她非常爱女儿，这种感情扩展到女儿的丈夫和孩子。在这种场合，岳母对待女婿像对女儿那样亲切、慈爱。她跟他谈各种家事，称赞女儿善良的性格。她一直想搞清这个年轻人是否真的爱她女儿。当他与全家人在一起时，岳母会关心他的各种需要，这种过分关心有时也会引起儿子和儿媳的不满，使他们希望客人尽早离开。在第一个新年，女婿至少应该住一夜，而以后他可以自由来去。

122

几年后，当年轻夫妇生了孩子，拜访就经常得多。拘谨不见了，客人受到日常接待，嫂嫂也会与夫妇开玩笑。妻子可能经常去看她的母亲，但夫妇一起去拜访一般一年一次。在丈夫不陪她回娘家时，她由一个男亲属送回婆家，这样他也认识了丈夫家的人。但两家妇女很少相见，因为丈夫家人不去妻子家拜访，姻亲之间的联系很弱。

第十章　孩子培养

婴儿降生前，要把男人、未婚女子和孩子打发走，如果家里有多余的房间，就让他们呆在空房间里，并保持安静。生孩子时可能会请女邻居来帮忙，但如果没有受到专门邀请，客人和邻居是不受欢迎的。临盆前，要在产妇房里准备分娩必需的东西，并请来接生婆。接生婆通常是街坊中有接生经验的老年妇女，也可能是巫医，人们认为巫医接生更好。有些穷人家不请接生婆，由丈夫助产。接生婆不对母亲或孩子的安全负责，也不收取固定的费用，酬谢方式由各家自行决定。

婴儿生下后，用几滴水把他的嘴"打开"，这种喂食仪式叫"开口"。脏东西和胎盘拿到后院埋起来。产妇吃黏黍和红糖做成的粥，这是产妇第一天能吃的唯一食物。孩子用布包起来，在母亲怀里吃奶。

婴儿生下后第三天叫"过三日"，要举行庆祝仪式。给孩子洗完澡，穿上第一件衣服——用红布制成的小上衣，然后交给他祖父母。家庭在这一天设宴，但吃得不是很好，主要食品是一种特制的面条，由面粉、鸡蛋和芝麻粉做成，煮时不放盐和酱汁。据说这种面条有利于母亲产奶，加速产妇康复。食物也分送给邻居和家族成员，让他们分享这个家庭新生儿出世的快乐。上等家庭在这时要为孩子的出生向祖先谢恩，并为新生命的平安祈祷。家庭也会收到邻居和家族成员的祝贺与礼物。邻居家通常送黏黍、20到30个鸡蛋和一些红糖，这些食物据说对产妇最有营养。礼物放在精致的篮子里，上面盖着红布，由母亲送来。送礼时她也要看看孩子，称赞小孩和母亲几句。收到的礼物必须记下，至少要记住送礼者的名字，以便对方家庭生孩子时回赠同样的贺礼。这些相互馈赠会持续几代。

就在这一天，家长要给孩子取小名。如果没有祖父母，就由父母来取。一般说来，男孩的小名直接或间接提到家庭的兴旺和延续，因为人们期望男孩成为养家活口、给家庭带来财富的人。在男孩出生时，这些期望激起了巨大的喜悦，人们对他寄予厚望。庆祝出生并取个合适的名字反映了父母对孩子的健康、长寿和才能的期望。像“喜”和“乐”这样的名字表达了父母在这种场合的感情。“宝”“贵”“金”“玉”这些字也常取做名字。如果父母感到孩子的出生是家庭好运降临的标志，他们给他取“福”“瑞祥”“发”或“平安”这样的名字。他们也会选择“勤”“孝”“顺”“聪”“强”和“虎”这些字来表达他们对孩子特殊资质的希望。男孩非常重要，父母和亲属希望他健康长寿，所以一些父母喜欢称孩子为“长生”“和尚”——这意味着已把他献给了佛爷，恶魔不敢攻击他。“小妹”是女孩的一般称呼，男孩也可能这样称呼，这是为了欺骗恶神，使它以为他只是个女孩，因而不再觊觎他的生命。“五十一”表示孩子出生时，祖父或祖母51岁，而“小八”是80的缩写，用这种方式给孩子取名表达了祖父母对他的感激，因为他延续了他们的生命。有时为了纪念他的出生时辰或日期，给他取名为“正月”“腊月”或“十五”。

如果是女孩，父母和亲属并不期望她挣得财富或给家庭带来好运。因为女孩总得嫁人，对她来说重要的是美丽、才能和其他

[125] 品德，她的名字一般从这方面的词汇中选出。花、漂亮的昆虫或美丽的鸟雀、乐器（风琴或长笛）、珠宝（珍珠、玉或金子）、自然界美好的东西被选做女孩的名字。“勤”“省”“贞”“洁”之类的字也是女孩常用的名字。

有些父母不了解这些规则，随意取个名，也许什么意思也没有。如果是女孩，又因家里已有太多的女孩而不受欢迎，可能用对女孩的一般称呼（小妹）来称呼她，也可能用表示父母不喜欢的名字如“瞎多”“小愁”“小赘”等。男婴从不用贬损的字取名。

第一个孩子出生的消息要正式通知产妇的父母，在孩子出生后三天内派人带着礼物去送信。产妇父母得知这一好消息后，会准备许多礼物，父亲有时和母亲一起来到女儿家表示祝贺。如果婴儿是男孩，接待就特别隆重。在小孩出生时一般不请产妇的妈妈和亲属来帮忙（除非要求），他们的意外到来往往被看成母亲担心女儿得不到婆家的适当照顾。因此产妇的父母必须等在家里，直至送来消息。只有在这时，他们才能正式去看望女儿和外孙（女）。然而，如果妻子没有婆婆，也会把她母亲请去，贫穷家庭经常需要这种外来的帮助。

媳妇分娩后第三天应该试着下床，当然婆婆不会让她起床，但她应该作一个姿态。五六天后她应该坚持起来干活，当然她婆婆仍会阻止她，说她还不够强壮。年轻母亲一般可以呆在床上或自己房里十天左右。婴儿满月时，她的父母会来接她和孩子回去，在娘家，年轻母亲可以慢慢地恢复。

儿子的第一个生日通常要大大庆祝一番。如果是富裕家庭，有时会把一个装有许多东西的托盘放在孩子面前，托盘里放着图章、毛笔、书、小车、扫把、硬币或妇女搽脸的粉。[126] 人们诱使孩子在其中抓一样，亲属和客人在一旁观看。如抓取图章，他将会当官；

如选择毛笔，他也许会成为作家；如拿搽脸粉，表明他只喜欢女人，这是很可悲的。如果男孩是富裕大家庭的长子，这时还要演戏或祭祀祖先，孩子母亲方的亲戚也来祝贺，带来金银做的珠宝、毛衣、绸衣或其他奢侈品。

孩子的出生，特别是男孩的出生对母亲极其重要。年轻妻子自发现怀孕后，她的思想、兴趣、活动，总之她的整个性格就开始改变。她对孩子的降临想得很多，她请教嫂嫂她会生男孩还是女孩，她对弄清婴儿的性别最感兴趣。她害怕分娩的痛苦，但也期望当母亲的荣耀。母亲和婆婆告诉她，孩子必须免受恶神、某些食物、有害的感情、不吉言词的伤害，她就小心避开令人憎恶的东西。她变得很温顺，经常沉默不语，还常常陷入沉思。她仔细观察自己，丈夫突然来到她身边时，她会脸红并羞怯地对他微笑。她的行为偶尔也会给丈夫留下很深的印象，但他通常会嘲笑她，轻视她的认真。

怀孕期间一般要避免性生活，因为人们普遍认为性生活对胎儿的生长有害。怀孕期间的性生活虽然并不特别禁止，但丈夫应该克制。年轻妻子可以请婆婆帮忙让丈夫离开，最常见的做法是让产妇回娘家，直到分娩临近再回丈夫家。

小孩出生后，由母亲自己护理，一般不需要人帮忙。她日夜给小孩喂奶（后来可吃流质或松软的食物），不停地给他换尿布和洗尿布。孩子生病时，只有她照料，如果病情严重，她也最担心。年轻丈夫对孩子毫无兴趣，相反他还为孩子夜间哭闹打扰了他而生气。父亲偶尔还会讨厌孩子，无论如何也不愿碰。当亲戚询问 127 有关孩子的事时，他感到很难为情。如果他抱着婴儿被人看见，他觉得是件丢脸的事。他觉得是他帮助“弄出”了孩子，这本身就是件可羞的事。他不愿帮一点忙，因为他认为照顾婴儿完全是女人的事。

孩子三四岁时，他大部分时间是与母亲呆在一起。如果祖母无法照料他，他甚至在母亲干活时也跟着她。人们经常看到年轻妻子在河边洗衣、在街角磨粉、在蔬菜园或打谷场劳动时，孩子就在旁边玩耍。但这时她通常又怀孕了。第二个孩子出生时，母亲不得不转移对头生子的注意力，大点的小孩从这时开始与父亲而不再与母亲一起睡觉。小家庭的确是睡在同一张床上，但床很宽，父母分两头睡，婴儿睡在母亲旁边，大点的孩子移到父亲旁边。此后，父亲开始给孩子穿衣服。父亲在田里忙碌时，男孩由祖母或堂哥堂姐照料。现在这孩子只有在新生儿睡着时，才有机会与母亲呆在一起。如果头生子在新生儿出生前就断了奶，那他更容易适应与母亲的分离。他也不会过分强烈地感觉到分离，因为虽然母亲不直接照顾他，但她总在身边，而且他的新同伴又是他已经熟悉了的那些人。

在炎热的夏天，10 岁以下的男孩会光着身子跑来跑去，而同一年龄的女孩必须遮住下身。10 岁以上的男孩必须穿短裤或长裤，但可以光着上身。富裕家庭的女孩很小就穿衣服，而穷人家的女孩七八岁还可能光着上身。天气炎热时，男人可以光着上身，女人必须一直穿着遮住全身的衣服。

男孩六七岁时，如果家庭富裕，就送他上村学校，否则就带到田里干活。如果他上学，他在家里的工作就很轻松，负责打扫后院或把食物送到田间。在收获季节，他要在父亲指导下学习干农活。有时他会逃避干活和上学，享受不受大人监督，与玩伴在河边或田里乱跑的乐趣。如果他经常这样，如果他受伤或弄破了衣服，那他一定会受到父亲的惩罚。他必须小心避免损坏庄稼，否则惩罚更加严厉。父亲不在时，母亲也会惩罚他，但她很可能只

128

是吓唬吓唬他。如果儿子不满 10 岁，母亲的惩罚一般是责骂或打屁股。孩子大些时，母亲很少直接责骂，体罚就更少，那时体罚只是父亲的任务。男孩经常去母亲处躲避父亲的怒气。母亲心肠软，不愿看到儿子遭到发怒父亲的殴打，所以她常常隐瞒儿子的不端行为，甚至在她认为必须惩罚的情况下，她也只说出她觉得较严重的行为，并且尽力劝阻父亲，以免惩罚太重。

10 岁以下的男孩和女孩还一起玩耍，但从 10 岁到 15 岁，他们只能在团伙中一起玩耍，并留在大人容易看到的地方。15 岁以上的女孩不允许与同龄男孩私下谈话。同一街坊的少男少女或堂表兄妹之间在其他人在场的情况下可以交谈，但严格禁止身体接触。他们相互会开玩笑，但绝对不能涉及性。不是同一街坊的成年男孩和女孩不经常见面，因此谈话不多。成年女孩不应直接或私自帮助家庭以外的年轻男子，除非得到成年人的同意和支持。

万一要惩罚 10 岁以上的儿子，只能私下里打他，而且只有他母亲可以看到。小点的孩子吓坏了，不必大人说什么自己就跑开了。家里成年人可以在事后安慰被打的孩子，但在惩罚时不应干涉。其他孩子默默看着挨打者，很同情，但一般什么也不说，也不靠近他。如果有谁取笑他，他会受到男孩父母的严厉责骂。偶尔 *129* 也可能发生男人勃然大怒，当众打儿子的事，这样的行为将受到所有看到或听到这件事的人的尖锐批评。如果邻居看到父亲责打儿子，他会觉得自己受了冒犯，并认为这位父亲是冲着他在发泄怒气，这或许会导致邻居间的龃龉，至少会影响邻居间的友好关系。

父亲不应该打 15 岁以上的男孩。如果他这样做，儿子将极其不满，他本人也会受到村民同伴的严厉指责，另外他的家人也会指责他——不仅妻子而且他的内兄弟也会提出抗议，男孩的祖父母和伯叔会告诫他不要再干这种事。体面的父亲对付难以管教的儿子时只能采用劝说、警告或解释。如果这些还不能使儿子改邪归止，那么父亲、母亲和家里所有大人就召开一次会议，专门讨论这件事。

父亲不仅不应打已婚儿子，而且不应责骂他。儿子结婚后，就是成年人，以前的惩罚方式对他不再适用。如果儿子表现不好，那么当他们吃过饭坐在一起时，父亲一定会与家庭成员（包括儿子的妻子）谈论需要纠正的问题。父亲对家庭全体成员而不对特定的个人说话，这时他的那位儿子也在场。父亲会从看起来无关，实际上却相关的事情谈起。然后他说到家庭的状况，重申家庭的共同希望与问题。他会谈到他的父母和祖父母干活多么卖力，过着怎样自我克制的生活，他们不断关心与培养孩子，以致自己几乎没有时间享受辛勤劳动的果实。然后他可能继续比较现在的家庭和过去的家庭，详细论述父母在建立和维持家庭富裕时碰到的困难。他以鼓励夹杂着对儿子和其妻子的警告结束谈话。比如他可能说："我相信一个有你们这样两三个儿子的家庭应该更加兴旺；我相信像你们这样身强力壮的年轻人应该做得比我们更好；如果我们都能干活更卖力、生活更节俭、更加严格遵循你们祖父母所做的一切，我相信我们应该能买更多土地，建更多房屋。"

直至这时父亲才进入晚上讲话的关键，他用更加严肃的口吻 130 警告道："听着，孩子们，世上没有什么轻而易举的事，每顿饭都要用汗水挣来。如果在两三年内不节省下你们所能节省的一切，你们一块地也买不起。想吃好的、穿好的、过好日子或干活轻松只会毁了我们这个家。如果你们有谁有这样的愿望或已经养成了这些坏习惯，他最好看看'东街的翁小二'或'李家庄李讨佬（讨饭李)’，看看他们的下场。你们的母亲和我一直竭尽全力维持这个家，我们这样节省不是怕自己挨饿，而是想看到你们每个人都有一个富裕的家庭。如果你们行为不端，给你们自己和孩子带来贫穷和羞耻，那是你们自己造成的。记住，那会给你们祖宗丢尽脸。”

讲完这番话，父亲把烟斗放进嘴里，全家陷入沉默。过一会儿，母亲用较软的口吻作些评论。她的话用来解除当时的紧张气氛，给儿子们一个说话的机会，如果他们有什么想说的话。大儿子说几句，表示他基本同意父亲的意见。沉默不语意味着反对，说得太多又像辩解，似乎认为这番话主要是针对他说的。当全家又一次陷入沉默时，母亲就把孩子们打发走，或让他们去干一件正好想起的事，或让他们回去继续他们的活。父亲站起来独自离开。

这些家庭聚会对改变误入歧途或愚蠢的儿子的行为有什么功效很难说。这很大程度上取决于他妻子的态度：她也许会劝他接受告诫，改邪归正；也许会对他说他父亲所说的只是一派胡言，是对已婚儿子的侮辱，并鼓励他与大家庭分离。

同一街坊的男女在街上或田里碰到时应该打招呼，如果他们不住在同一街坊，互相不太熟悉，通常不打招呼。如果邻居家男子来串门，妇女不管老少和家里男人一样招呼他，还可以一起说笑。但如果客人是从较远家庭来的，年轻妇女在简单打过招呼后，就应该离开。

131

陌生人来到村庄，不能盯着年轻妇女看。如果他想问路，他应该去向男人或老太打听。年轻妇女与不认识的男人说话是不合适的。

同一村庄的男女偶尔也会产生爱情，但这与婚姻无关，因为异族婚姻的传统非常强大，同村婚姻从来没有发生过。

第十一章　家庭的兴衰

132

农村家庭的兴盛主要是通过购买土地实现的，衰落也是由被迫卖出土地的突发事件引起的。有趣的是台头村没有哪个家庭能保有他们的土地达三四代之久。通常，一个家庭辛勤劳动、节俭生活，然后开始买地；第二代成员继续努力，结果家庭有了更多的土地，成了富裕家庭；第三代成员只顾享乐，花得多挣得少，不再买地，渐渐开始卖地；第四代卖掉更多的地，到最后家庭陷于贫穷。这个周期甚至不到100年就循环一次。奢侈浪费的成员死了，他们的孩子又开始积聚财产。在遭受苦难并充分体会了贫困之后，他们认识到辛勤劳动、自我克制以恢复家产的重要性。这时，原来的大家庭已不复存在，代之以几个贫穷的小家庭。有些家庭开始买地，同样的周期又开始了。

家庭可分成三类：上升的家庭、处于顶峰的家庭和衰落的家庭。这解释了台头村没有固定的社会阶层，也没有大地主的原因。兴衰继替的周期适用于所有家庭，所以没有哪个家庭会认为自己与其他家庭有什么根本区别。每个家庭都为自己的财产自豪，他们重视的不是一时的财产多少，所以收入不均不会严重威胁村庄的团结。

因为家庭不断处在兴衰的过程中，所以土地交易也在不断进行，每年冬天都可看到田地从一家转到另一家。田地价格依土地

133 的质量和位置而定，每年有波动。当家庭急需一大笔钱时，他们通常以抵押田地来筹钱。有钱的家庭借钱给贫穷家庭，获得一定时限的土地使用权，在这期间拥有对产品的全部权利。土地所有者给贷方一张书面证明，写明抵押期限为三年或更长，在规定期限前不能赎回。抵押土地的赎回权不会取消，但时间可能会无限期延长，贷方在借出的钱未偿还前可以一直使用这块土地。土地税是以土地所有者的名义付的，但实际上由土地使用者缴付。那些抵押土地借钱的家庭在春节期间感到很伤心，羞于走在街上。而得到土地使用权的家庭却很高兴，他们的高兴仅次于他们买了一块土地。

当家庭成员感到土地不能满足需要，不能养活他们时，如果有余钱，他们会向田多的家庭租一两亩地。租借期限通常只有一年，租金很低，但不少于此年土地纯收益的30%，需用现金预付。这种交易不需书面证明，仅凭双方的交情。这两家中往往一家很小，但经济上正处于上升期，而另一家很富。小家庭付了租金后，有权根据自己的意愿使用土地，对土地所有者不承担其他义务。他们之间不存在佃户和地主那种关系，这可能是由于租地的家庭自己也有土地，租一两亩地只是为了充分利用家庭的劳力，保证更多的食物供给。而且小家庭的经济状况正在改善，家庭成员都受人尊敬，村中没有人看不起他们。另一方面出租一两亩土地的家庭并不把租金当生活来源，家庭成员也都是农民，他们劳动可能不像小户家庭那样卖力，但他们确实不认为自己的经济地位比另一家高得多。没有家庭能保证永远有足够的土地可供耕种。家长经常告诫家人不要羞辱别人，免得将来受人羞辱。

134 家庭的未来发展方向也可从家庭在家族中的地位和家庭成员家族意识的强弱中看出。当一个家庭发展出许多独立的家庭，而这些家庭大多数住得很近，相互之间保持着密切的联系，这就叫家族。家族是一群家庭，它们不仅通过家属关系，而且更重要的是借助于相互的义务和权利联结在一起。家族中的每个家庭、每个人都有义务为其他人服务，同时也有权利得到回报。联结这些家庭的纽带是非正式的，但很强有力。权力属于整个群体，而不是某个家庭或个人。家族的基本功能就是运用这种权力。家族的控制力强，表明家族整体上很强盛，士气高昂。家族是家庭的扩展，家族繁荣，其中的家庭也昌盛；当家族衰落时，家庭也可能濒临贫困、破产。运行良好的家族实际上标志着家族中大多数主干家庭正在发展而不是衰落。

家族给了其成员某种社会倾向性，它是家庭和村庄之间的过渡性组织，一方面使家庭联合，另一方面又使它们发生冲突。在中国南方，许多大村庄完全由同一家族的家庭组成。在中国北方也有仅由一个家族组成的村庄，但大部分村庄有两三个或四个家族。在有些村庄，同一家族并不都有血缘关系。台头村包括四个家族及三四个独立家庭，其中潘族最大，依次是陈族、杨族和刘族。潘族分成五六个分支，有些分支之间保持着密切的联系，而有些已游离出去，在其他家族的领地上安了家。然而家族联系仍为所有村民承认。在一般的社交场合，住在潘族领地外的潘族成员与其他家族的邻居之间关系可能比与潘族成员的关系更密切，但如果出现涉及家族的争端或潘族中某家有特别高兴或悲伤的事，家族成员仍会相互寻求和提供帮助。

陈族共有 12 个家庭，所有家庭都住在同一街坊，所以他们之间的关系很密切，但这并不意味着他们彼此之间的关系都很好，或形成了组织完好的团体。其他家族的人称这里为陈家区——陈家胡同。杨族约有 12 个家庭，其中两三个家庭住得离族中心

135

区很远，九到十个家庭住在同一街坊，形成杨家区——杨家胡同。近来，杨族三个主要家庭的经济和社会地位提高了。家族决定从邻村的亲属那儿复制一本族谱，这一举动大大激起了年轻成员的家族意识，结果许多人都赞成加强同一家族各家庭之间的联系。但是杨族一个主要家庭对其他家庭表现出敌对态度，而且这个家族的组织还不太完善。在许多情况下，这个家庭宁愿与一些潘族家庭联合，而这种联合有时违背了本族的利益。刘族正走向衰落，只剩下三四个家庭，且都很穷，其中有两个家庭常常与杨族家庭联合，并没有想形成自己家族的亲密组织。

在过去，家族发挥了重大作用。直到最近，中国还没有对贫困者的公共社会保障。而家族应该照顾它的成员，接济贫民。在城市里和集镇上，教会组织或私人慈善行为可能起到了这个作用，但在农村，家族是最重要的组织。家族最主要的功能实际上是保证不让一个家族成员挨饿或受难。一对穷困、无子女、无以为生的老夫妇多少会得到家族的定期资助；如果男孩在能够自理前就失去了父母或近亲的照顾，家族也有责任把他抚养大，并保证他能自谋生路。若家族忽视这些义务，要么因为太穷，要么他们不在乎别人的指责。乞丐、贫民或受难者大多是衰落家族的成员。在贫穷的家族中，家庭没有多少交往，缺少互助的精神，而在繁荣兴旺的家族中，情况则相反，家族成员既有愿望又有财力照顾同族的穷人、老人和受难者。如果他们族中老人只能靠乞讨为生，他们会感到羞耻，或者给他食物或者给他谋生的钱财。但是我们不应认为家族成员很乐意提供帮助，帮助常常是不情愿的，接受帮助的人必须与亲属搞好关系。如果穷人拒绝过亲属的劝告，或在接受帮助后没有尽最大努力，他就会被人抛弃，如果他再请求帮助，就没有人理睬他了。

136

在台头村，潘族经常照顾族中的穷人和老人，这不是家族的计划，但每个分支都照顾它的最亲近的亲属。他们中没有乞丐。然而潘族近来衰落了，因为普遍的贫穷，士气也遭到削弱。陈族也没有乞丐和贫民，每个家庭都能自谋生路。杨族在五六年前有两个乞丐。其中之一，亲属给了他许多机会，但他不能改正恶习，后来成了职业扒手。他的家族成员和村民知道他没有改邪归正的希望，就不再管他。随着时间的流逝，杨族的声誉不再因他而受损，因为每个人都知道他不可救药，不值得关心。另一人尽管有两个成年儿子和一些财产，但在老年时不得不以行乞为生。两个儿子都结了婚，一个儿子在妻子死后去了东北，他在那里懒懒散散，没有赚到钱带回来。另一个儿子在妻子死后娶了个寡妇，还收养了她的儿子，这个人非常不孝，他在第二个妻子的唆使下，抛弃了他父亲，使他无依无靠。老人年纪太大无法耕地，只好当乞丐。家族视之为奇耻大辱，努力进行调解。但调解失败后，家族并没有提供帮助，因为他们认为如果父子都讲道理，接受仲裁，本来没有什么问题。既然他们自己要这样，家族就没有责任提供帮助。

几年前，杨族一个家庭搬到集镇上，在那儿开了家小店。他们没有兴旺起来，过了一段时间后连谋生都成了问题。这家的女儿出嫁了，儿子没有活干也不太安分，他们的状况越来越糟。他们搬到镇上是因为当家人与其兄弟发生了争吵，所以他们不可能再回到村庄。亲属看不下这个贫穷家庭带给他们的耻辱，有些富裕家庭送给他们食物、粮食、衣服、酒，有时春节还给他们一点钱，这种帮助持续到老夫妇去世。后来这家的儿子失踪，断绝了与家族的一切联系。

137

因为在中国农村谋生相当困难，所以经常忽视对体弱者和贫穷者的照顾。为了应付紧急情况,家族必须相对富裕,还必须有真诚能干的领导者。强烈的家族意识也是必不可少的,因为只有在这种情况下,所有成员才会关心家族的名声,关心每个成员的命运。但即使这些条件都具备,也不是每个人都能得到帮助。只有那些不是由自己的过失引起贫穷的家庭才能得到帮助。懒懒散散或赌光钱的人是不可能指望得到家族帮助的。如果贫穷者有个可帮助他的富裕近亲,家族只在这位近亲拒绝帮助时才给予帮助。照顾体弱者的任务不是强制的,哪种情况下应该提供帮助也没有明确一致的看法。这取决于很多因素,因而很不稳定,也难以预料。在台头村,没有一个真正的大族,因而对受难者的关心也远远不能令人满意。在整个乡村地区,家族意识总体上在削弱,家族组织也正在衰落下去。

家族有许多功能,包括资助学校,维护祭祀祖先、惩戒不孝者和行为不端者的家族祠堂,保存族谱,对年轻人进行家族历史包括祖先善行的教育,集资供贫穷家庭有才华的子弟接受高等教育。在台头村,潘族有一所学校,虽然校舍经常变换,但教师总是潘族的成员。它主要是为潘族子弟建立的,其他家族的孩子也可去上学。因为其他家族的成员感到他们的孩子没有得到平等的对待,所以陈族和杨族建立了一所两族合办的学校,也接受刘族和潘族的孩子。近来,潘族学校已被县政府承认为公立学校,由公共资金资助。两族合办的学校成了现在的教会学校,由杨族和陈族家庭组成理事会管理,学生多半是这两个家族的孩子。

138

至今台头村还没有一个家族建立祭祖祠堂,村民对宏大的祖先祭祀仪式好像不感兴趣。在潘族还很兴旺时,曾惩戒过一些年轻成员。其他两个族,杨族和陈族,普遍又小又穷,他们长期以来一直是基督教徒,因为祭祀祖先被认为违反了基督教教义,所以他们不实行。然而在其他村庄可看到大族的祭祖祠堂,它与其说是职能机构,毋宁说是家族统一体的象征。在平时,人们的家族意识并不强,但在看到或进入祭祖祠堂时,家族意识得以恢复。在春节或其他类似的场合,所有家族成员都来到祭祖祠堂,他们履行仪式、听家族首领讲话、讨论家族事务。这恢复了亲属间统一体的感觉,使同一家族的家庭之间的联系更巩固了。

潘族肯定有族谱,因为它几个世纪以来一直是富裕的大族。陈族或许也有族谱。直到最近杨族还没有族谱。当一些家庭富裕起来,其中有人受了教育,家族地位相应提高后,领导成员可能会提出修族谱。杨族派人去邻村(杨族在那村是大族)抄了一本族谱,然后把台头村杨族成员的姓名(包括活着的和死去的成员)添加进去,现在杨族也有了他们的族谱。

像许多国家的历史一样,族谱一般不记载祖先不好的行为,它们讲述家族的起源与发展,记载祖先的成就与善行。它是后代自信的源泉,他们感到自己的祖先是正派人,因此他们自己也是正派人。

当祖父召集家人看族谱、听祖先的故事时,他这样说道:"现在,让我想想,我们家已经经历了三百年的历史,从我们第一代祖先到你们这些年轻的孩子,已有十五代。我们第一代祖先是穷人,但他们辛勤劳动,节俭生活,与邻居和睦相处,结果第二代就相当富裕了。到第五代时,我们家变得非常大,有四个儿子通过了科举考试,获得了举人和贡生的头衔,其中一个当了县官,后来成为河南冀州的县令。在第十代我们家族成了非常大的族,有二十多个家庭,这些家庭包括从第五代四个儿子开始分立的四个独立的分支。我们家庭是第三支中的一支。我的曾祖父很不幸,在他一生中,我们家遭受了很大苦难。我祖父、他的兄弟以及他们

139

的妻子都非常好，他们辛勤劳动，节俭生活，从不吵架，也从不与邻居吵架。经过他们的努力，我们家又渐渐富了起来。我父亲是个商人，正是他开始了榨油生意。我记得他为了生意兴隆，曾多么卖力地工作。尽管他是商人，但他从未忘记耕田和读书是家庭兴旺和荣耀的两条重要而可靠的道路。他的孩子都很相信他的话，这就是我们保住我们的田地并继续送我们的孩子去上学的原因。你们已学会了耕田和读书，所以你们要记住祖先的话，仿效他们的好榜样。对！我们是了不起的家庭——我们有极好的祖先！”

家族聚会时的说教大多提到三个主要方面：首先，叙述祖先创造家庭或家族的功劳；其次，强调前辈设立的原则，大致是要求家族成员按照仁慈、正直、忠诚、忍耐这些原则行事；再次，告诫现在的成员记住祖先的好名声，不干任何有损它的行为。这几方面都包括在论家庭教育的三部经典中：《颜氏家训》《诸子治家格言》和《曾国藩家书》。

几年前，离台头村不远的某个大族曾集资捐助本族一个有前途的穷学生深造。那时这个家族很兴旺，管理有序，一些领导成员担任官职，家族名声显赫，在相当大的地区有很高的社会地位。一个刚从县城中学毕业的年轻男孩表现出了天资和进一步深造的兴趣。因为他的成绩和他家庭在家族中的声望，这个家族马上认为这个男孩极有出息，将为家族增光。他在外国上学的几年得到族人的资助，后来当他表示想去美国读书的时候，需要的钱由家族中所有富裕的家庭捐助，甚至实际上不属于这个家族而只是姓氏相同的一个家庭也捐了钱。就这样，这个年轻人实现了他的抱负。但后来，当笔者知道这件事时，事情已闹得极不愉快。当他带着博士头衔从美国回来后，捐助过他的亲属和朋友都很高

140

兴，因为他们投资的收获已近在眼前了。这个年轻人喜欢说大话，习惯于许诺，不觉得有兑现诺言的必要。当他还在上学的时候，他肯定告诉过他的亲属回国后他会享有很高的地位。但他真的回来后，却不去拜访他们。他忘了所有的诺言，甚至也不感谢他的恩人。当他兄弟、堂兄弟或侄子去看他时，他也表现得很冷淡。人们渐渐认识到他在官场上不会成功，也不会偿还所欠的恩情。亲属对他不满起来，有些人断绝了与他的所有往来，其他人与他的关系也不好。

在台头村，没有一个家族真正资助过年轻成员接受教育，尽管他们对这种事很感兴趣。比如一个杨族男孩在集镇学校上学时名声非常好，受到老师、集镇社区领导和潘族年长成员的称赞。家族中所有人都产生了极大的希望，这是家族中第一个有可能获得学术地位的人，而直到那时这种事只在潘族中有过。他们都希望这个男孩通过官方考试，最后获得官位。这个男孩小学毕业后，进入了教会中学，而后进了教会大学，这不仅使他的亲属感到失望，也使村民们感到失望，因为那时许多中国人还不知道教会学校，在他们看来，教会学校不是走上仕途的“门户”。后来的事更令他们失望，这个年轻人非常不合常规，甚至在成为大学生后，暑假回家还到父亲的田里干活，穿得也像普通农民。这给亲属和村民留下了这样的印象：他不会成为学者、绅士或官员，因此他们141渐渐对他冷淡起来。他也被社区领导遗忘了，因为他在家时不去拜访他们，也不在集镇上和他们一起吃喝。大学毕业后，这个年轻人没有成为政府官员，而是从事教会教育工作，后来投入了乡村重建运动。这种工作薪金不高，他无法给他父亲和兄弟寄很多钱，在十年中，他只帮家里买了几块地，建了一所房子。至今他对整个家族还没有任何贡献，甚至他自己的兄弟也对他失去了信心。

这说明了家族支持族人接受高等教育的兴趣所在，这不仅仅是对年轻人发展的关心，而主要是如果年轻人最终获得成功，对家族自然会产生的未来的利益。在过去，科举考试非常重要，通过第一级考试的人就有资格获得某种“功名”，并能在官府中谋得职位。尽管职位很小，但从中获得的荣誉和利益将由全族分享。民国建立后，旧的科举制度废除了，学生人数大大增加，小学或中学毕业已很普遍，即使大学毕业也无法保证一定能获得政府职位。这些变化无疑使农村和城市的保守分子极度失望，这些人不再能明白昂贵的培养费和长年累月上学的意义。他们会继续送孩子上学，因为孩子们坚持要上学，但他们对帮助贫穷的亲属上大学一定失去了兴趣。

家族还惩戒误入歧途的成员，尽管没有正式程序。如果家族管理得很好，不同分支和单个家庭之间的关系很好，而且年长成员中有能干的领导，那么对行为不端的成员，族长将劝导、警告，最后经过他父母同意和全族的批准进行惩罚。也可能把事情留在家庭内部，族人不加干涉。如果家族正在发展，大多数成员对家族名誉非常关心，一个成员的不端行为就会遭到所有人的谴 142 责。当家族正在衰落，所有家庭都很穷，士气低落，家族成员对家族的名誉就没有同样的兴趣，这一点我们可从刘族和潘族的态度中看出。以前潘族强烈地意识到他们的名誉。但最近许多富裕家庭的年轻人由于赌博或抽鸦片毁掉了他们的家产，其中一些年轻人甚至加入了当地土匪，年长成员没有一个敢抗议。正派家庭都学会了一言不发，以免遭到族中反叛了的孩子的指责。

新的社会趋势有助于打破家族对个体成员的控制。在最近15到20年内，大多数年轻人不再顺从家庭和家族中的长者，他们越来越依靠自己，越来越不信任他们的长辈。政治动荡和普遍的社会混乱打破了原有的对传统生活方式的绝对依赖。而且在新制度下，村庄中的家庭结成许多小单位，家庭和个人直接受这些单位领导的控制，这使家族的影响明显减弱了。

143 # 第十二章　村庄组织

调查一下村庄周围的田地，就会对村庄统一体有强烈的印象。村中所有家庭的田地在住宅区周围并排地挨着。虽然相邻村庄土地在许多地方相接，但界线却相当清楚，所以哪块土地属于哪个村庄是没有疑问的。

村庄内部的同一性可以从许多方面看出。村庄中各家的耕种、打谷、贮藏、备粮的方法相同，烹调和准备春节喜庆筵席的方法也完全相同。而在邻村，即使是同样的活动，采用的方法也有细微的差别。人们经常听到受雇于不同村庄的雇工谈起不同村庄的伙食好坏。

村庄组织大致可以分成三类：遍及全村的组织；限于一个街坊的组织；建立在家庭联合基础上的组织。

全村性的组织首先是村庄防卫计划，要求每个家庭参加。家庭根据家中的男人数和经济地位大致分成三四等。富裕家庭要求配备步枪、手枪、老式铳枪和必要的弹药；其他家庭只要配备步枪和弹药；买不起步枪的家庭要求捐献其他有用的防卫用品；特别穷的家庭只须循规蹈矩、遵守防卫规则。所有家庭的强壮男子都要登记，编成队伍。征募制度以家庭为单位，每家出一名成年儿子夜间值勤。

村庄周围设了两道防线。外边一道是由可拆装的地雷组成的，这些地雷是装满炸药和铁屑的铁管，用金属丝连起来。村民们知道地雷排在什么地方，怎样安全地通过这道防线，但陌生人要进入村庄肯定会落入引爆地雷的金属丝的陷阱。为了村民的安全，白天撤掉这道防线。第二道防线设在村庄内，由许多防御工事、胡同口的篱笆门及后院墙上的枪眼组成。夜间，先派年轻人去把地雷和金属丝布在外边一道防线上，然后在街上、路口和战略要地巡逻。其他几队同时在村庄两三个地方站岗。一旦发出警报，或者村领导、巡逻者发出信号，站岗的人就立即带着备好的枪去防御工事或枪眼处。各队轮流值夜。据估计村民曾经拥有五十支步枪、十多支手枪、五六支大铳枪、许多地雷和一些炸药，又据说一些年轻村民能够非常出色地使用现代武器。因为这个防卫组织，村庄一直没有受到攻击。据传土匪害怕走近这个村子。后来，由于潘族几个年轻人的不良行为，也由于政府控制的逐渐恢复，这一组织遭到了削弱。

144

尽管村学校是由潘族建立的，也主要由他们资助，但全村男孩都可来此上学。在基督教学校建立前，这是村里唯一的大众教育机构。女孩不去上学，在家里由母亲培训家政技艺。现在已有几个女孩在基督教学校上学。男孩们在学校的联系并不以街坊或家族为基础。学校理事会由家长组成，这种在管理和资助学校方面的合作把许多家庭联系起来。无法送孩子上学的贫穷家庭当然没有参加，但不管怎么说，理事会仍是全村性的组织。

村民把教育看成提高家庭地位的途径。孩子学会认名字、看得懂土地契约的内容、认识各种纸币，他们在交易中就不会受骗。不必干农活的儿子必须接受职业、生意、手艺方面的培训。在学校的全部课程中，书法、记账、打算盘，以及学习农产品、农具、家用器具和制造品的术语占有重要地位，也有人把学校看成学习规矩、接受古代圣贤教导的地方。

145 在过去,多数男孩对学业丝毫不感兴趣。学校本身仅有一间房子,地面很脏,墙很黑,窗户糊着积满污秽的旧纸,所以光线很暗。桌子、长凳和跪凳都是学生从家里带来的。6 到 12 岁的男孩都安排在同一间房里。教师的住处与教室隔开,除了拜访客人、上集镇、应邀款待客人或为村民写公文,教师成天坐在那里。他在学校的主要任务是维持秩序。

早晨太阳出来之前,学生们去上学,比教师早到约一个小时。学生们应该利用这段时间高声朗读并记住指定的作业。教师来到后,学生再花一个小时复习课文,然后一个个被叫去背诵。轮到的学生把书放在教师的桌上,背过身去,背出全部或部分的指定作业。所有这些都在早餐前进行,然后学生和教师回家吃早饭。吃过早饭回来后,他们练习书法、作对子或作诗,偶尔也听关于规矩和儒家伦理学说的说教。教师分别给每个学生布置新作业,因为他们没有分班。

中午再次放学吃午饭。午餐后,教师睡午觉,学生们应该趴在桌子上睡觉。教师通常在 3 点钟左右醒来,他咳嗽一声或发出其他信号唤醒假装睡着的学生。然后教师听早晨没有轮到的学生背功课,用红墨水的蘸笔批改书法作业。在旧教育体制下,书法非常重要,教师要在这方面花费很多时间。接着又是背诵,直到放学,学校里充满了朗朗书声。

在夏天,学校约 8 点钟放学,这正是吃晚饭的时候。而在冬天吃晚饭要早得多,冬天晚饭后,还要再上两个小时的学。晚上的时间通常用来阅读深奥的课文、写短文或作诗。当地人把这些146 冬天晚上看成读书的大好时光。那些希望儿子参加科举考试的父母确信他们的儿子在晚上最用功。常言道,科举成功是耗用大量的油与火的结果。

旧式村塾没有系统的课程安排，每个学生都有他自己的进度。第一年通常读《三字经》，这是一本中国历史、政治、经济、文学、哲学、地理和伦理纲常的入门读物，它用合韵的短句写成，每句三个字，因此得名《三字经》。另一读物是《百家姓》，包括100个家族的姓氏。孩子上学第一年要求读这两本书，但不一定要理解内容，教师是否理解也值得怀疑。

第二年的课本是《论语》第一、二部分。辅助读物有《日用杂志》和《实演杂志》。《日用杂志》是一本日常词语和术语的词典；《实演杂志》是一本关于生物学、化学、地质学和物理学基本知识的集子，有点道教的味道。《论语》这两部分对教师来说极其重要，因为它们包括了儒家学说的精华，是道德准则的主要源泉。在第二年还要一直练习书法。

在第三年，学生读《孟子》第一、二部分及《大学》和《中庸》。如果教师有能力的话，他在这时开始向学生讲解《论语》的某些章节。第三年学生开始学习使用算盘。

第四年的正规课本是《左传》(春秋时期的编年史)、《诗经》、《礼记》、《尚书》(中国最早的历史)。教师对这些书从不作任何讲解，学生只是读而不知其意。一般说来，四年级学生是学校的高年级学生，应该学会填对子、作诗和写小文章。但在乡村学校这些都被忽略了，因为几乎没有学生想参加科举考试，多数男孩在第四年代之以打算盘和练习书法。聪明的学生有时三年就完成了学业。如果父母不寄予厚望，他们就离开学校，回到农田或学一门手艺。很少有非常优秀的学生，在完成这些正规课程后还能够继续上学，为科举考试做准备。如果进一步深造，他们要学习古代学者写的诗歌和文章，自己也要写。 147

我们在前面说过，多数男孩不喜欢学校。他们学习功课就是死记硬背，并不理解读的东西的含义。除了《日用杂志》外，所有课文他们一点不懂，但他们被迫去读并记他们读的东西，这是件痛苦的事。遗憾的是没有教师和学生家长对改善这种状况感兴趣，学生被迫无止境地记忆，如果完不成这一单调的任务，就会受到严厉惩罚。惩罚使学校变得可恨。一次一个 6 岁男孩读《三字经》时趴在桌子上睡着了，教师大吼一声把他叫醒，严厉责骂他，然后叫他背书。这个男孩吓坏了，背得很糟，结果挨了打。这类事情过去经常发生。

旧式村塾没有任何娱乐活动。一般说来，学生必须整天坐在各自的位子上，保持安静。当听到外面街上男孩的喧闹声、说笑声和乱跑声时，所有学生都强烈渴望能与他们在一起，但他们不敢。唯一有趣的是老师不在学校的时候，在这种少有的场合，男孩们的活力、想像力和欢乐立即同时迸发出来。他们推倒桌子，把凳子搭成临时“演戏”的戏台。在“战斗”游戏中，他们扔纸球和水袋。他们到学校附近的菜园偷水果、黄瓜和小萝卜。喊叫声、咒骂声和笑声甚至很远的邻居也能听到。一两个小男孩站在远处的拐角放哨，一看见教师，马上发出信号，所有男孩立刻胡乱跑进教室，把一切整理好。偶尔他们也会被发现，并因此受到惩罚。

30 年前，县政府在辛安镇建立了第一所新式学校，接着各个村庄也开设了几所半新式学校。台头村的学校某种程度上也现代化了。这些新式学校对学生很有吸引力，结果学生改变了对学校的态度。课文很吸引人，是用学生熟悉的现代汉语写成的，有漂亮的插图，更重要的是课文写的是学生日常生活中的有趣故事，学生完全能理解，它为幼小的心灵打开了一扇窗户。算术是新的，很有趣，最吸引人的是学习数字符号和新的数数方法。粉

148

笔、黑板、泥棒、泥盘都是学生从未见过、令他们感兴趣的东西。在旧式村塾，唱歌是绝对禁止的，而现在唱歌是一门课程。年轻教师乐意教学生唱歌，他们歌唱纷飞的燕子，歌唱学习的欢乐，歌唱爱国者，歌唱花儿和星星。男孩也学音符，尽管几乎没有人有音乐天赋，但他们喜欢唱歌，兴致勃勃地跟着教师唱。体育课是正规课目之一，这最令人兴奋。在过去，他们吵闹或嬉戏要受惩罚，现在教师教他们、领他们做操和做游戏，还有一些军事训练。有时教师在下课前作这样简单的讲话："你们知道我们民族处于生死存亡的关键时刻吗？你们知道我们已经几次遭到外国的入侵，蒙受了耻辱吗？日本鬼子掠夺我们的粮食和牲口，侮辱我们的姐妹，殴打我们的兄弟。我们恨他们，我们要跟他们战斗到死。你们要好好记住这些事情，总有一天我们要为我们的国家报仇雪恨。但现在我们必须了解我们国家蒙受耻辱的原因，这是因为我们弱。我们的人民弱，所以我们的国家也弱。我们的身体弱，我们的知识也弱。我们的人民不知怎样共同行动，所以外国人可以各个击破我们。我们没有优秀的士兵，所以我们不能保卫我们的国家。因此我们要做的第一件事就是使我们强起来，身体、知识上都强起来。我们年轻人必须成为优秀的士兵，因为只有优秀的士兵才能保卫我们的国家，保护我们的人民。你们明白吗？体育课锻炼我们的身体，教我们如何共同前进；其他课教给你们知识，让你们了解我们的国家和其他国家。你们同意我的话吗？"

另一个全村性的组织是庄稼的集体看护。村庄每年都要雇用一个庄稼看护人，他的任务是使庄稼免受动物的损害和小偷的偷窃。他接受年薪，雇佣期间的膳食由土地超过平均数的家庭供给。村理事会事先订出膳食安排的日程表，庄稼看护人连续三天在一家搭伙，另三天改到另一家；也可能在这家呆两天，在另一家 149

呆一天。当在每个指定供应膳食的家庭轮一圈后,再重新开始轮。一年结束时,他会得到一份工资和一定量的谷物或其他粮食,这些都是从有耕地的家庭中收来的。在村民心目中,庄稼看护人的地位是很低的,他们把他看成村庄的仆人。当他到一家吃饭时,人们像对待手艺人那样,不特别为他准备食物,让他与家庭成员和雇工吃同样的食物。

惩罚偷窃行为是村庄共同关心的事。小偷小摸处理起来比较简单。有时穷人家的男孩或女孩偷些黍穗、菜豆或其他庄稼。如果作案者被田地主人当场捉住,就会受到责骂,被迫交出偷的东西或挨一顿打。但如果他(她)被庄稼看护人捉住了,惩罚会更严厉,他的篮子和其他东西会被扣下,直到他父母来赎回。惩罚由男孩的年龄和偷窃的严重程度决定。成年小偷如果偷的东西很少,只受到羞辱和嘲笑。村庄里有个职业乞丐,经常在生长季节偷豆、蔬菜和其他东西,所有村民都知道这一点。富裕家庭的家长有时对他说:“你应该为自己感到羞耻!你为什么不通过劳动谋生呢?如果你只是自己吃,而不是去卖掉,我们不会管你。”如果妇女偷了东西,她不会受到惩罚,但会被人家瞧不起。

几年前,台头村有两个职业小偷。他们很少偷台头村人家的东西,而是集中在集镇偷窃。他们一次次地被抓住,常常受惩罚。村民们认为他们很可耻,但并不费心对他们采取任何惩罚措施。

然而,夜盗却被看作犯罪。当家里在夜间遭到盗窃时,家主可以用武器保卫他的财产。如果杀死了盗贼,杀人者也不负责任。如果捉住盗贼,要么根据村庄习俗加以惩罚,要么把他送到县政府。偷很多庄稼或夜里砸开人家的门偷窃谷物、牲畜或其他150 有用东西的人被看作罪犯,当地领导根据规矩对他处以罚金或惩罚。虽然他丧失了社会地位,但他可能继续在村中生活并最终挽回了声誉。那些破门而入偷窃钱财、以武器威胁人家的人是不可饶恕的，如果抓住，必须把他们送交政府当局，如果他们逃跑了，案子必须上报。对于公路抢劫者、纵火犯和绑架者也同样处理，所有这些人必须在村外受到惩罚。

社会控制也是全村性的，主要手段是舆论。如果一个人的行为得到大多数村民的赞成，他将到处受到尊敬和赞扬，因此不赞成就是一种强有力的抑制。比如村民尽管不干涉或伤害一个乱搞男女关系的妇女，但会断绝与她家的关系，不与她家的任何成员打招呼。社会隔离是可怕的惩罚。只有三四个家庭的社会地位太低，在某种意义上不受舆论的影响，他们不在乎别人指责，只害怕实际的惩罚。

最近，国民党政府实行了保甲制度（参见本书第 239 页），除极少数人以外，村民们并不响应。他们不愿举报邻居儿子干的坏事。这种不情愿大部分由于邻居间的传统关系，使得村民很难向政府当局或外人举报另一个村民的坏行为；也由于这种制度主要是为了清除政治上的异己分子，特别是清除被指控为共产党的人，而一个对政府当局不满的人可能与他的村民同伴关系很好。

巫术或魔法也被看成社会控制的手段。从前有个非常穷的家庭，母亲与其年幼的儿子在村里施展巫术。母亲是个乞丐，行为不检点，儿子经常被其他家庭雇作放牛娃，他们的房子冬天常常开放让村民赌博。一天这位母亲发现钱被偷了，她怀疑是两三个人作的案，但又没有确凿的证据，她决定用巫术来确定钱是谁偷的。她用面粉捏了一些小人，代表经常来她家的每个人，她还让所有这些人都知道她要施行巫术，然后她在锅子里熬花生油，把小人扔进沸腾的油里。据说当小人在油里受煎熬时，没有罪的人什么感觉也没有，而有罪的人就会遭受极大的痛苦。因为所有 *151*

人都相信这点，所以真正的偷钱者必然表现出极大的不安，并承认他的罪行。

当一个家庭极其憎恨另一个家庭，极想伤害他们，但苦于没有足够的胆量，又没有公然攻击或公开斥责的理由时，就求助于巫术（作者怀疑这些情况只是村里的传说，而不是实际做法）。据说当一个家庭知道敌对家庭正准备婚礼时，会做两个小符咒，钉在一起代表新婚夫妇。婚礼那天，这个家庭的一个成员将作为客人去敌人家，将符咒藏在新娘房里。据说，此后新婚夫妇就像幼稚的孩子那样相互拥抱，使其亲属非常窘迫。要使婚姻不幸福，就把两个符咒背对背钉在一起，这样这对夫妇就会一天到晚吵架。

在许多情况下，亲密的邻里关系超过了村庄感情和家族意识。比如潘族一个家庭与一些杨族家庭的关系比与自己族人关系更密切，只因为他们住在同一街坊。日常生活中的频繁接触使许多家庭团结起来，结果整个村庄分成许多与家族没有关系的街坊或胡同。台头村有九个街坊，街坊之间没有明确的界线，一个家庭可能同时属于两个街坊，而两个相邻的街坊有时又被看成一个。

邻居们相互之间承担一些社会义务。结婚时，新郎家在邻里之间分发小麦粉做的花卷宣布结婚，并以此发出参加婚礼的邀请。相应地，邻居也送来礼物，主要是婚礼时所需要的食品。邻居还在婚礼日来帮忙，参加喜庆筵席。在葬礼上，邻居帮助建坟，抬棺材或在死者亲属哀痛时照料家事。这些帮助都是自发的。家庭为老年人举办葬礼时，亲戚和朋友都来哀悼、赠送礼物，相应地死者家庭必须招待客人。这时他们会得到邻居的帮助，邻居把客人分成几组，每个家庭用自己的费用招待一组。这种帮助绝对

152

是相互的,这样就形成了家庭间的特殊关系。

小孩出生时,同一街坊的所有家庭都要送礼。小孩父母记住或记录下这些礼物,使他们在需要回送时给以适当的酬答。当家庭在家务劳动中需要帮手时,邻居会来帮忙;在搬运、犁地、播种、收获或打谷方面,邻居间也互相帮助。在发生紧急情况如火灾、偷窃或突然生病时,邻居比住在远处的亲戚或朋友更有用,常言道:"远亲不如近邻。"

同一街坊的邻居间如果关系融洽,偶尔借笔小钱可能不付利息。但这种情况不多,一般做法是借钱付利息。有钱出借的一般是小家庭或大家庭中的个人。有趣的是那些看起来贫穷的小家庭也会有30到50美元的积蓄,这些钱不足以买地,但如果以相当高的利息借给需要的个人或家庭,会带来一些利润。大家庭的年轻妻子或女儿可能有私房钱,通常以两三厘的利息借给村民朋友。当需要偿付因赌博、抽鸦片或喝酒欠下的债务时,也能向邻居借钱,但利率相当高,而且还要立字据,要有两个信誉很好的人做中人,要求一定量土地或房屋作抵押。这些借款期限很短,如果两次拖延付款,债权人有权耕种债务人的土地。这表明一个声誉不好的人或家庭要借钱是多么困难。台头村没有专门的放债人,可能是因为没有一个家庭是真正的大地主。在较富裕的家庭和贫穷的家庭之间很少有真正意义上的借贷,因为钱是在彼此熟悉的人之间转手。富裕家庭的成员需要钱时可能会去我们提到的那些地方——有积蓄的妇女或小家庭——借钱,但通常情况下,他情愿卖掉土地或其他财产也不愿借钱。借贷是件相当难为情的事,如果可能,双方都宁愿隐瞒。该村庄没有任何有组织的信用组织,如老的"摇会"或新的信用合作社。

153

相邻家庭的妇女聚在屋门前谈话或闲聊,特别在夏季,男人在家吃中饭时，女人们就来到树下喘口气，呼吸呼吸新鲜空气。这样就形成了一个自发的、非正式的群体，话题从日常工作到村庄另一头人家的婚姻。这种闲聊要一直持续到男人从家里出来，轮到女人吃饭的时候。吃过中饭，天气很热，人们不想干活，男人和男孩去大街上、河边、树林里睡觉或玩耍；老年妇女去卧室睡午觉；而年轻女人和女孩就出来坐在树下或门口，手里拿着些活计。她们都是同一胡同的。约坐一两个小时后，她们就回家继续她们的重要工作——缝制、缝补、熨烫、绣花等。这时男人和男孩去田里干活，祖母们也起来去邻居家串门或呆在家里帮助媳妇照看小孩。小女孩和小男孩整个下午都聚在街区玩耍。

太阳落山后，男人和男孩回到家里，立即开始吃晚饭。晚饭后，男人们到村庄周围坚硬而干净的打谷场上去，许多人聚集在那儿，社区生活达到高潮。妇女们在家里尽快地洗刷完，她们也想去参加街坊的聚会。女人不去打谷场，而是聚在几家之间小胡同的空地上。男人从不参加女人的聚会，女人也不允许参加男人的聚会。男人们无拘无束地谈论他们喜欢的话题，可能说年轻女人的闲话、讲下流的故事或交流某家男孩和女孩的风流韵事。在妇女堆里，她们也喜欢自由交谈，不守常规，但要拘束得多。老年妇女躺在床垫上，摇着扇子，一点也不感到难为情。已婚的年轻妇女各自取笑对方丈夫，也取笑成年女孩，说她们正在梦想着英俊小生。此时姑娘们比在任何其他情况下都更随便地说笑。妇女在男人回家之前回到家，所以男人看不到她们的聚会，也听不到她们说了些什么。

154

冬季很少有这样大家聚在一起的机会，因为天气太冷，无法坐在屋外，许多妇女聚集在一家也不合适。两三个很要好的成年女孩也许在一起缝衣或绣花。孩子们像往常那样在墙边、后院玩耍。晚上，关系好的男人轮流在这家或那家聊天消磨时光。年轻男人打牌、下棋或由一个人大声朗读通俗故事。

这些街坊聚会对小孩影响很大，古时候人们就已认识到这点。孟母为儿子择邻的故事在中国是众所周知的，男男女女都会讲。在孟子是个孩子时，母亲为了给他选择正派的邻居三次迁居。在第一个地方，多数邻居都在葬礼的吹奏队中当吹打手，孟子也学着吹打，因为吹打是个低贱的职业，孟母不得不搬走，以免儿子成为吹打手。第二个地方的人是屠夫，孟子和其他男孩开始玩屠宰的游戏，孟母认为这比第一处更坏，所以只得又一次搬家。不知道是否是新地方使这个男孩成了一位圣人，但邻居会对小孩产生巨大影响是不可否认的。

因为需要孩子在田里和家里干活，也没有多余的钱可供花费，所以孩子们的娱乐活动得不到鼓励，他们几乎没有玩具。但同一街坊的孩子们仍玩些几乎不需要设备的集体游戏。一种是"打瓦"，这是两组人玩的游戏，只需一些小石块。每个孩子都拿一个石块，另一个石块作为投掷目标。在地上划五条约5英尺长、间隔3英尺的平行线。第一个小孩站在游戏场一端的线上，尽力用他手里的石块击中目标，如果打中目标，他就单脚跳过线到另一端去捡他的石头，再跳回原来位置，第二个人再这样做。约有12种扔石块和跳线的方法，同一队的队员随时都能相互帮助。

"打搁"是一种滚球游戏，可由十多个孩子一起玩。每个游戏者都有一捆用高粱梗做的棒和一个小小的磨光的砖头或石头滚球。男孩们在狭长小巷的一端竖起两块砖头，上面横着一根杆子，形成一个门框。每个男孩在门框上放一根棒，使棒的一端靠在横杆上，另一端靠在地上。男孩们首先向小巷的另一头滚球，

155

球滚得最远的那个人可以第一个用滚球击棒。把所有棒都击下的是获胜者。

“藏猫儿”是女孩的游戏，有点像捉迷藏。扮“瞎子”的女孩（偶尔也是男孩）靠在墙上，蒙上眼睛，假装什么也看不见，然后她来回奔跑搜寻。当她发现并抓住另一个游戏者时，俘虏就成了“瞎子”。另一个游戏是由两个大女孩和一群小孩玩的，当地叫“老鹰抓小鸡”。一个大女孩当老母鸡，另一个当老鹰，而小孩是小鸡。小鸡和老母鸡手拉着手排成一竖行。老鹰试图把小鸡一个个抓去，而母鸡努力保护她的“孩子们”。

“抓小偷”是比较粗野的游戏，常由 12 岁以上的男孩玩。一个孩子当地方官，另一个当小偷，其余的当差役。所有想玩游戏的男孩靠墙站成一排，脚并拢，和着唱出的有节奏而无意义的声音，脚被从行列的一端数到另一端。唱的孩子用他的右脚去碰队伍里的每个男孩的左脚，唱的每个词都应落在一只脚上。唱到最后一个字时落在的那只脚应退后。再接下去唱。第一个把两只脚收回的男孩是地方官，第二个是小偷，第三个是差役头领。小偷企图逃跑，差役则尽力抓住他。差役捉住小偷后，把他交给地方官审问。地方官宣判打他一顿，任命两个孩子执行这一命令。男孩玩的另一个游戏是踢毽子。一群大些的男孩或年轻男子一起玩毽子。毽子是用家禽毛连在一个硬币上做成的。毽子抛在空中，玩的人努力不让它着地，踢、顶但不用手碰。这一游戏在冬天很受欢迎，因为它活动量大，有利于男孩暖身。

156 在后院或围着的院落里常为女孩们装了秋千。女孩们玩秋千时，除自己的兄弟、堂兄弟或同一街坊的男孩外，其他年轻男子不允许在场。学童喜欢放风筝，但他们必须小心，不让风筝落到哪家的庭院里。当地人相信风筝落在谁家，谁家就会倒霉，这家人肯定要把风筝毁坏，还要咒骂男孩。风筝是把纸固定在竹架上做成的，上面绘着人、鸟或蝴蝶，看起来常常像葬礼上或巫术用的图案，使人联想到死亡。

在地上画个棋盘，并用石子做棋子是很容易的，因此，在夏天，下棋是很受人欢迎的。小女孩和小男孩在河边的树下静静地下棋，许多人坐在旁边当观众，有时双方发生严重争执时，旁观者就会各帮一方。当牛吃草时，男孩们也坐下来下棋，因此他们的牛有时会走得很远。冬天，年轻人可能聚在经常聚会的房屋里学武术或唱歌。春节期间，活跃的年轻人也组织乡村戏班子。

157 # 第十三章　村内冲突

除家族和街坊组织外，还有其他的村内群体。社会与经济地位相似的家庭、支持同一所学校的家庭、信基督教的家庭，都趋于形成特殊的群体。

同一街坊的家庭如果社会地位相差很大，他们之间的关系可能还没有不同街坊的家庭之间的关系那么密切。比如，两三个刘族家庭与大多数杨族家庭住在同一街坊。刘族家庭很穷，与杨族家庭没有太多的关系。刘族家庭感到比杨族低一等，而杨族家庭也不主动示好。但一个刘族家庭最近富裕起来了，与杨族家庭的关系也渐渐密切起来，他们的孩子被请去上基督教学校。另一个刘族家庭的母亲拼命想获得这种社会关系。为了达到这一目的，她送儿子去基督教学校。但因为丈夫和儿子在村里的名声很坏，她没有达到目的。

住在村庄西北部的一个杨族家庭渐渐与住在东端的一个潘族家庭建立了联系。两个家庭都有四个儿子，两家的儿子和孙子大多毕业于新式学校，所以两家都被看成有学问的家庭。两家中都有人跑过很多地方，熟悉新的思想潮流。另外，两家拥有数量大致相同的土地。因为这些原因，两家认为他们门当户对，常常相聚。这两家还吸引了其他地位相当或有成员受过教育的家庭。从前，村中10到12个富裕家庭相互之间的关系比与邻居的关系更密切。还有一个中等家庭的群体,他们的联系虽然不很强,但仍看得出。贫穷家庭也组成了一个非正式群体。在过去几十年中,因为战争引起了富裕家庭的衰落和普遍分裂,基于财富的区分已被打破。总的来说,这种分层是相当表面化的。因为如我们看到的,家庭的社会地位在几代内会发生变化,这种改变当然会妨碍永久社会阶层的形成。另外,需要指出的是只有财富没有文化的家庭往往是最孤立的,富裕的有教养的农民看不起他,而他又不想与穷人联合。因此,仅有财富并不能使家庭在社区中享有较高的地位。

158

几年来,村学校和基督教学校把村庄分成了两个群体。由于大量的活动,诸如组织学校理事会、讨论财务问题、计划招待教师等,那些送孩子去村学校上学的家庭团结了起来。同样,送孩子去基督教学校的家庭也这样联合了起来。

基督教的引进产生了新的家庭群体。10 到 12 个家庭属于新教教会,五六个家庭属于天主教会。新教家庭包括杨族家庭和陈族家庭,从前还有一个潘族家庭。天主教团体由四五个潘族家庭和两个陈族家庭组成。因为基督教是新引入的宗教,在某些方面与当地社会传统和习俗不一致,所以信奉这一信仰的两类家庭群体与其他家庭明显不同,这种差别使这两个团体都产生了“我们团体”的意识。12 个杨族和陈族家庭保持了比他们在其他情况下可能有的更密切的关系。属于天主教会的几个潘族家庭很穷,社会地位很低,亲属把他们看成一群被遗弃的家庭,结果他们之间发展出了一体的感觉。新教和天主教团体都把自己看成“上帝的选民”,认为他们属于天国,其他村民是罪人或尘世的人。教会牧师教导教民要把自己和其他人区分开来,不用说,这样大大增加了基督教团体和村里其他家庭之间的距离。而且,新教与天主教的对抗使他们已经分裂成两个基督教团体。所有非基督教家庭都进行祖先祭祀，厨房里供有“灶神”，春节到土地神的祠堂烧香、磕头，还光顾本地的佛寺，因此，可以把他们看作另一个团体，尽管没有组织起来。

159 当一个村庄分成几个部分时，不同群体之间自然会经常发生冲突。下面是最近几十年来台头村实际发生的几起严重的村内冲突。一是新教与天主教的冲突。最早皈依基督教的是陈族和杨族家庭，包括陈族的一位学者与其二弟。他们都雄心勃勃，皈依宗教的最初目的是想获得村传道士的职位，而后建立一所教会资助的村学校，希望通过教会利用外国势力对付他们的对手，并把食物卖给传教士。结果引起了其他村民的不满，基督教群体成了被攻击的目标。后来，不知什么原因，潘族的一个头面人物也加入了基督教组织，他的行为在他本族引起了激烈的争论。有些潘族成员认为这丢尽了家族和祖宗的脸，并私下里商量对付他的办法。因为他是有钱人，又是重要家族的一员，所以一些基督教成员和教会权威人士都尊他为领导者。这引起了陈族基督徒的妒忌，其中一人非常气愤，退出了这个团体。

几年以后，远处村庄的天主教会也在这里的村民中吸收会员。天主教缺少皈依者，所以并不在乎参加的是什么人。天主教会暗示加入教会的人将获得财政资助，如果卷入法律纠纷，还会得到外国势力的保护，这吸引了许多不安分、没有财产和受压迫的人。不久，由几十个贫穷村民组成的团体宣称他们是天主教会的分支机构。天主教牧师及其领导者效仿他们的“西方主子”，向新教组织摆出了好战的架势。憎恨外国宗教及其信徒的村民、雄心勃勃但心怀不满的陈族学者、对几个潘族家庭加入新教组织不满的潘族首领们立刻利用了这种形势。反基督教的村民想要两个团体两败俱伤；陈族学者想击败在新教团体中把他击败的潘某；潘族首领们想要惩罚他们的叛逆者，他们都行动起来了。村民和潘族首领们煽动天主教成员挑起与新教组织的争端，而陈族学者与天主教徒通力合作。一天，一则谣言传到天主教徒那里，大意是新教徒侮辱了他们的上帝和牧师，年轻的天主教徒立即揪住潘某，竭尽羞辱之能事。他们威胁、谩骂其他新教成员，也侮辱了陈族学者的弟弟，杨族成员也受到了威胁但没有受到实际的侮辱。冲突未发展成真正的争端，因为新教团体决定不与天主教徒对抗。潘某和陈族学者的弟弟遭到侮辱后，冲突的主要目的达到了，村领导调解了这场冲突，结果是新教组织答应举行正式宴会宴请重要的天主教徒。

160

在分担村里演戏费用的问题上，基督教群体和其他村民发生了争执。每年一次的演戏是最重要的娱乐，所有家庭都按收入捐款，但基督教徒拒绝交付他们的那份费用。他们认为演戏是对龙王的一种感恩，不符合基督教教义，因此基督徒不能出钱。但他们又不阻止家庭成员及其亲戚观看演出，也享受和其他人同样的娱乐。这一行为大大激怒了其他村民，他们不再把基督教徒完全看作本村人。当村民得知基督徒还受外国势力保护时，他们更加气愤了。

这不是基督教群体与其他村民发生的唯一冲突。基督徒被告知他们是上帝的选民，他们不再属于这个世界，而属于上帝的世界，他们必须团结一致，反对所有非基督徒——这些人是“罪人”。贫穷的基督徒感到他们曾受到富人的压迫和不友好的对待，想要报仇，以表达他们的不平。有些成员雄心勃勃，认为他们与在村中担任领导职务的人、乡绅同样有教养，甚至比他们更高贵，他们没有机会表现他们的领导才能是不公正的。基督徒认为非基督徒很可怜，因为他们拒绝信奉“真神”，并犯了崇拜假神的罪恶。相反非基督徒村民把新教徒和天主教徒都看成卑鄙的人——他们拒绝敬拜他们的祖先，他们背叛了同胞而与外国人交朋友。因为双方都抱有偏见，所以冲突也就在所难免。直到非基督徒逐渐熟悉了这种宗教，对陌生事物的激动减退后，他们对基督徒的敌意才有所减弱。这种和解也要归功于许多基督徒的觉悟。最近几年，中国基督徒中成长出许多训练有素的领导者，他们比他们的前辈即第一批皈依基督教的人对基督教的了解深得多。他们采取宽容的态度，在许多集体活动中与其他群体合作，并且不诋毁其他信仰。

161

两所学校之间的冲突也构成了村庄的历史。几十年前，一个雄心勃勃、自学成才的陈族学者想当学校教师，他就在杨族、陈族和刘族中散布言论，说潘族学校的教师对他们的孩子没有对潘族的孩子那么好。因为这三族都感到自己从属于潘族，所以这种言论不难激起他们的愤怒。另外，许多陈族和杨族家庭接受了基督教，这种新的宗教信仰使这些家庭之间产生了密切的关系。这位学者竭力倡议为他们自己的孩子建立一所新学校，使得他们能够不依赖潘族学校。最后他成功了，在一个杨族家庭的房子里开设了第二所学校，所有学生都是陈族和杨族的男孩。“正统”学校的教师和潘族的重要成员对此非常不满，他们散布了对陈族教师的谣言，攻击他的学识，也警告那些小族当心遭到各种形式的报复。杨族和陈族召集了一次会议，会上他们决定坚持他们的权利，全力支持他们的教师。这一群体与潘族之间的对抗持续了好几年。因为第二所学校主要是那位陈族学者雄心的产物，所以潘族的抱怨主要针对陈族，而不是杨族和刘族。大多数杨族家庭与许多潘族家庭以及整个潘族关系相当好。杨族知道他们在村中的地位很低,从不想在村庄事务中与潘族对抗,而潘族也真诚坦率地对待他们。

有趣的是在这场冲突中杨族和陈族都有一个重要家庭不和它自己的族人站在一边。一陈族家庭的家长(陈族学者的弟 162 弟)认为应该尽力保持与村里所有家族的友好关系,与其兄长关系不好,他后来担任村领导职务时得到了潘族的支持。一杨族家庭的家长是个有雄心的人,他避开了这场冲突,因为他反对陈族的首领和本族的重要成员。要是陈族和杨族请他来领导这场斗争,他一定会参加,因为他喜欢支配别人。

正如我们所知道的,两所学校都发生了一些变化。潘族支持的学校成了公立学校,得到了县政府的承认和财政资助,而陈族和杨族建立的学校成了村庄的教会学校。因为两所学校自动划分了招收学生的范围,双方的冲突大大减少。基督教学校的范围在村西部,而村学校的范围在村东部,基督教学校的年轻教师与潘族年轻一代之间的友好关系使两所学校之间的关系更为改善。村学校的教师认识到他的学校照顾不到全村的男孩,他的训练也确实不如基督教学校,所以对抗更趋缓和。两所学校之间表面的和谐与潘族首领的友好态度使一个杨族家庭的两兄弟希望两所学校实现合并。一天,他们邀请村领导和村学校的教师来讨论这一想法。兄弟俩明确表示他们的提议完全是为两所学校和全村的孩子好,他们没有任何个人目的,因为他们在村外工作。一所学校比两所财务和教学都分开的学校强。由现任教师负责新学校,这样他们在新学校里可以根据自己的专业训练分担不同的课程。对此,教师和村领导都表示赞成。兄弟俩第二天离开村庄干自己的事去了。几个月后传来消息说两学校间又产生了意见分歧。首先,村学校教师和其他潘族首领误解了这一建议,他们认 163

为这是杨族和陈族或基督教学校的理事会设下的圈套,目的是同化村学校从而颠覆潘族的地位。其次,基督理事会成员难以像两个杨氏兄弟那样使别人相信他们动机的真诚无私。为此,村学校的教师和潘族的所有首领对基督教学校和新教组织又采取了不友好的态度。有个村领导,他的儿子在基督教学校学习,他几乎每天都亲自来学校跟教师和学校理事会成员聊天,但现在父亲和儿子都不来了,他们遇到基督教团体的人感到很窘迫,因为他是潘族的成员,他必须站在村学校教师一边。该计划的倡议者非常失望,他们深怕断送了杨族首领和潘族首领之间的友好关系。现在情况已有了很大的好转,但两所学校合并一事只能长期后推了。

家族世仇经常成为村际冲突的根源。一些潘族家庭和陈族家庭间存在着这种世仇。一天晚上一陈族家庭遭到蒙面歹徒的袭击,他们和亲戚都怀疑是潘族人干的,但又拿不出证据。潘族人用极具侮辱性的话责骂他们。尽管这事未发展成严重的家族冲突,但两族之间的敌意加深了。接着又发生了一件事。陈族在村北面的大路上有块石碑,是纪念他们祖先中一名忠贞寡妇的,几十年来石碑一直立在那里,但有一天发现倒在地上了。陈族发现这是潘族的一些年轻成员干的,他们立即把它看成挑衅,准备提出法律诉讼。幸运的是,潘族成员认识到他们的捣蛋行为在法庭上不可能判为正当或得到原谅,因此他们请来村领导帮助仲裁该案。最后,潘族提议由他们再把石碑竖起来,并建一个保护性的砖头底座。陈族接受了潘族的提议,这个案子才算了结。

164 显然,这些世仇的原因很复杂,也涉及很多事情。家族偏见是个重要因素,因为大多数家庭之间的联合或分裂都是由此产生的。宗教偏见加剧了这些分裂,尽管宗教冲突在中国是最近才有的新鲜事。强族和弱族之间存在着猜疑，比如陈族家庭在过去的30年中，总认为他们在分担村行政费用方面受到了村官员（正好是潘族的成员）的不公正对待。因为这个原因，他们被看成捣蛋分子，这样重要的潘族家庭必然会与陈族发生冲突。

侮辱家庭或家族的祖先总会激起反响。毁祖坟、讲祖先不光彩的行为、在祭祖祠堂或任何与祖先有关的地方做出嘲弄的动作或姿势都会引起家庭或家族间严重的敌意。在家庭或家族兴旺、家族意识强烈时，他们的成员竭力维持祖先及与之相关的一切。穷人家的孩子或许互相咒骂对方的祖先而不引起他们父母间的严重冲突，而在富人家情况就不同。墓地的“风水”（墓地位置）有时是家族间冲突的重要原因。因为家族最重要的功能是确保祖先的灵魂在另一世界快乐，确保他们的子孙在这个世界人丁兴旺、富裕、受人尊敬，所以觅得风水宝地并加以保护是相当重要的任务。毁坏墓地风水的任何行为都会危及家庭的幸福，这样的冒犯绝不能容忍，这种信念在中国人心目中非常强烈，围绕着祭祖祠堂和祖坟，人们发展出根深蒂固的感情。在中国农村地区与祖先有关的诉讼非常普遍。中国民众由于从事农耕，也由于他们爱好和平的传统，比较难以唤起反抗异族入侵的感情。但一旦确信敌人将毁坏他们的故土、掘开他们的祖坟，他们就会奋战到底。在中国历史上可以找到大量关于“保卫我们祖先墓地”的战争口号。

相邻家庭之间的争吵经常是由孩子们的口角引起的。上等家庭的孩子小时候通常由他们的兄姐照料，六七岁以后由学校教师照看，所以很少有机会与其他孩子发生纠纷。他们的父母怕被人家指责为溺爱孩子，在孩子发生争吵时，不站在自己孩子一边。一旦上等家庭卷进这种争吵，这要比妇女间嘈杂的争执或男人们

165

的街头打架更严重，可能会导致诉讼和长期的敌意。

许多世纪以来，中国乡绅学会了解决某些村内冲突的有效方法，那就是无为而治。当两个下等家庭发生争吵时，母亲们在街上互相谩骂，她们的丈夫可能打一架，然后一切就结束了。第二天他们的孩子仍像往常那样一起玩，大人相互之间可能会十多天不说话，但他们仍像往常那样干着自己的事，渐渐地就把这件事忘了。对于这类冲突，村领导经常漠不关心。但是情况并不总是这样，小事偶尔也会发展成非常严重的事情。比如一天早晨两个穷人吵架，邻居都认为这不过是一次吵架，而第二天却发现一家的家长被人杀死了。这超出了村领导的权力范围，因为这件事不再是村内冲突，而是犯罪行为，只能由法律来解决。当一个家庭在一天晚上发现家里或一堆稻草被放火了，也必须由法律解决。

当两个主要家庭、两个有地位的村民、两个家族发生冲突时，村领导就不能等闲视之，必须出面调解。长期以来通过村领导的斡旋，村内争端通常采用媾和的办法解决。但当绅士或主要家庭卷进冲突时，村领导一般没有足够的声望来调停，这时就请来其他村庄的领导。这些人也许并不比当地领导有能力，但因为是另一村庄的，他们的出场对冲突双方更有影响，因此他们也有更大的“面子”。许多冲突都是由外部调停解决的。

调解的程序通常如下：首先村领导受邀或自愿去找冲突双方弄清争吵的原委，也从村民处收集有关意见，然后根据过去的经验对这件事作出评价，提出解决方案。为使双方都接受这一方案，调解人不得不来回奔走，直到争吵双方愿意相互迁就。然后在村庄或集镇举办正式聚会，邀请调解人、村领导、家族首领和争端双方的家长参加。这种聚会的主要特点是举办筵席，席间话题可能涉及冲突以外的事，筵席的费用由争端双方平摊或完全由一

166

方负担。如果争吵以“妥协”方式解决，就是说双方都认错了，费用就平摊；如果达成的协议表明只有一方有错，那费用将由有过错的一方承担；如果一方自愿选择或被迫向另一方让步（像新教与天主教的争端），那么该方将承担全部费用。当争执双方家庭的家长或代表进入筵席时，他们互相问候，寒暄几句。过一会儿，他们就告退离席，这样冲突就解决了。但这种解决有时是暂时的。

一般说来，当冲突双方都属于中等或上等阶层，达成解决方案时不作赔偿。对赢方来说，接受输方的钱或其他物质赔偿是非常可耻的，胜利在于公众一致认为他是对的、对方是错的。只要赢得这点，任何损失都可忽略。重要的是你的对手必须承认错了。要求地位相当的人这样做是很困难的，筵席为这种被迫认错提供了理想的场所。筵席表面上是为酬谢调解人举办的，实际上是对失败的承认，负担筵席费用的一方通过这种方式向对方道歉。

该村庄很少有争端——可能没有——是通过诉讼解决的，甚至陈家夜里遭到邻居袭击这样的案子也不是由法庭解决的。被迫卷入诉讼的村民必须去县城，还要雇律师，随之而来的费用使任何农民家庭都不敢打官司。寻求法律帮助的家庭十有八九必须花去他们小额财产的大部分，大量的故事和格言都教农民不要打官司。在中国农村地区，私人调解过去是至今仍是最重要的合法途径。在保护弱小反对强暴方面，社会公正在过去一直比法律权力更重要。事实上不管家庭多么弱小，如果它的成员对其他村民行为公正，那么，势力强大者或不法之徒最多不帮助它，绝不敢碰它。如果它遭到不合理的攻击，攻击者迟早会被发现，全村人都要惩罚他。许多富裕家庭似乎应是土匪当然的目标，但在混乱

167

时期，他们却没有受到骚扰，因为这些家庭成员总是友好地对待其村民朋友，不管他们是富还是穷，土匪都不攻击他们，因为这样的行为是人神共愤的。

由于许多村内冲突都是由伤了“面子”（face）引起的，因而有必要讨论“面子”的丢失或获得。face 是汉字“脸”或“面”的直译，尽管“脸”或“面”正是英文词 face 的意思，但中文表达“丢脸”或“要脸”与通常理解的 face 一词无关。“面子”没有某一表情或外貌，诸如“古怪的脸”或“悲伤的脸”中的意思。当我用中文说他丢面子了，是说他丧失了名誉、他受到了侮辱或在一群人面前受到难堪。当我们说一个人要面子，是说他不计代价地希望别人给他荣誉、声望、赞扬、奉承或让步。实际上，面子是一种个人的心理满足，是其他人给予他的社会评价。

或许通过分析面子得失的因素能更好地理解这点。第一个因素是双方的社会地位或其他方面不相上下。比如一个在村中有地位的人请另一个有地位的人与他一起去进行礼节性拜访或向他提出其他请求，但遭到拒绝，他会觉得丢了面子。但农民遭到地位相当的其他农民的拒绝，他就不会有这种感觉。正如，两个同样知名的教授，其中一个在某方面遭到另一个的拒绝，前者就觉得丢了面子，但一个学生受到教授这样的对待，学生就不会觉得丢了面子。

第二个因素是两人的社会地位不平等。当一个拳击家被与其同样强大的对手击败时，他感到难过，但不会丢面子。但人们都认为获胜者比他差劲，他会认为他的失败是大大丢了面子。同样村绅士在自己阶层的人那里受挫时感到的窘迫，没有在年轻的村官员那里严重。但是这个原则不能无限制地扩展，认为对手的地位越低，面子损失就越大。如果侮辱者只是普通农民或被认为

168

无知者或卑鄙者，有教养的人一点也不会觉得丢面子，因为人们会说麻烦是由于那位农民的无知引起的，而不是他的错。如果面对侮辱不为所动，他还会赢得村民的高度称赞。村民们认为他非常了不起，不屑与卑鄙者争吵，或太善良而原谅了别人的无知。社会地位的不平等可消除另一方丢面子的感觉。当普通农民受到绅士的责骂或伤害时，他会感到不满，但不会丢面子。同样，年轻的村官员受到政府特派员、有势力的村领导或有影响的族长的侮辱，他不会太丢面子。在学术领域，年轻作者受到有名学者的责骂或侮辱，他不会觉得羞耻，相反感到骄傲。

第三个因素是有他人在场。事实上丢面子或不丢面子是以对第三者或第三方反应的预期为基础的。如果侮辱未被看到或肯定不为其他人所知，那可能会产生痛苦，但没有丢面子的感觉。当一个人做了社会公认的错事，但不为人知，在其他人面前他并不感到难堪，一旦秘密泄露，他将会失去面子。因此在村街道或公众聚会地，人们会有丢面子的危险。挽回面子也必须在由调解人、村庄或社区领导和双方当事人参加的聚会上才能实现。但是第三方在场或知道所造成的影响因第三方与双方当事人的亲密程度而不同。

因此，第四个因素就是社会关系。如果第三者与对立的一方或双方关系密切，被击败或侮辱的一方就不会感到丢面子，至少这种感觉将被忽略；但如果第三者不是知己，情况就大为不同。比如在家庭内部的夫妻、父母与孩子、兄弟姐妹之间不存在丢面子、得面子的问题，但姻亲之间就存在这个问题，当社会范围扩大到家庭以外的邻居、村庄，甚至村外时，问题就变得更加严重。但超过一定距离，这个因素就不起作用了。当一个人生活在完全陌生的环境中时，不管他犯了什么过失，都没有面子问题，因为没有

169

人认识他。他去不体面的地方或干不道德的事，只要不让朋友和乡亲知道，就不会感到不安。这就是一个人在当地行为总很规矩而在大城市行为可能完全不同的原因。

第五个因素是社会评价或社会制裁。一个人可能犯有许多过失，但并不是所有过失都必然丢面子。在一个以农业为主要职业的社会里，一个人没有照顾好农田，就会丢面子。人们极其关心子女孝顺和祭祀祖先，所以父母健在时家庭成员不团结，或父母死后没有举办体面的葬礼，这个家庭就丢了面子。相反，在这种社会中，一个人如果不能成为集镇商店的好学徒或不能成为县城中学的好学生，他仍然可以回乡照常生活。公公如果被发现在没有第三人在场的情况下与媳妇开玩笑，这是非常羞耻的，就像女孩被发现与邻居家的男孩有风流韵事一样，因为这些行为是对根深蒂固的传统的冒犯。

第六个因素是对自己社会声望的意识。一个人越意识到他的地位，越害怕丢面子。比如，一个宽容或心胸开阔的乡绅受到年轻村民的无意冒犯，他不会过分介意。但如果他相当守旧或正统，他就会觉得受了伤害，如果冒犯者不立即向他道歉，将成为严重的事件，这就是普通村民从不敢直接与此类乡绅打交道的原因。许多靠自己努力成功的领导经常与村民朋友闹纠纷，就是因为他们过分关心社会声望，过分敏感，中年人尤其如此。

因此，年龄成了面子问题的第七个因素。年轻人还没有获得多少社会声望，因此没有多少面子可失。另一方面，老人常常不会感到丢面子，因为他们老了，容易被人原谅（他们总是自己原谅自己），而且经验使他们变得成熟，不会轻易觉得难堪。只有非常小心维持着社会声望的中年人才会对面子得失十分认真。最后，个人的敏感程度也是一个因素，对同一种情况，一个人觉得丢面

170

子,而另一个人却没有觉得受伤害。一个敏感的人的感情很容易受到伤害,如果有第三者在场,即使发生一件小事,他也会觉得丢面子。

当像村领导这样有名望的村民在公共事务中被对手击败或在社会聚会时遭到对手的侮辱,他会感到极大的耻辱,并发誓报仇。激烈的斗争随之而来。如果他的家人或朋友认为他不应该把这件事看得太重,应该容忍,在大多数情况下,他会像这样回答:“为什么?这不是件无足轻重的事,这牵涉到我的面子。如果我承认败给了那个杂种,村中谁还会尊敬我?我当然要与他斗,他不讨饶,决不罢休。记住,我们是体面人家,其他可以牺牲,但不能丢面子。”

当上等家庭受到社会地位相当的家庭的恶毒言辞或粗暴行为攻击时,会发生严重的冲突。当村领导来调解时,受到伤害的家庭很可能这样说:“金钱、财富,这些与我们家面子相比简直微不足道!请站在我们的立场上想想,如果我们的脸丢在那个声名狼藉的家庭手里,我们怎么再照常生活下去?我们不能容忍。如果他们不认错,我们就决不罢休。”如果调解人坚持不懈,该家庭也许会让步,但会说:“那好,如果像你这样的头面人物保证我们不会丢面子,我们可以罢休。”于是调解人给出这样的担保:“当然,我们会保证你们不丢面子。”

单个村民或一个家庭的行为可能不道德,但还够不上法律制裁。如果不正当的行为屡屡发生,其他村民在社会聚会中谈到他时会说:“既然他不在乎面子,你拿他有什么办法?”“是的,当一个人再也不在乎他的面子时,什么卑鄙之事都干得出,这是最糟的。”

在多次容忍某种不公正行为后,受害一方会这样警告冒犯者："喂，请注意！我几次给你面子，我觉得我已尽了最大努力。如果你真的不在乎，我会让你看看我会做什么。你不要怪我不给面子。"如果受冒犯的个人或家庭太软弱不能进行斗争，他会自个咕哝道："我怎么办？我已经几次给他面子，但他并不领情，看来我必须改变策略。"

171

如果村民在公共集会上故意泄露邻居的秘密，这位邻居将非常恨他，抱怨这使他在公众面前丢了面子。如果在公共集会上一个人有意向另一个人提难题，这个人也会抱怨说："那个龟孙子有意使我难堪，使我丢面子，我决饶不了他。"

当村民与其邻居发生纠纷，并确信他必须承担责任时，他会请来村领导调解争端。如果这件事不幸泄露给了大家，你会在街角听到这样的评论：

"恒生的事你听说了吗?"一村民问道。

"不太清楚，只看到他跑来跑去，想必他在找面子大的人出场。"

另一村民回答道："我就不明白恒生怎么会干这样的蠢事。看来他要脱身，唯一的办法是找些面子大的人，想必这几天正在干那件事吧，可怜的家伙!"

几天以后，在村学校又会听到这样的话："喂，知道吗，恒生的事已经解决了。"

"是啊，我昨天就听说了。"

"事情怎样了?"

"唉，如果不是潘伯帮忙，事情还不知会怎样呢？对方当然不会不给潘伯面子，恒生真幸运。"

另一种涉及面子的情况是小孩冒犯了村中的老年人，当老人准备惩罚这个男孩时，其他村民可能会这样劝他："看在他父母的面子上，饶了他吧。”然后，老人会说：“好！你们是老邻居，看在你们和他父母的面子上，这次我饶了他。”

当两个村民卷入并不严重的私人争端或争论时，一个人会请求另一个说：“请不要再争了，给我一点面子，怎么样？”当一个村民请另一个人干事，而后者不愿意，前者会说：“请帮帮我，这是面子攸关的事。”

当低等社会阶层的个人或家庭与上等家庭发生争端，而后者已经对前者表现了一定的宽宏大量时，其他村民就会对前者说：“他的面子很大，当然他不会像你这样看问题做事。如果他与你这样的人吵架，他会丢面子的。”相反当社会地位较高的人与名声不佳的人来往时，村民会评论道：“太糟了，他跟那种人在一起，这会严重损害他和他家的面子。”

172

上等家庭有时不按照通常的社会习俗招待客人、拜访亲戚、准备婚礼或葬礼、处理邻里关系；为了省钱，家长对这些事务中需要的礼物或物品克扣数量和降低质量，这时村民就会抱怨：“像这样的家庭不应该如此小气，他们应该注意他们的面子。”

173

第十四章　村庄领导

村庄领导可分成官方和非官方两种。官方领导是由村民选举或由当地政府或县政府任命的，他们履行特定职责，应根据固定的规则而不是自己的主张行事。在旧体制下，村庄有四个官方领导：社长、庄长、乡约和地方。

社长是地区的领导，官位最高。台头村从未有人选上过这个官职。潘族的一个成员担任过两三任社长，但他住在邻村。社长的总部就是他的家，但他必须与其他领导从一个村庄跑到另一个村庄，从他所在的地区跑到县政府去履行职责。

庄长是村庄的领导，通常是本村村民。庄长每年选举一次，可以连选连任。

乡约是收税员。原先他的主要职责是向村民宣讲孝道的圣旨，保证社会习俗和人们的日常生活符合孔教伦理。渐渐地，乡约成了政府传令员，他把县政府的命令传达到村庄，并把村事务方面的意见反馈上去。最后，甚至连这点有限的任务也没有了，仅仅成了名收税员——一个得不到多少尊敬的职位。乡约不一定是本村村民，一个三里外的外村人当过台头村的乡约，乡约的权限涉及几个村庄。这个职位经常由潘族成员担任。

地方是村里的警察。他负责逮捕或拘留罪犯，把案子上报政174 府、协助政府委员会进行调查，还要调解小纠纷，组织夜间巡逻。

这个职位甚至比乡约还低，有钱的人家或有地位的人家没有人愿意担任这个职位。地方经常受到下乡政府官员的侮辱和不友好的对待，他也不敢反抗，他确实难以得到村民的尊敬。

在这四个公职中，社长和庄长是由村民选举产生的。通常想担任这些职务的人向政府提出申请，因为申请非常少，只要提出申请，成功的机会就很大。那些充当政府代表的公职人员往往脱离村民，村民不太喜欢他们。

民国成立后，设立了区—乡—闾—邻制度。地区组成单位，每个单位都有自己的领导和地方委员会。区长是地区的最高官方领导，乡长相当于以前的庄长，闾长和邻长是乡长的部属，担任助手工作。所有这些公职人员都由当地选举产生，他们应该为村民谋福利。

尽管有这些变化，但台头村的官方领导基本上仍用旧名称，也发挥着旧职能。现在潘族一中年男子担任了村庄的官方领导，年纪较大的人仍叫他庄长，喜欢学新名词的年轻村民则称他乡长。他负责公共事务，代表村民与政府及其他村庄打交道。他任职已近十年。前任庄长是他父亲，再往前是陈族的一个成员。

村领导（乡长）配有助手，现在的助手是一个潘族成员，非常能干。最近几年，政府开始实行一系列计划，如修筑公路、训练民兵、丈量土地和组织农村社区等，这需要能干的领导把政府的命令传达给村民，组织村民实施新计划。这个助手办事效率高，尽管许多村民包括他的亲属都不喜欢他，但人们知道没有人能干得比他更好，所以几年来一直由他担任着这一职务。

175

村庄还有一个收税员，我不知道是否仍叫他乡约。然而，近来大多数家庭自己派代表缴税，而不愿通过官方收税员缴税。比如，许多家庭把税交给有责任心的人，由他交到县城去。这样他们只要支付派出代表的差旅费，而不必支付收税员的高额佣金。

每年年初召开会议选举乡长、乡长的主要助手及其他下属公职人员。会议由各家的年长成员参加，每家至少派一名代表。但许多家庭不派人参加，即使派来代表，也不是家长，因为上层家庭的家长不愿参加这种会议。许多农民对村务不感兴趣，认为没有必要参加选举，因为村庄总会选出庄长或乡长的。但是通常情况下，四个族必须都有代表参加，否则选举无效。

选举非常不正规，没有投票、没有举手、没有候选人竞选。会议在村学校或其他经常开会的地方举行。在各家族成员到达后，会议主持人站起来说：“叔伯，兄弟们！今天我们在这儿讨论我们村的公共事务。你们知道，我们的庄长潘继伯去年为我们服务得很好。他努力诚实地去平息争端、保卫村子、调解纠纷、代表我们的利益与政府交涉等。你们也知道这种时候担任公职确实是件头痛事，修筑公路、训练民兵、丈量土地、建立学校、村庄防卫，这些都是麻烦事。这些工作要花费大量的金钱和时间，像我们这样的贫穷农民，不喜欢这种工作，但政府坚持一定要做。庄长和其他公职人员尽力完成了每个计划，使村民能够平安地渡过难关。今天我们要选举庄长和其他公职人员。最近潘继伯说他年事已高，不能再承担重任，希望免去职务。我想知道我们是让潘继伯退位，另选一人当庄长；还是请他继任。因为这件事对我们全村非常重要，请你们谈谈想法，让我们知道你们的意见。”

176

开场白后接着是一阵沉默。然后一个选民——通常是深孚众望的人物说：“正如恒立伯刚才说的，潘继伯过去为我们服务得很好，我不明白为什么要他退职。我自己——相信还有许多其他村民——真正感谢潘继伯的服务。我看不出我们中有哪个人比他更适合这个位子。”

“恒春兄说得对，”另一个代表说，他正在小纺锤上纺自产的丝，嘴里含着细长的烟斗，“我们一定要请潘继伯继续做我们的庄长。他有能力、有经验，谁能像他那样有办法对付狡猾的政府官员？我知道我是不行的。”

一个在村里没有多少地位的小户农民接着说：“我相信能够当官的人，不管官大官小，生下来时一定有颗官命星，有这种星的人无论怎样都会当官的。潘继伯几年来一直当我们的庄长，这说明他生来就是当庄长的，他有官命星。既然这样，还要我们同意干什么？”说得大家都笑起来。过了一会儿，主持人又说：“现在我们已经听到了赞成庄长继任的意见。谁还有不同意见吗？”没有人说话。主持人为了确保以后不会有怨言，他对杨族的一个成员说：“你说说吧，老三。”“我同意其他人的意见，潘继伯应该继任。”又问过其他几个人，得到同样的回答后，选举结果就决定了，这个村的庄长再次当选。

在这次会议上还要选出其他公职人员，如邻长、闾长（或甲长），村民的态度就更不严肃了。村民都知道没有一个上等人愿意担任这些公职，也知道每个街坊都有两三个人不会拒绝这些公职。他们只要在这些人中选择一个，然后告诉他已被选为街坊的闾长即可。庄长的一两个助手，通常是上届的助手。

因为没有竞争，选举相对比较简单。总体上说，大多数村民都不想担任公职，所以很高兴能找到愿意干这种事的人。有时谁愿意当，就能当选，因为很少有这样的热心人。 177

台头村人认为不久前卸任的潘继是称职的庄长。他是典型的适于担任公职的人。他很轻闲，没有农田事务占据他的时间；他也不是手艺人，生意好时必须日夜干活。他是有三个成年儿子的家庭的家长，儿子能够照料家里的小片土地，不需要他去田里帮忙。在需要时,他不会介意做些小手脚。他经常公开承认,为了村庄和他个人的利益,他不得不时常要诡计。他说村民并不都是老实人,也并不是每个老实人都认为庄长接受一些佣金是合理的。为了对付那些不老实的人和那些老实但不讲理的人,必须要些花招。

潘继说话流利,有说服力,喜欢发表言论。在村民对政府计划不关心甚至有抵触时,他能够使他们相信参与政府计划的好处。因为他会说话,在调解重要家庭或家族之间的争端时,就成为非常难得的人选。当地位较高的人卷入冲突时,潘继不敢责骂,只能尽量迎合、调和。他会威胁或在街上大声批评令他不满的行为,但他所责骂的总是比较贫穷和软弱的家庭。他认为在村庄复杂的社会生活中,区别对待和三寸不烂之舌是非常必要的。

庄长非常善于交际。他在东北时,曾跑过很多地方;在台头村定居后,经常去集镇拜访。在招待重要人物如当地官员、县政府代表、地方领导和其他村庄的领导时,他应付裕如。他精力充沛,胆子很大。他在东北时,曾带领过猎队,也曾和探险者一起深入深山老林。

178

尽管由于挥霍和不愿干农活,他毁掉了父母的财产,但村民并不认为他是令人讨厌或堕落的人,而把他看成堂堂正正的好汉。他坦率地承认收取佣金并在管理公共资金时挪用公款,但因为他和蔼可亲,所以并没有受到人们的谴责。他的另一个好品质是他坦率承认自己听命于乡绅,当受命为他们做事时,他并不感到难为情。他也承认他不过是当地政府和县政府的传令员,在遭到县官员的辱骂时,他并不感到丢面子,总是善意地忍受。

目前,台头村的庄长是潘继的儿子,非常像他父亲。庄长的主要助手也有许多相同的特性,人们也认为他是个能干的村官员，尽管他的道德水准稍低于潘继。他是潘族成员，但他很穷。他在青岛当了很长时间的厨师和家仆，没有赚到多少钱。因为他无田可种，对继续干手艺活又不感兴趣，所以前任庄长提拔他当传令员。渐渐地，他变得不可缺少了，开始赢得村民的称赞。在成为主要助手后，他想从服务中获得更多钱财，因而得罪了人。他娶了结过婚的女人为妻，这大大降低了他的社会地位。但当他们成了家，变得兴旺起来后，他妻子也逐渐改善了与邻居的关系，人们对她的不满减少了。他现在还是庄长的主要助手，在村庄事务中发挥着越来越重要的作用。

一旦当选公职人员，就有可能长期连任。有些村民也许对他不满，但只要他不犯大错，他们不愿费事去另选他人。如果自己确实想退位，他必须把这想法告诉重要的村民，这样负责选举的主持人的开场白就会不同，村民就不会再选他。如果他干了不可饶恕的事，他本人会觉得无脸再继续任职，有影响的非官方领导会建议免去他的职务。在这种情况下，选举主持人会暗示新庄长的人选，村民将按照这一暗示进行选举。因此，从某种程度上说，选择结果是预先安排的，开会只是例行公事，真正的权威在非官方领导手中。大多数村民都知道这一点，不会把非常重大的责任归于庄长的职权范围。

179

村庄官方领导最重要的职责是代表村民与当地政府和县政府打交道。当下达政府命令时，当地政府召集该地区各村的庄长去集镇，向他们布置任务。庄长回到村庄后，首先去见重要的非官方领导，跟他们商量执行命令的办法，拟定出初步计划。然后，庄长召集他的助手和其他村公职人员、各族家庭代表开会，说明政府命令与初步计划。经讨论，大致形成关于征用劳力、分担费用、工作日程安排的最后细节。然后助手和其他下属公职人员把每家要做的事通知他们。如果村民抱怨或企图逃避责任,庄长或主要助手就会在大街或公共集会上训斥他们——假如他们不是重要人物。如果抱怨很多,训斥就会改成呼吁。如果是重要人物(或家庭)抱怨,庄长会亲自去看他,尽力给予安抚。

偶尔庄长也要代表村民就某些问题向政府提出请求或作出解释——发生饥荒时请求免除土地税,遭到土匪威胁时请求给予保护。在与邻村关系方面,庄长代表村庄参与几个村庄或整个集镇区的联合防卫计划;与一两个邻村协商联合演戏或举行祭祀游行;在与邻村发生争执时,代表村民出面。在村庄内部,庄长及其助手在农闲季节具体负责邀请戏班来村庄演三天戏;发生旱灾时,负责组织祭祀游行;当需要联合行动对付蝗虫或应付冰雹、洪水或暴风雨造成的庄稼危机时,他们也负有责任;有时受学校教师之邀帮助劝说学生上学;当两家或两族发生争执时,官方领导尤其庄长是调解人。官方领导还负责村庄的保卫工作,组织夜间巡逻以防小偷和火灾,组织庄稼看护以防动物或小偷破坏,监视村民以防赌博、吸鸦片或卖淫泛滥。庄长及其助手在所有这些事情上负有直接责任。当农村地区的政治秩序趋于式微,村民遭到土匪或其他恼人因素的严重威胁时,村庄和当地的防卫就变得非常必要,这时村庄官方领导又要负起责任。

180

在担任当地防卫工作领导方面,台头村的庄长是个好榜样。我们已经谈到过村防卫组织,并指出过其成功很大程度上应归功于庄长的领导。当他和他父亲在东北时,他学过射击,并获得了一些带领部队的知识。当上庄长后,他把这些经验付诸实践。他把年轻村民组织起来,建筑防线和防御工事,带领保卫者与土匪展开真正的战斗。夜里他像其他村民那样值班巡逻,带领男人追击土匪。他把军事技术教给村民,在他的领导下,整个村庄组成了一个战斗单位,成功地挡住了土匪的攻击。

最后,我们看到庄长经常是少数几个重大的村务会议的主持人,如讨论如何参与政府的农村重建计划、如何组织村庄防卫等会议。我们也看到庄长经常受邀参加分家。实际上这种场合他不一定要参加。但如果兄弟们没有重要的亲戚或家族首领,由他担任分家时的证人是最合适的。

当家庭为女儿订婚或儿子结婚、女婿第一次上门、庆祝家长生日招待客人时,经常邀请庄长参加。这是为了向客人表示敬意。重要人物的出席向客人表明主人非常看重他。它向客人传达这样的信息:他与这个有着明确的、公认的地位的客人一样,受到了同样的对待,得到了同样的看重。当需要间接表示这种敬意时,把庄长邀来参加庆典效果最好。 181

庄长与其主要助手从他们的服务中获得的报酬是钱、招待或礼物。以前庄长和其他公职人员没有报酬。开支由公共资金支出,公职人员收取佣金,代替固定工资,比如,如果实际开支是 10 元,他们就收 12 元,差额归自己所有。只要数额不大,村民不会有异议。所有农村重建计划的费用都由当地人负担,庄长及其主要助手收取自己村庄的费用,从中抽取佣金。这是公开的秘密。在一定范围内,村民还能容忍。但当剥削非常明目张胆时,村民只得采取行动。唯一有效的报复手段是进行改选,将庄长及其助手罢免。

春节期间,富有人家轮流邀请庄长和其他重要领导吃饭,但庄长的下属很少受到这样的邀请。如果庄长帮了人家的忙,在适当的时候,他会收到礼物。在春节期间,受欢迎的领导会收到许多礼物和邀请,但助手很少收到。

村庄中有许多人尽管不担任公职,但是从某种意义上说是领导。他们在公共事务和社区生活中的影响可能比官方领导大得多,虽然不太公开。他们实际上是受人尊敬的非官方领导,其中最主要的是村中的长者、给全村提供特别服务的人和学校教师,可以说,这些人构成了村庄的绅士。

在中国村庄,族长对本族家庭有些影响,但影响只得到族人的认可,并在这个范围内起作用。通常他是位年长成员,但有时也可能是社区中最富有家庭的家长,他因为富裕,能够干其他人干不了的事。街坊领导由于他的人品、知识和可靠,他能够对胡同或小巷中的 5 到 10 个家庭产生影响。邻居经常征求他的意见,他比附近其他人更有影响。

182

非官方领导不是通过选举或任命产生的,通常与官方领导迥然不同。说他是领导,是因为他受到钦佩和尊敬,并在村庄社会生活中起着重要作用。一位青岛商人在台头村经商期间被人们公认为是台头村最重要的非官方领导,尽管他还不是该村的村民。现在他仍是重要领导,尽管他已退出商业,靠小块田地谋生。在他年轻时,因父亲漫不经心和疏忽大意毁掉了家产,所以他不得不去集镇一家商店当学徒。刚开始时,他的地位非常低下,他凭自己的努力,获得了巨大的成功。村民们羡慕他的财富,他们认为这是努力工作、节俭和坚定不移的结果。正是如此,在当地需要解决问题、作出决定时,人们就找他,最后他被认为是最有价值的领导者。杨族的基督教牧师和潘族的现任学校教师通过同样的方式赢得了他们的地位。杨先生是贫穷农民的儿子,经过奋斗才获得了现在的地位。村学校教师在离家去机器厂当工人时也很穷,他与兄弟学到手艺后,回村办了一家小型铸造厂。因为生意好,兄弟们与他们的家庭都获得了一定的社会地位。后来大哥去县城接受在新式学校当教师的正规培训，回到台头村后，村民和政府都要他当村学校的教师。尽管他的教育程度远远不够，但因为他有学位，没有人能拒绝给他这个位子。除此之外，他与所有正派的重要的村民关系都很好，村民们也喜欢他，所以他是村里重要的非官方领导之一。

已故的潘先生，富裕家庭的家长，是村乡绅之一。尽管他很富，但他年轻时在田里干活非常卖力。小时候他和兄弟在旧式村塾学习，他比其他人都勤奋，学业成绩也最优秀，后来他成为村学校的教师。他态度温和，严格按照儒家学说立身处世，几乎受到每个人的尊敬和喜爱。当政府建立新的教育制度，村里设立了新学校后，他立即觉得自己有必要适应新形势。他进了县城的师范学校，尽管这时他已五十多岁了。许多年前的一个寒冷的冬天，笔者看到这位老人扛着行李，步行 25 英里去师范学校。街上的村民看到后互相说道："看，他又去上学了。"

183

"像他这样的人还要去吃这种苦，真傻！他生活很好，何必去穷学校教书呢？"

"但是，他真了不起。只要看看他的精神和他过的节俭生活。我认为我们都要向他学习。"

进修几个月后，老儒生成了半现代的教师，旧式家族学校也变成了半现代的村学校。这位老人经常去集镇的新式小学，向那儿受过较好教育的年轻人请教。当他向一个中学生——回家过暑假的杨家的儿子——请教时，他并不感到难为情。这位年轻人教给老先生数学，而这位老先生毫不犹豫地把所学的东西编进讲义中。放学后，学生们开玩笑地对这个男孩说："你成了我们老师的老师了。"奇怪得很，这并没有损害老先生作为教师的声誉。

还有其他几种类型的乡绅。一种是绅士，以其漂亮的容貌、整齐的服饰、高昂的情绪、优雅的举止、幽默的谈吐和无穷的闲暇闻名。与此截然相反的是另一种有闲暇的村民，他们敢作敢为、处于支配地位、喜欢公众的倾听。几年前这两种类型在两个富裕的潘族家长身上得到体现。其中一人受到所有村民的钦佩和喜爱，另一人受到钦佩但不受人喜爱，因为他对待雇工很小气。这些人都不想当领导，但他们发挥着领导作用，这是由他们在村民心目中的地位产生的。他们必然是公众人物，两人中更受欢迎的那个人更是如此，因为他态度温和、公正而谦逊。人们请他去调解家庭间的争端，他的仲裁技巧在整个集镇区也是出名的。

184

另一个也是富裕的潘族大家庭的家长。他体格高大、活泼、健谈、喜欢有力地打手势。他没有学问，但曾在东北政府获得过军衔。他渴望在政府里谋得职位，但没有成功，为此他耿耿于怀。他控制着村庄的所有事务，并坚持对整个集镇区的所有行政问题发表意见。总的说来，村领导和当地绅士向他让步，对他当领导的企图不予抵制。

年龄本身并不是当领导的条件，但人的品质确实只有在长年的生活中才能表现出来，人们认为年纪大的人经验丰富。领导应成为年轻一代的榜样，人们往往在年长的人中寻找这样的榜样。领导要成功地行使职责，很大程度上要依赖他对村民的了解，有空常去酒店并把时间消磨在谈话上的人更易获得这种了解。“经验”这一含混的概念是人们认为当领导不可缺少的，它与年龄密切相关。经验也与在某专门领域接受训练所花的年限相联系，因为人们认为特殊的训练对某种领导是必不可少的。这种新观念一定程度上威胁到非官方领导原有的权威。以前和现在一样，领导资格是一种看不见摸不着的东西，但渐渐与某些特征相关——年龄、财富、学识。

非官方领导待在幕后，但他们起着非常重要的作用，没有他们的劝告和支持，庄长和他的助手就不能完成任何任务。乡绅也是主要家族或家庭的首领，如果他们反对某一计划甚至只采取消极态度，该计划的执行就会陷入僵局。非官方领导一般不直接与政府当局打交道。有时地区领导或县政府邀请他们去开会，听取他们对某一方案的意见，他们的意见常常影响政府决策。过去在农村有各种支配公众舆论的方式，但舆论一般不是由小户农民而是由乡绅和族长们制造的。中央政府经常要求当地官员听取这些非官方领导的意见，因此这些人在当地政治中起着不显眼却很重要的作用。在县志中，可以发现许多篇幅是成千上万乡村领导的传记，几个世纪以来一直被详细记录。很显然绝大部分当地历史是由他们创造的。

185

非官方领导分担了官方领导的许多职责。在与其他村庄打交道或讨论地区间的合作时，各村庄的绅士像官方领导一样在集镇聚会。有时官方和非官方领导两群人在一起开会。在调解家庭或家族间的冲突时，非官方领导发挥的作用比庄长大，他们更受人尊敬，所以也更有影响。由于在社区中的地位，他们的调停极受重视，他们的话也很有分量。如果重要家庭或家族陷入麻烦，庄长没有足够威望或权威解决问题，就必须求助于乡绅。非官方领导的另一职责是在重要家庭或村庄举行仪式时担任主持。

非官方领导与官方领导的关系确切说来是上级与下级的关系，过去一直是这样，现在大体上还是这样。在公共事务中，官方领导做具体工作，非官方领导指挥他们，官方领导一般是乡绅和族长的工作人员甚至是传令员。乡长及其助手接到政府的命令时，只有在与有影响的非官方领导商量后才能作出决定。在这些聚会上，官方领导不得出声。他们负责传达命令，而他们对这些命令的个人意见却是微不足道的。

传统上，地方行政官或他的秘书必须尊重乡绅、学校教师和大家族的族长，但对村官方领导却摆出优越的架势。有社会地位或自尊心强的村民不想当官，因为在与级别比他高而社会地位却不如他的人打交道时，他会丢面子。而且没有人愿意唯政府之命是从或不得不接受命令。中国乡绅或农村学者可能想在地区、省或中央政府中谋职，但不愿向小人物低头哈腰，因此，村公职人员一般从穷人家中招募。他们要么不甚关心名誉和社会地位，要么对任职谋利非常感兴趣。这自然在村民心目中使得公职变贱，村民从未觉得要尊重那些管理他们的人。就记忆所及，台头村的庄长（或乡长）一直不是重要家庭的成员，不大要求村民的尊敬。现任庄长极受尊重，这是因为他在最近十年中非常出色地组织了村防卫工作（乡长的较新职责）。在地方政府现行组织体系中，官方领导的职责大大增加了，人们逐渐意识到担任公职需要更多的条件。现在负责的年轻公职人员是潘族资历较浅的成员，他必须听族长的话。当官方领导是社会地位较低的人时，他们意识到自己地位的低下，对他们来说，官衔没有他们的家庭地位有用。这个年轻人来自有声望的家庭，但他的年轻对他却有妨碍。

186

从前，如果付了土地税，且不发生必须提交法庭的罪案，村庄和政府之间几乎没有什么关系。在中国乡村，村庄与政府间的共同活动大多是消极的或防患性的，且由传统程序所支配，不到万不得已，是不会实施新措施的。领导的职责是保证现有秩序不受妨碍，任何威胁现存秩序的新建议都不能实施。最近这种状况有所改变。政府要求村庄采纳新措施，消除过时的东西，几乎每天都有命令和建议到达村庄。该地区已被重新组织，村公职人员具有了新的权威。旧式庄长适应不了新要求，由受过训练的人取代，这对原有的从属于非官方领导的惯例产生了冲击，非官方领导对这一变化极度不满，因为他们失去了社会地位的原有保障。不安全感是他们反对新政府的关键因素，他们必然成为“保守”派。对政府的批评与其说针对旨在改善农村地区的政策或计划，不如说是针对被任命来执行这些变革的人。

187

也有一些领导既不是官方领导，也不是有影响的非官方领导，而是由于掌握了某种特殊技术而被认为有领导的资格。几年前，刘族的一名泥瓦匠在本地区很受欢迎，他培养的一名学徒也很受欢迎。杨族一男孩跟第二代泥瓦匠学手艺。在几年时间里，这三人培养出了村庄里其他几个泥瓦匠。最早的泥瓦匠还健在，尽管他的声望已大大降低了，但他在这种特殊手艺人圈子里仍有一定程度的领导地位，人们仍认他为手艺师傅。两名师傅能影响其他四个泥瓦匠的活动。当要做重要活计时，年轻的泥瓦匠常与他们以前的师傅商量，师傅提供解决困难所需的劝告和帮助。泥瓦匠之间发生争执时，由两个师傅而不是由村领导解决，他们的话经常很有效。当年轻人的手艺还未得到村民的完全信任时，师傅的推荐很重要，相应地，年轻的泥瓦匠也承认师傅的领导资格。

这两个师傅从徒弟那儿得到三种补偿。年轻的泥瓦匠当学徒时，他们挣的钱部分要给师傅。学徒期结束后，不再付钱，代之以特殊场合送礼物。年轻人家里举行的任何特殊的宴席都邀请两名师傅参加。

在四五个织匠之间也有同样的关系。但其他手艺人，如木匠和铁匠之间没有这种师徒组织，因为全村只有一两名木匠和铁匠。

多年来，不管是年轻人还是老年人，人们习惯于从事当地的零售小生意，而榨油生意是个例外，它通常由几个人垄断经营。

年轻人可能去青岛当学徒，如果获得成功，所有村民和集镇上的人都把他看成最好的商人，他周围总有一批人请他推荐，或跟他商量他们的计划。

188

关于文学、仪式、孩子的学校教育、政府颁布的新法律或法规、国内与国际的新闻等方面的问题，村民经常与一两个学校教师讨论，村民认为教师能回答任何有关的问题。新教教堂的传教士和天主教团体中的领导者也是某一方面的领导者。前者至今只能执行宗教仪式，从来没有或很少回答教徒询问的其他方面的问题。这可能是由于他是外来人，和村民不太熟悉。另外五六个传教士受到的训练都很差，报酬也很少。天主教团体的领导者通常是本村村民，他把这个团体管理得很好，尽管没有外来传教士和津贴，团体成员几年来经常定期做礼拜。但这种领导资格主要限于宗教活动。

村学校教师传统上一直同时具有几种身份：学校教师、潘族族长、乡绅和当地学者。目前村学校的教师也不例外，尽管他很年轻，不是他们族的族长，但他仍是重要的非官方领导。基督教学校的教师一直是外人，他的领导资格一般得不到广泛的承认。然而其中一位教师很有影响，他具有真正中国绅士的品质。除他的专业教学外，他还能画风景画、写诗、雕刻木头和石头、谈天论地、欣赏自然美。他像绅士那样抽烟，像老学者那样呷茶。他在妇女和老人面前行为非常规矩，但在与一群年轻农民谈话时又很幽默。结果他和多数年轻村民都很熟，所有老人都说他好。他在学校教了六七年书，在此期间，他对村庄的文化观念和活动产生了很大影响。

在家族、家族分支、小街坊中，也有妇女担任领导职务的，但她们的领导作用主要局限在影响其他妇女上。最近 15 年中只有一名妇女表现出对整个村庄的领导作用。她是整个集镇区第一位皈依基督教的妇女，她鼓励村中的基督教徒，经常邀请信徒到她家做礼拜和聚会。在建立了村教堂后，她不懈地劝导基督教家庭的妇女和她们的男人一起做礼拜。为了说服他们，她亲自陪他们去教堂，在30年前的农村，这需要极大的勇气，她的首创精神和勇敢行为给村民朋友留下了深刻的印象。在组织当地基督徒齐心协力建造自己的教堂时，她是领导者之一。在建造教堂过程中，她鼓动妇女参加义务劳动。这时她已被公认为是基督教团体的领导者。她不顾亲戚的抱怨和非议、不顾村民的谩骂，去青岛上圣经学校。回村后，她比以前更热心于教会事务。她不管是否合乎常规，也不顾其他人的阻挠，成功地达到了她的目的，这使她成为激励或许是扰乱其他妇女的一个榜样，她们从她那里看到了妇女也能够干成事。她是个特别值得注意的榜样，她有极其令人愉快的个性，她从未因各种活动忽视她的家庭和家族。在她一生中，她把家庭事务治理得井井有条，从而扩大了家庭的影响，提高了家庭的地位。因为她是村中唯一受过教育的妇女，她赢得了重要村民的极大尊敬，这些人也喜欢她高昂的情绪和愉快的心情。她在自己家族即丈夫家庭中的领导作用非常大，甚至族中最有雄心的家庭的家长也听从她，偶尔也向她的请求和意见作出让步。在她死的时候，所有村领导和教会权威人士都深深地哀悼她。她有四个儿子，其中两个儿子成了著名的专家，村民把他们的成功归功于他们母亲花费的心血和远见卓识。

189

190

第十五章　村际关系

台头村与辛安镇有着密切的联系。辛安镇是个集镇，它把周围的村庄联结起来。集镇辐射范围由该地区的交通运输设施以及自然屏障决定。有些地方是集镇与集镇之间的交错地带，也有处于几个地区之间的“中立区”。但总的来说，尽管没有明确的分界线，每个集镇仍有可辨认的确定区域，它把某些村的村民看作它的基本顾客，相应地，这些村民也把它看作他们的镇。

辛安镇比其辖下的任何村庄都大得多。镇上有很多漂亮的商业建筑和住宅；主要街道和林荫道在镇中心汇合，形成了一个公共广场；商业区宽阔的街道上排列着铺子、药店、饭店和小客栈；镇东北是孔庙和新式小学；镇郊是农家的乡下房屋。

辛安镇为二十多个村庄提供服务，营业量相当大。镇上有五六家药店，除了卖药还卖糖、油、调味品和其他东西。还有几家铁匠铺和银匠铺、三四个糕饼摊、两家五金铺、一家书店、两家大型酿酒公司、两家木工铺、三四家小客栈和几家饭馆。这些商店全周营业，在固定的集市日最繁忙。店主和伙计来自各个村庄，他们的家人仍住在村庄里，村民们喜欢光顾同村村民开的店。同一家庭几代光顾同一店铺，他们去这些店铺是因为他们的父亲和祖父也去那儿。

大多数生意在每月的初一、初五、初十、十五、二十和三十这六个固定的集市日上成交。这个镇的集市日与邻近四个镇的集市日相配合,使该地区的生意人每天都可以去这个镇或另外的镇赶集,不会因为有冲突的集市日或没有集市可赶的日子妨碍生意。集市日上生意非常兴隆。集市日前一天晚上,专门的流动商贩开始带着货物源源而来。集市日一大早,村里的屠夫带着处理过的猪;乡村商人带着几袋小麦粉、几听油、几捆纺好的棉纱;木匠带着自制的家具和农具来到集镇。稍后,经营干粮、鱼、海货、水果、陶器、瓷器和其他商品的商人也来了。然后农民带着粮食、蚕豆、新鲜蔬菜和水果、饲料、柴从周围村庄络绎不绝地涌来。还有人牵着家畜希望卖掉或与人家交换。再以后来的是只买不卖的顾客。村里几乎每户人家都有人去赶集。早晨,通往镇上的路都挤满了人。妇女很少去赶集,只有穷人家的老年妇女才会带着鸡蛋、鸡、几篮海货或手工制品去集镇换点零钱。

191

镇上的空地上都排满了堆着商品的货摊、柜台和平台。经营同类商品的商人占据同一地段,因而形成了多少有点专门化的市场。牲畜市场和燃料市场在集镇外围的河岸上。人们挤在街上大声吆喝、讨价还价、问候朋友、大笑、咒骂。中午时集市达到高潮,而后开始下降。不久路上又一次挤满了回家的村民,而集市要持续到傍晚。

除这六个固定集市日外,每年在晚春和秋天举行特殊集市。这些集市持续三五天,不仅吸引来当地村庄的人,还吸引来邻近社区的人,甚至吸引来邻县的人。学校关门一两天,老老少少——除年轻妇女外——都来到镇上。这时镇上有戏剧演出,酒店挤满了人,汇集了大量商品。村民可以买到一般集市日上买不到的东西——上等布料、婚礼上用的银子、家具和农具、进口皮货、特殊药品。牲畜买卖也很活跃。

20世纪三四十年代的中国还不是现代工业化国家,却有大192量农民和农民家庭或农村手艺人经营的小规模农村工业。作为农村工业的销售市场和原材料中心,集镇是不可缺少的。比如,据报道,在山东省大部分地区,织布工业基本上仍是旧式乡村工业,集镇是购买织布用的棉纱以及出售布匹供当地消费或输送到远方市场的中心。该地区许多集镇主要经营把工厂制的棉纱分发给农村家庭,并把织好的棉布收集起来的业务。

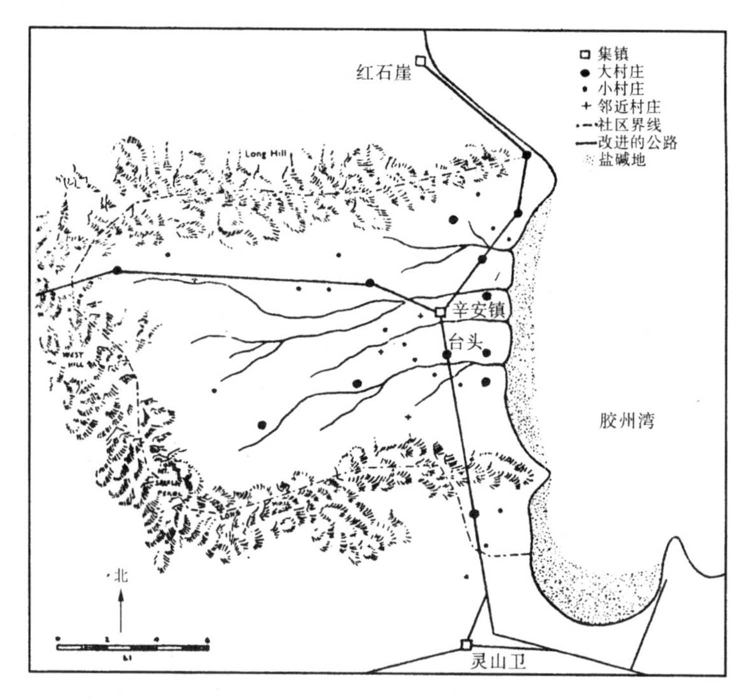

图15-1 辛安镇集镇区

集镇也给农村家庭赊账。商店的老主顾不一定用现金购物,赊欠时间可达一年。村民通常在清明节、端午节和中秋节时付193账,或年终时付账,有些农民甚至拖到一年的最后一个月。因为集镇上许多店主的家就在周围的村庄里,所以与当地农民都有关系，对这些农民也非常了解。农民有余钱通常会存进亲属或村民朋友经营的商店，相反，商店也把钱借给它的好主顾，因而取代了当铺。辛安镇没有当铺，村民不能通过当掉贵重物品筹钱。

集镇给来自不同村庄的村民提供了相会的机会，事实上它是村民们可以相会的少数场所之一。中国农民在其他村庄总有几个朋友和亲戚，集市上的相会代替了花费较多的拜访。农民回家后，向家庭汇报他们的所见所闻，通过这种方式，村民相互间非常了解。

当农村社区的领导有些闲暇时间，他们喜欢消磨在酒店或茶馆里，在那里他们谈论或争论时事、历史事件，讨论社区问题。许多社区计划产生于这些非正式聚会，在这些讨论中许多问题得到明智或错误的解决，村庄通过这种方式联合起来。当村庄因冲突而分离时，村庄领导在集市上相互回避。

分散的村庄似乎独立于更大的乡村社区，但在集镇的集市日上很容易看到它们是怎样联合起来的。当地政府提出合乎需要而又不是强制性的方案时，该地区所有村庄的领导都被召到集镇与官方商讨，并提出他们的意见。村庄官方领导回到村庄后去见重要的非官方领导和普通村民，告诉他们集镇上的事情。村民们提不出明确的意见，但他们会谈论这件事。在下一个集市日，村庄官方领导打听其他受人尊敬的村庄关于这件事的意见，非官方领导也这样做，有时非官方领导还与官方领导聚会讨论解决策略。两三个星期后，事情已经过反复讨论，这时当局召集村领导和当地重要人物去集镇作最后决定，然后各个村庄开始制订实施方案。

有时计划可能是由不同村庄两三个有影响的人物倡议的。194 在这种情况下，倡议者在集镇上与其他村领导聚会时提出并讨论他们的想法。经过几次这样的聚会后,可能作出最后决定并形成明确方案。

每个大集镇一般都有一条大路,外部世界的人由此来到这里。这些人从远方带来新闻。镇上有电话和电报局,邮局把邮件送到镇上,然后再分送到村庄。来自县城或其他大城市的商业代理从总部带来消息,这些消息很快就在村庄流传开来。茶馆和酒店产生出广泛流传的传闻。有句俗语说:政治家应该听听这些隐蔽角落的谈话。在这些地方形成公众舆论和社会态度,有许多历史故事就是关于官员微服私访酒肆茶楼以了解民意的。众所周知,农民在家经常沉默寡言,但当他在集镇上与其他村民朋友坐在茶馆里时,却很健谈。

辛亥革命后几年,集镇开设了一所示范学校,集镇区成了有名的学校区。镇学校是六年制小学,每个大村庄有四年制的小学。学生们为了进入县城里的高级中学,在这里继续完成小学第二阶段的训练。村学校的教师来这里与镇学校的教师讨论教学和管理问题,不同村庄的学生在镇学校的教室里认识。在星期天或其他节日,一所学校的教师和学生成群结队去拜访另一所学校的师生。因此镇学校成了较大社区组织的中心。

有四个村庄与台头村相邻,其中有三个小村、一个大村。三个小村的孩子几代都在台头村学校上学,大村的孩子偶尔也来这里上学。基督教学校建立后,人们认为它比邻近的学校都好,所以这所学校的学生很多来自邻村。这些村庄离台头村不太远,除非雨季河水泛滥,男孩步行来回没有什么问题。

195 邻村间的地方联合防卫制度已存在了很长时间。近来由于土匪的威胁,这一制度大大加强了。集镇区内每个村庄以独立的单位组织和武装,然后再联合起来,以集镇为总部。村庄一旦遭到土匪的袭击，该村庄将倾其全力自卫，同时所有邻近村庄也来帮助，如果要求较远的村庄援助，他们也会随时援助。这一联合组织偶尔会举行武装巡逻，搜查土匪可能躲藏的公路和山区。该组织曾成功地赶走了进入该地区的两三股强大的土匪帮。有一次抓住了八个青岛来的武装逃犯。这些逃犯在一个远离集镇的村子绑架了一个家庭。警报发出后，男人立即带着现代武器从本地区各村集合起来，形成一支庞大的队伍，他们分散在通往受攻击村子的所有道路上。当土匪看到他们时，逃路已被截断。经过一段时间的战斗，土匪寡不敌众，被赶往海边。到中午时，土匪全部被擒。俘虏在集镇上受到联合组织的审判，联合会在没有向县政府报告的情况下，处决了土匪。后来当地村民认识到这是非法行为，非常担心。幸好那时的政治权威相当微弱，没人来追究这件事，这个案子就这样被忽略过去了。

江苏省苏州市附近某村庄一家新式茶馆的故事①表明了集镇与周围村庄之间的密切联系。这个故事反映的是中国东部中心区的情况，也适用于辛安镇。

施先生是村庄的社会工作者，他注意到农民每天总要走三里路去集镇喝茶，认为这是时间和劳力的极大浪费。为了改变这种状况，他和几位村民在村庙里开了一家“中心茶馆”，希望通过这种方式使村民建立起更密切的联系。他们知道，去集镇喝茶的农民同时也买些日用品，所以他们在新茶馆增设了一个贸易服务部，提供日常用品。他们也知道村民总是在集镇茶馆获得农产品价格的信息和当地新闻，因此他们邀请了几个对社会改造有兴趣且具有商业和工业知识的社区领导在新茶馆给这些人提供新闻，

196

① 施仲毅：《我在乡村服务时的村庄生活》，参见徐宝谦编：《农村工作经验谈》，上海：青年协会书局，1936年，第40—45页(中文版)。

谈论目前的社会动向。因为集镇茶馆提供旧式娱乐如讲迷信故事和唱戏，他们也提供了留声机、乐器、通俗杂志、报纸、棋类游戏和许多其他娱乐设施。他们还请了会讲村民喜爱的历史故事的人。他们知道集镇茶馆是通过喝所谓的"调解茶"来解决许多社区争端和邻里纠纷的，所以他们邀请了村庄领导和社区长老在新茶馆担当调解任务。总之，他们试图让新茶馆具有集镇茶馆的一切功能，特别注重质量和教育价值。他们努力的结果如何呢？一开始只来了很少几个好奇的年轻人，当他们的好奇心满足后，就不再来了。茶馆经营者感到非常惊奇。经过询问，他们了解到是因为茶馆设在庙里，而没有农民喜欢在庙里喝茶。这听起来很有道理，所以他们把茶馆搬到新地方，那儿比庙里更舒服，他们希望能更成功些。但经过短期繁荣后，他们的茶馆又门可罗雀了。后来他们又作了一次努力，除了浪费了更多钱以外，还是一无所获。

这次，他们决定一定要找出失败的真正原因。他们了解到许多农民每天去集镇喝茶，是因为他们必须这么做。人们遵循着几代形成的传统，不敢打破。许多人不堪负担，但如果他们连续几天不去集镇茶馆坐坐，立即就会成为谣言的对象，他们的财政信用会受到社区中每个人的怀疑，集镇店铺会拒绝赊欠或延长赊欠，朋友会避开他们或冷落他们，最后他们会陷入破产的危险。因此，为了保持他们的社会声望或隐瞒他们的经济困境，他们必须每天去集镇茶馆。这就是村民有时没事也去集镇的原因。人们有时看到他在镇上闲逛或去镇上，而回来时篮子里却空空如也。

197

除了整个地区村民常去的两所基督教堂、两座寺庙和两座祠堂之外，台头村附近村际宗教活动很少。一座寺庙位于集镇的东北端,供的神是关公和曾生。前者是位忠诚的将军,是三国时蜀国第一位皇帝的结义兄弟,他象征忠诚而不是神性,在这里世代受人崇拜。曾生是孔子七十二个弟子之一,他的孝顺受到先生的称赞,这里主要是乡村学者的聚会场所,农民不常光顾。第二座大寺庙是佛教寺庙,位于集镇附近,农民来这里祈求神的祝福和保佑。和尚在葬礼上做佛教法事,因此他们比孔庙头领更为村民所熟悉。两座祠堂位于北山和南山,一个是“牛王庙”,另一个每年只在九月九日才有人去拜访而且大多是妇女。这些寺庙和祠堂是由地方领导控制的,他们担任孔庙的头领,负责和尚事务。两座寺庙都拥有一定数量的土地,土地租金用于维持寺庙开支。两座祠堂由每年定期集市的收入维持,或由公共资金维持。

如果发生旱灾,当地领导就要为龙王组织祭祀游行。人们认为龙王住在老泉或老井里,如果游行后十天内下雨,农民认为龙王显了灵,就要演戏向龙王感恩。有趣的是,中国农民、旧式商人和手工业者长期以来把演戏当作宗教感恩的主要方式。几个月后,在没有太多农事活动时,村庄要演三天戏,邻村的村民都来观看。

几代以来,台头村都与河正对面的村庄合作演戏,戏台通常搭在台头河南岸,两个村庄的人可以方便地到达那里。晚上,两个村庄和邻村的男人、女人和孩子们混在一起欣赏演出,好像是同一社区的成员。不幸的是,由于两个村庄的领导对戏台位置和费用分摊意见不一,合作经常受到干扰。有一年,台头村自己单独组织演戏。第二年,另一个村庄也单独组织。有时一年中两个村庄演同一台戏,竞争相当激烈。 198

随着商品化和工业化渐渐渗透进农村地区,农民对外来商品的依赖越来越大。他在农田和菜园里只生产基本食物,其他东西都从集镇或城市购买。这意味着农民越来越依赖集镇，意味着店铺在农村经济中起着越来越重要的作用，意味着集镇的商业服务是当地社区形成的首要因素。它还意味着通过当地集镇、邻近集镇的代理人以及这些集镇与青岛日益增加的联系，村庄与外部世界的相互依赖越来越强。

紧靠着辛安镇还有许多集镇，北边和西北是红石崖和王台，各相距约 10 英里。红石崖是为广大农村地区服务的小海港，王台是比较重要的内陆镇。南面和东南面是灵山卫和薛家岛。薛家岛是该地区和青岛之间的主要通道。因为王台镇比其他集镇大得多，维持着众多的小型工业，有高档食品店，定期供应大量家畜，所以村民去那儿购买需要的特殊东西如穆斯林饼干、雁山瓷器、青州皮衣等，也去购买骡或大公牛。

红石崖以收购周围农村地区的谷物和花生闻名。辛安镇地区的农民把小麦、黄豆、黍和其他作物卖给镇上的商人，然后由辛安镇运到红石崖，再用船运到青岛。辛安镇的一些村民和许多商人在这里开设了商店和代理处。从前青岛制造或输入的商品先用船运到红石崖，然后再运到辛安镇，所以后者几乎从属于前者。

辛安地区的农民偶尔也去灵山卫出售农产品，但这里最重要的生意是鱼类买卖。该镇靠近黄海南部，每年可捕到大量箭鱼。晚春时这里举行大型鱼市，鱼从这儿运到许多内陆镇和城市。台头村民会直接去灵山卫买鱼，但一个或一组家庭每年最多去一次，而且还不太常见。

199

近来，薛家岛成了胶州湾西南广大农村地区的重要海港。因为去薛家岛的路程短又有改进过的公路，该地区的人逐渐通过薛家岛去青岛。薛家岛是一个蔬菜、水果、家禽及本地区生产的甘薯幼苗的大市场。在春天和夏天，无数担蔬菜和水果从台头村运往薛家岛市场，然后再分散到周围村庄。这里的价格比辛安镇高，村民情愿多走点路，把产品拿到这里，而不愿在附近市场卖。捕鱼和远洋贸易是薛家岛地区的主要职业，大多数男人晚春时都在捕鱼，这样他们就不能种植甘薯苗圃；在他们返家时，已经到了种植甘薯的时候，所以他们必须买甘薯幼苗。正是辛安地区的农民，特别是台头村的农民满足了这些渔民的需要。在甘薯种植季节，每天早晨都可看到成百个卖甘薯幼苗的人走在台头村和薛家岛之间的公路上。

随着青岛发展成为商业和工业城市，台头村与胶县县城间的经济联系大大减少了，因为去青岛的交通要便利得多。尽管这样，当台头村村民需要购买春节庆典用的物品如年画（卷轴和贴画）、爆竹、香、蜡烛、纸钱、灯笼、旧式糕点和糖果等时，他们还是去县城，因为新兴城市不生产这些东西。

台头村与青岛之间的经济联系，包括贸易和雇佣都在发展。每年大量农产品由农民自己或通过粮商和蔬菜商卖到青岛。农民为青岛市场种植特殊作物和饲养某种家畜的倾向日益明显。由于新市场的影响，增加了大豆、小麦、蔬菜和水果的种植面积，200 增加了家禽与猪的数量。相应地，青岛供给农民的制造品数量也不断增加。在农村集镇，人们可以看到大量工厂制造的面粉、棉纱或棉布、石油、火柴、做动物饲料的豆饼和上百种其他物品。和其他村庄一样，台头村自给自足的经济已成为历史。

台头村的人口在过去相对稳定，不过也有人口迁移，最显著的是在村庄和东北地区之间的人口迁移。几十年前，杨家一个单身汉去东北做工。因为他特别善于开垦与农田管理，他成功地获得了几百英亩[1]的农田。他在那儿结婚,生了三四个孩子。后来一家之主决定回故乡定居,所以五六年前,台头村增加了一户新家庭。不幸的是,当地人——包括他自己的亲属——和当地的土地情况使这位一度成功的农民非常失望。他不能得到他所希望的土地数量,因为这里的土地比东北少,也更贵。他甚至不能得到他所希望的同族成员的善意对待。了解他所遇到的困难和遭受的损失的人都说他不应该回来,他也渐渐认识到这一点。然而中国北方农民世世代代发展出对故土的深厚感情,他们抵御不了叶落归根的想法,除非是全家或几个家庭同时迁出,卖掉所有的财产,如果他们回来,就无以为生。几乎所有去东北或其他地方的单身汉在赚了一些钱后都先后回来了,他们回来结婚、买地,然后定居下来。最近 10 到 13 年内已有 12 名以上的男子从东北回来,但并不是所有人都带着财富回来。不像黄县[2]、蓬莱和山东半岛东部其他县城的移民,他们去东北大多是经商,台头村人去那儿当农民、蔬菜园工和其他劳工,因此除了两三个家庭外,这个村子没有因为这 12 个冒险者得到明显的好处。

201 另一个例子是薛家迁往东北。40 年前,薛家从南面六英里的星岛村迁入台头村,迁移原因是家长的一个妹妹嫁到了台头村。家长是个渔民,来时还带来了妻子和四个孩子。妻子在定居下来不久就去世了。他们买了一所房子,但买不起土地。家长继续捕鱼,两个儿子为邻居家做农业帮手。对家长来说,生活相当困难,因为漫长的冬天,他捕鱼赚不到多少钱,儿子在农忙季节过后也没有工作可干。没有妇女照顾家庭和孩子,特别是两个女儿,更加剧了家庭的不稳定。这时有人告诉这位渔民在东北生活

---

① 1 英亩等于 6.07 亩(4046.86 平方米)。——译者注

② 1986 年改为龙口市。——译者注

容易些。尽管不愿与亲属分离，但他还是下定决心听从劝告。那天早晨，当家人收起所有的财物开始上路时，那情景与《愤怒的葡萄》中的描写非常相似。

最近，台头村与青岛之间的人口流动急剧上升，在年轻一代中尤其如此。一些人离开村子去寻找农业以外的工作，一些人去接受新式或高等教育，还有一些人仅仅因为受新事物的吸引。结果，过去的人口稳定不能再保持。当老一辈还对所谓“外国恶魔”愤恨不已，父亲和祖父仍坚持没有什么生活方式比种地更好时，儿子和孙子却正想着工厂、铁路、机器厂、从商生涯或较高的教育程度。年轻人想去看看新世界，过过新生活。他们知道这种新生活不在村庄而在大城市，所以只要有机会他们就准备出去，这就是村里的情况。在城市，棉纺厂和其他工厂、运输行业、商业行业和许多家务劳动需要大量劳力，而这些劳力只能通过吸收农村的年轻男女来提供。当第一批去城里的人回家探亲时，他们给村庄带来了更多新的吸引，他们的新衣服、新行李、他们带回来的钱、他们关于城市奇特事物的故事，都对那些仍留在村里的人产生了巨大影响。渐渐地，当村民看到邻居因儿子或女儿在青岛或其他城市工作寄回钱得到好处时，父亲开始鼓励儿子离家，去其他地方寻找机会。结果每年都有越来越多的年轻人离开村庄。 202

203

第十六章 天喜的故事

“天喜”是约40年前出生于台头村的一个男孩的小名，这一名字表达了父母感激老天使他降生。天喜是父母的第四个孩子、第三个儿子。该家庭有四个男孩和两个女孩，其中一个女孩很小的时候就死了。家中老大是男孩，老二是女孩，老三、老四是男孩，第五个是女孩，这个女孩死后家中有了第六个孩子，是个男孩。天喜的出生与上一个哥哥和后面的弟弟都相隔好多年。第二个女孩的死对他产生了很大的间接影响，我们将在下面看到。

据说天喜早年经常生病，有两次父母已完全绝望，把他放在脏地上，等着他断气，但每次他都恢复过来。由于缺少母亲的悉心照料，他经常生病。在他幼年时，尽管家境正在好转，但仍非常穷。家中只有小孩子，没有成年人帮忙，所以母亲也和父亲一样总是很忙，没有时间照料孩子，干活时不得不让年幼的儿子自己躺在床上或地上。天喜经常着凉，被虫子叮咬，喂食既匆忙又不准时，不是母亲不关心他，而是她实在做不到，为此她很伤心。在他生病时，母亲求助于乡村医生，当医生无能为力时，她求神拜佛。为了这个生病的孩子，家里两次请来单独住在大坟地的巫婆做巫术，还组织过一次奢侈的宗教游行，但一点用都没有。后来又试了一次巫医，仍没有一点效果。最后父母只得听天由命。但他竟然没有死，而且随着年岁的增长变得强壮起来。

在他五六岁时，他的自我中心和跋扈倾向已表现得很明显。凡合意的东西，他都想据为己有，如若遭到拒绝，他既伤心又迷惑。他想要什么东西，这东西必须是他的；他想干什么，谁也不应制止他。他异乎寻常的固执或许是因为早年的多病，在他生病时，父母、兄弟姐妹都尽量使他高兴，尽力满足他的愿望，容忍他的坏脾气和哭闹。

204

关于天喜第一次上学有个有趣的故事。天喜母亲是位有志气的妇女，来自耕读之家，她希望改善家庭的地位。为了购买更多的土地和房屋，送孩子上学，她和丈夫情愿辛勤劳动、节俭生活。第一个孩子在村学校学习了四五年，而后第二个孩子来和他作伴，最后是天喜。但是天喜不喜欢学校，不愿去上学。一开始，母亲竭力劝导他，给他好食物、糖果和有趣的玩具，但这些方法都不见效，男孩仍不愿去上学，因而只能采取强硬措施。男孩开始上学了，但五天里只去三天，其他两天他既不在家，也不在学校。在他上学的路上，有一间邻居家的空房，房里有一个大空筐子。天喜等哥哥上学后，立刻离家来到空房，在那里他把筐子翻过来，在里面爬。约两个小时后，当他哥哥与其他男孩回家吃饭路过这里时，他走出他的隐蔽所，跟在他们后面跑回家。父母以为他去上学了，哥哥认为父母让他呆在家里，所以没有怀疑他。但最后哥哥还是把他逮住了，父母也发现了他一直在干的事，天喜受到了严厉的惩罚。带着沮丧和羞愧，他去了几天学校，而后又开始躲在邻居的菜园里。不久他又被发现，又一次挨打。他不再逃学，按规定去上学，但学习一点也不认真，甚至在教师面前睡觉。教师不在时，他是最调皮的学生。渐渐地教师和父母得出结论，强迫这个孩子读书徒劳无益。学期结束后，天喜的读书生涯也结束了，至少当时是这样。

205 为了惩罚他使得父母的期望落空，也为了让他认识到田间劳动不如学校学习那么舒适，父母就让他去田里干活。另外，父母还让他照看小弟弟和小侄女——他大哥的第一个女儿。他的弟弟和侄女同岁，同样需要照顾，而天喜是家里唯一大一点的孩子。他母亲和嫂嫂忙于家务，姐姐和哥哥忙于在家里和田里帮忙，他的妹妹死了，只有他来干这件工作。他不喜欢这个工作，照料小孩是女孩的事，而他是男孩。作为男孩他想自由，他希望可以乱跑，与其他男孩一起玩。而这个工作却要他呆在家里，远离玩伴。他只能与干同样活的女孩玩，他只能一天几次把孩子带到街上，再带回来。他发现做这工作既困难又令人羞愧，他非常厌烦，经常哭泣。

天喜八九岁时，父母让他干大男孩的活。他帮二哥放牛。天喜喜欢这个工作，他可以在田里跑，可以上山，可以下溪谷，可以去小河抓鱼，可以摘花，可以在灌木丛或树丛的鸟窝里抓蛋或抓小鸟。他可以在南山脚下已风化的岩石洞里挖黏土，制成时髦的玩具和其他东西，送给姐姐和姐姐的朋友们，这些东西有时也用来交换端午节分发的小香袋。南山还出产另一种地下宝藏——一种质量很差的石英，男孩们喜欢用捡到的石英小片制成箭头或玩具。

谁也不会要求放牛娃像成年人那样行为。他们在路上田边比赛奔跑，打架，在小河边溅水，与邻村的男孩打架时扔石头。他们烤田里捉到的鸟，烘烤田里拾到的豌豆、蚕豆、花生和甘薯。他们经常诅咒发誓，取笑小男孩，密谋捉弄他们不喜欢的村民。天喜在这些冒险中很兴奋，他是个调皮而又固执的孩子，但聪明、机

206 智。尽管他还小，但他的诡计能得到大男孩的高度评价，因此他们会忘掉他的实际年龄。他二哥太老实，对付不了他们，当其他

男孩占他二哥便宜时，天喜总来援救。

天喜也要割草喂家畜。总的来说，他也喜欢这项工作。但当烈日下的高粱地又热又潮时，他会诅咒命运，希望出生在富裕人家。割草的男孩们常常成群结队出去，他们搅扰庄稼看护人，偷甜瓜，与其他村的男孩打架，追赶或为难来摘菜豆或帮男子在田里干活的女孩，打树丛里的鸟或兔子。天喜一天下来割的草很少，得不到父亲的夸奖，但他并不在乎。

在收获季节，天喜经常被分派去照看驴子，把收获的庄稼从田里运到打谷场。他最喜欢骑在驴背上赶着它跑，当然父母和哥哥不准他这样做。当他一天必须往返好多次，而且要连续几天时，他厌烦极了，含着泪水伤心地抱怨繁重的劳动。在仲夏，路上的热土烫伤了他的光脚，而在晚秋，当水已经冰冷，他每次都必须横涉一两条河。当然父母也可怜他，但因为他是男孩，必须经受住艰苦劳动的锻炼。艰苦劳动、勤俭生活是天喜父母全力奉行的准则。

天喜从事着他的体力能承受的一切工作。即使在最严寒的冬天，他也老早就被叫起来与哥哥一起去河岸和树丛里拾柴。开始一小时，他的耳朵、手和脚都冻僵了，两三个小时的辛勤劳动后，才能回暖。天喜太小，受不了这种暴冻，他的一只耳朵冻僵了，至今还留有伤疤，他手背上的皮肤像老人一样粗糙。吃过早饭后，他与哥哥一起去离村子约五英里的西山，一整天都在那里捡木柴、树叶和干草。他们必须爬上山，穿过峡谷，这对一个小男孩来说是困难的，但天喜还比较喜欢，因为他能和其他人在一起。天气晴朗时，一二十个或更多的人成群结队地从台头村上山。他们一路上唱着当地的山歌，相互开着玩笑。到达目的地后，他们分散成五六人的小组，这样每个人都能捡到足够的柴。中午，他

207

们吃随身带来的东西、喝泉水。太阳下山前，他们把捡到的东西捆好，用木棍挑着，开始回家。

在山中捡柴时，天喜发现了浓密的松树上的野蜜和霜打的浆果。他一面吃着，一面注视着崖边的大岩石或深谷中的溪水，他有一种异样的感觉，但他讲不出。当他偶尔在树丛中迷路或与他哥哥在岩石上分开时，他感到激动又恐惧。山里的声音，特别是回声令他兴奋不已。拾柴者为了相互寻找或仅仅为了听回声而喊叫。有些岩石中间是空的，男孩们在上面敲打，老远就可听到声音。山顶上的景色非常美丽，还可以听到山脚下村子里的犬吠声。当天喜与哥哥在树丛、岩石或深谷里时，他觉得自己迷失在荒野里，这时犬吠声使他意识到人类世界离他仍很近，使他感到极大的宽慰。天喜还非常喜欢太阳落山时寺庙里的钟声。他不是佛教徒，也不喜欢音乐，但却喜欢这声音。山中也有令他恐怖的声音。当大风刮过山峦、溪谷或树林时，松树发出尖利又可怖的声音，天喜总是胆战心惊。如果他正独自一个人在树丛里，他会立即跑到开阔的高地或寻找他哥哥。

回家的时候，所有小组在山脚下相遇或在路上碰头。这时大家都又累又饿，大男孩肩上还挑着担子，除非停下来休息，谁也不想说话。天喜太小不能挑柴，所以他只带着空篮子和竹耙走路。他又累又饿，默默地跟在哥哥后面走。他没有感到不好意思，因为其他小男孩也带着空篮子走。到家时，天喜发现母亲和姐姐正笑着等着他们，告诉他们晚饭已准备好了。

这是父母辛勤劳动、勤俭生活的原则在天喜身上的运用。确208实，天喜从未挨过饿，也从未缺少过食物。他母亲非常明白男人要干好活，必须吃好。她不希望听到媳妇向父母和邻居抱怨挨饿。而且在天喜很小的时候，家里就请了雇工帮忙。天喜母亲坚持认为雇工吃得好，才能诚实、有效地干活，不说主人家的坏话。天喜家的膳食总比经济地位相似的人家要好些。

然而，节俭是这个家庭特别强调的美德。除了春节或去远些的村子看戏外，绝对禁止不必要的花费。天喜与他的兄弟、姐姐从不被允许花一分钱买糖果、玩具，也从不被允许浪费时光。在除夕那天，集镇上有特别的集市日，母亲对父亲说："孩子们干了一个冬天的活，你应该给他们点钱，让他们去买些鞭炮或他们喜欢的东西。"这时，天喜恳求地盯着父亲，屏住呼吸。父亲不情愿地给了天喜15个铜板，他二哥也得到了这么多，他大哥已经成年，或许得到更多，但也多不了多少。天喜新年得到的唯一一笔钱就是这15个铜板。有几年他幸运地被带到姑姑家作客，这样他又得到了另外15个到20个铜板。别人父母在孩子们新年正式问候时要给他们"压岁钱"，天喜家从未遵从这一习俗，当他向父母问候新年好时，他什么也得不到。天喜无法买糖果、玩赌钱游戏，不能兴致勃勃地去集镇。当听到其他小孩自夸从祖父母和父母那里得到多少钱时，他就很妒忌。

父亲的吝啬态度使得天喜即使在非常必要时也羞于开口要钱。天喜第二次上学后，有一天学校负责人告诉学生，每人要交20个铜板作为教师们从家到学校的走路费。所有男孩都爽快地答应了，只有天喜心情很沉重。回到家他不敢告诉父母。只剩最后一天了，天喜还是毫无办法，第二天他哭着不愿去上学。母亲问他怎么回事，他起先不肯说，在他说出来后，母亲非常可怜他，要父亲马上把钱给他，并告诉他需要钱就讲。另一次，因为特殊原因，学校要在很远的村子过假日，教师和学生去那儿参加演出。教师们被请去吃午饭，男孩们各自买了面包、蛋糕、糖果和其他食品。天喜什么也没有买，因为他一分钱

209

也没有,他的同学发现后帮助了他。晚上他把这一切告诉了母亲,母亲很可怜他,责怪他需要钱时怎么不开口。但天喜是从另一个角度考虑问题的。如果他当初说出假日和远足,他担心父亲不让他去,让他在田里干活,他也很清楚父亲不说些严厉的话是不会给钱的。

由于零花钱受限制,天喜无法参加男孩喜爱的许多消遣和娱乐。天喜不能参加新年玩的赌钱游戏,其他男孩去临时赌场,天喜却不能去。有几个男孩还用他们的小额资金从集镇上买回糖果,再零卖给赌博者,从中赚点好处。他们喜欢这样做,有些父母也鼓励孩子们这样做,因为这是一宗生意。天喜也非常想"做生意",他请求母亲,但母亲未给他"资金",也不让他去赌场,因为她十分清楚"生意"和赌场会对孩子产生怎样的坏影响。但她没有责骂他,也没有说不许他去是因为赌场是坏地方,而是说:"孩子,你这么想做生意、赚钱,很好。男孩应学会做生意、赚钱,但有出息的孩子应该要做大生意,应该为长远利益做准备。你难道不认为在赌场卖糖果得到的只有绣花针尖那么大的小利?我想我的孩子应该为更大的好处干活、学习,而不是为针尖大小的好处,你认为怎样?"

集镇每年举行两次定期集会,届时有许多娱乐活动。村民们常到集镇上额外多花一点钱。天喜父母没有遵从这一习俗,他们让孩子去镇上,但除了必须买的书和纸,并不给他们更多的钱。天喜只能分文不花去自找乐趣,他在街上闲逛,贪婪地看着街道两边货摊上摆着的玩具和有趣的东西。集市通常有非常激动人心的杂技表演,但天喜从未看到过,他只能站在外边或躲在成年人中间偷看。也有两三个非常吸引男孩和年轻男人的"有伤风

210

化"的西洋镜。[①] 天喜因为没钱看,所以能免受影响,但他站在那儿,看着摆弄西洋镜的人,并学他的话。

天喜和他的兄弟不仅不能参加商业娱乐,而且连那些不花钱或花钱很少的活动也受到禁止。男孩们喜欢在春天捉鸟、夏天养麻雀、清明节放风筝、冬天编鸟网。这些活动在天喜家得不到鼓励。家里从来没有鸣鸟或麻雀,天喜没有鸟网,也从未自己捉到过鸟。他要捉鸟,只能跟其他男孩一起去,而且只能做下手。他也不曾有过自己的风筝。他的家人认为这些活动浪费时间和金钱,还会使孩子变坏。他母亲常对他们说:"让男孩去田里捉鸟也许没有什么错,但怎么能保证孩子们在看到网里的猎物而激动不已时不会损坏庄稼呢? 这妨碍了他的日常劳动,又很危险。为了找小鸟男孩会爬上墙头或屋顶,而追赶它们时,就有可能受伤。有责任心的父母怎能让孩子仅仅为了一点乐趣就冒这些风险呢? 你见过哪个有出息的人把时间和精力花在养鸟或捉鸟上呢?"天喜不能公开反驳母亲,但当看到其他男孩带着鸟时,还是感到很难过。

天喜的大哥颂春比他大 12 岁,在他们童年时,两个男孩几乎没有什么关系。天喜只模糊地记得大哥曾在青岛为德国人干过事。一天,当天喜和父母去远方村庄的基督教堂做礼拜时,人们告诉他母亲德国人怎样虐待为他们干活的中国劳工,父母亲极其担心他们的长子。天喜不晓得真实情况,但父母的焦急和"德国人""中国劳工""干活""打""逃跑"等词给他留下了深刻的印象。几天后,他大哥回到家里,告诉家人他在青岛的见闻,以及他是如何逃出来的。但天喜最感兴趣的是关于德国人怎样做面包、怎样 211

① 盒子里展示的是现代廉价画片,顾客可从装有放大镜的小孔里看到画片,画片是西洋画。

用马车运食物以及德国人只吃面包心而把其余扔掉的故事。天喜不知道这些德国人是什么样的人，他们扔掉的面包有什么问题。

天喜还记得与大哥在西南山上度过的一天。他们去采集熏蚊子的草，不知不觉爬到了山顶。那是个夏天，山顶没有树，酷热难当。当开始下山时，他们发现斜坡很陡，没有伸出的树和灌木可供他们攀援，他俩非常恐慌，当到达平地时，他们感到极大的宽慰。两人一直记得这次爬山。

正是天喜的大哥最早教他干农活。大哥自己不喜欢种田，也没有耐心教。一天，天气很热，当他们在甘薯田里锄草时，天喜觉得笨重的锄头太重了，他的活干得很糟，损坏了一些植株。一开始，大哥还纠正，但当天喜还在损坏植株时，大哥发脾气了，对男孩大声吼了几句。因为天喜自己已经非常恼火，大哥的责骂使他哭了起来。这一天，他神情沮丧，没有胃口吃午餐和晚餐。

这两个男孩曾合作帮助村庄建造基督教堂。天喜家的人是基督徒，村里的基督徒计划建一所教堂，所有建筑用品都由各家捐赠。天喜父母除捐赠其他材料外，还答应提供砌墙的小石头。西山脚下有个地方有很多这样的石头，但把它们运到建教堂的地方需要大量的人力和时间。天喜大哥决定在建教堂前的一个冬天完成这项工作，他请天喜帮忙。他们带着两个箩筐和一辆驴拉的独轮小车，哥哥照看小车，天喜照料驴子。到达山脚下后，他们捡小石头，然后推着满满的小车回家。在冬季，白天很短，他们只能跑三趟；总共花了约一个月的时间，才完成这项任务。在劳动过程中，兄弟俩比以前更亲密了。他们捡石头的地方是大峡谷里的巨大沙层，冬天很少有人去那里，大树、高峰、可怕的悬崖以及吹过树林的风发出的哨声使这地方显得更加荒凉。天喜紧紧跟

212

着大哥，即使有事必须离开，他也要看得见大哥。他感到大哥是他的保护人，而大哥也了解他，对他很体贴。一天，天喜拾到一只小包，里面有 12 个左右的硬币、一把小折刀，很可能是放牛娃或是猎手丢的。天喜很兴奋，更使他高兴的是村民的称赞，这些村民在他们推着小车经过街道时，总习惯地跟在兄弟俩后面。

尽管天喜第一次上学以失败告终，他却是个聪明的孩子，这在他调皮的行为中、在他对二哥的支配中、在他与其他孩子的玩耍中明显地表现出来。他的一个远房叔叔常说他是最有天赋的孩子，如果好好培养，将来肯定非常有出息。富有的潘族家庭的一个成员几次对天喜母亲说这孩子天资高，他的眼睛表现出他的聪明，如果送去上学，他会成为好学生的。天喜母亲受到这些话的影响，而父亲却不为所动。这时该地区已设立新式学校，有几个年轻人也进入了县城师范学校，对这些发展天喜大哥非常感兴趣。他经常去集镇，听人们谈新共和国、新教育制度，谈在集镇上建立的新学校以及获得官职的新方法。作为年轻人，他被这些东西吸引住了。他让妻子和妹妹给他做新式服装，加入了一个政治组织，学习投票选举当地代表的办法。他想重新接受教育，但年纪太大不可能去当小学生，而且父亲田里的活也需要他。由于他自己不能上新式学校，他就把注意力转向了他的第二个弟弟。他觉得天喜在农田里不是必不可少，而且也到了上学的年纪，所以他决定让天喜去上学，期望他将来成为新世界中的学者或官员。有了这一想法，他开始劝说父母，把在集镇上听到的一切告诉父母。母亲同意，父亲不反对，姐姐帮天喜说话，因为她非常喜欢弟弟。结果，就在春节后不久的一天早晨，天喜穿戴整齐，被带到集镇的新式学校。哥哥告诉老师，天喜当过几年放牛娃，比较粗野，请求老师多多包涵，他还请几个镇上的小孩照顾他弟弟。后来当

213

天喜父亲抱怨加在他肩上的沉重的学校开支和农田里缺少劳力时，大哥尽力劝慰他。幸好，天喜母亲和姐姐站在他哥哥一边，因而天喜的教育没有再次受耽搁，这成了他一生的转折点。后来，天喜受了高等教育，实现了母亲的夙愿。这在很大程度上应归功于大哥的努力。这与其说是哥哥对弟弟的个人感情，毋宁说是父亲般的关心。

天喜与二哥拜春的关系很反常，他们年龄差距不大——只相差五岁。在很小的时候，他们经常一起玩、一起干活、睡一张床，除此之外，他们之间没有更深的感情联系。二哥胆小温顺，在其他孩子欺侮他时，他只会逃走或哭泣，因此，男孩们总想法子气他、捉弄他。为了二哥，天喜打了无数场架，因为他感到在这种情况下，保护哥哥是他义不容辞的职责。如果他挨了打，他不仅要咒骂这些男孩，还要因他二哥拜春的软弱非常生气，这有时会引起兄弟俩的争吵。天喜不喜欢与二哥在一起，尽管父母总是命令他与二哥呆在一起。

在家里，天喜常把二哥差来遣去，而他二哥总是毫无怨言地容忍，而且对弟弟霸占玩具也总是默默让步。两人睡在一起时，天喜还经常捉弄哥哥，有时会引起打架，从而惊动父母。一开始他们责备拜春，因为他大些，但后来认识到那总是天喜的错，父母就把怨气发泄到他头上。当天喜有时遭到毒打时，拜春感到很伤心为难。有一夜当天喜哆嗦着躺在床上等着父亲惩罚时，拜春起来请求生气的父亲，要求替天喜挨打。母亲非常感动，劝父亲原谅孩子们。遗憾的是，当时天喜太小，无法认识到二哥的善良。父母因为拜春诚实、宽宏大量而喜欢他，但对他的软弱和顺从的个性感到失望。在这点上父母更喜欢天喜的虚张声势，尽管他的早熟确实经常惹父母生气。两个男孩差异太大，不可能成为好朋

214

友。假设双方交换一下位置，大的处于支配地位，小的很顺从，这种差异或许不会妨碍他们的友谊。

天喜与姐姐琼的感情很好。姐姐比他大十岁，妹妹去世后，姐姐成了家中唯一的女孩。她只能偶尔出去与其他女孩玩耍，这使她经常与弟弟在一起，两人相互陪伴。姐姐喜欢绣花，在男孩的鞋子、上衣、围裙和帽子上绣上奇特的图案，喜欢做泥玩具或端午节用的小香袋，以及各种吉祥物。一般说来，女孩在干这类活时，喜欢与另一个女孩在一起，她们可以谈论正在干的活，互相欣赏对方的手艺，通过交换新闻而自娱。天喜充当了姐姐的朋友和同伴的角色。姐姐在许多小事情上请他帮忙，当她绣完花或完成一些奇特的作品时，就拿给天喜看，或送给天喜。如果她需要什么就让天喜去取。天喜聪明灵活，能满足姐姐的各种需要，欣赏姐姐的作品。母亲通常不鼓励甚至禁止女孩做奇特的东西，在她看来这是浪费时间。天喜总是帮姐姐瞒着母亲。一次，母亲发现姐姐绣了一些奇特的花后，非常生气，要惩罚她。天喜向母亲求情，平息了母亲的怒气，这使姐弟关系越加密切。在姐姐长大后，她在天喜身上花的时间、精力比在其他家人身上花的都多，她不辞辛苦地为天喜做最漂亮的鞋子、衣服、帽子和其他东西。天喜非常喜欢这些东西。后来，因为他穿得非常像女孩，遭到了其他男孩的取笑，此后，他不愿再穿姐姐为他做的鞋子和其他东西。

215

天喜上学后，成了姐姐的非正式教师。姐姐的未婚夫（青岛一所新式学校的学生）希望她学习，至少会读书、写字。那时还不能送女孩上学，而且家里也缺不了她。于是大哥、母亲和天喜成了她的教师，她的家成了她的学校。天喜是主要的导师，因为三人中他学问最高，也有充裕的时间。天喜喜欢把自己知道的一切都教给别人，当然最希望教给姐姐。他已习惯了教书，因为他在学校经常帮助老师。学校课程很多，单单一个教师没有帮手几乎不可能教书，所以老师像依赖助手一样依赖好学生，经常派这种任务给天喜。天喜更喜欢在家里教书，因为在这里他的话最受赏识。他从不厌烦，也从未对学生不耐烦，作为弟弟和小男孩，他无疑感到自豪。姐姐非常渴望学习，功课学得很好。因为天喜还是小男孩并深深地爱着姐姐，所以姐姐向他吐露对未婚夫的梦想和希望时，丝毫也不难为情。对这个年轻人，天喜并不妒忌，相反渐渐喜欢上了他。在姐姐出嫁时，她已能够阅读和理解学校里教的所有课文，能够做学校里教的算术题了。

天喜在姐姐结婚后继续帮助她，不管她什么时候回娘家，天喜都愿意做她要求做的任何事。当她有了第一个孩子时，她只能请天喜帮忙，因为那时他们的母亲已经去世。对天喜来说，姐姐弥补了母亲留下的空缺。

在母亲死后，有一次姐姐生了重病，天喜看到她痛苦的样子，重新感到了在看着母亲死去时的悲伤和害怕。天喜的姐夫在青岛，后来在上海一家商行工作，他给了天喜许多物质上的帮助，后来他们成了好朋友。在这种情况下，婚姻并没有妨碍姐弟之间的亲密关系。

天喜与父母的关系很普通。在他离开学校后，有好长时间受到父母的冷落。在发现他很聪明、干活卖力时，母亲才对他产生新的希望，又开始喜欢这个孩子，但她关于严厉和卖力干活的信念限制了她对爱的表达。父亲仍像原来那样对天喜很疏远，对他的未来漠不关心。当然，他带天喜到田里，教他干活，但从不给他买玩具和糖果，从不带他参加任何娱乐活动，从不和他在家里或街上玩耍。父亲攒钱的兴趣、无休止的节俭使天喜吃了不少苦，这加大了父子间的距离。

216

这种状况在天喜在县城中学读书时才有所改变。这时他母亲已经去世，姐姐也出嫁了。在假期回家，尤其是冬天，他常常坐在父亲的房里，与他彻夜长谈。父亲编着草雨衣，儿子给他讲中国的历史、古代著名人物和他在学校里学到的新东西。父亲对故事很感兴趣，他聚精会神地听着，偶尔也向儿子提些问题。天喜父亲很久以来一直很沮丧，有时持续几天，他过分地为他的农田事务、他的家庭以及他的生活担忧。过去，天喜母亲是唯一能安慰他的人，而在她死后，没人能帮助他。媳妇不能帮助他，因为社会的禁忌使媳妇们与公公保持着距离；儿子和女儿也不能，因为他们要么忙于自己的事，要么还未认识到父亲的烦恼。但天喜受过教育，能够看出别人的困扰，他同情父亲并安慰他。因此，在一定程度上，天喜接替母亲来服侍父亲。父亲上了年纪后，对天喜的感激之情越来越深厚。他也为儿子在学校的好名声感到骄傲，经常与邻居谈论它。父子成了朋友。天喜的母亲没有活到父亲的年龄，这是天喜成年后感到非常遗憾的。否则，母子之间的亲密感情同样也会发展起来。

关于天喜与他弟弟奉春之间的关系没有什么好说的。在他弟弟还是婴儿时，天喜不得不照顾他，这对发展他们的感情帮助甚微，因为这项任务显然令天喜厌烦。后来，在弟弟不需要照顾后，天喜一直在学校，没有很多机会与他玩耍或干活。母亲去世时，他们都很伤心，大哭了一场，突然天喜搂着弟弟的脖子说："不要害怕，我会照顾你的，我会保护你免受伤害。"幸好弟弟得到了父亲和其他哥哥的悉心照顾，天喜不必履行他的誓言，但那时的感情仍在起作用。

217

我们在前面提到过，天喜童年时曾受到父母严厉的惩罚，这经常是因为他不愿上学，另一个原因是与二哥拜春吵架。一次，天喜在房前玩耍，看到邻居家的狗在狼吞虎咽地吃着粪肥。他把狗赶走，但狗又回来了。几次三番后，他非常恼怒，抓住小狗，几乎把它打死。这使邻居的妻子非常气愤，她来到天喜家，咒骂这个男孩，向天喜的父亲提出强烈抗议。父亲辛苦干了一天活，非常疲劳，那位妇女的咒骂犹如火上浇油，他把孩子打倒在地，举起手里的铁锹，天喜的生命危在旦夕。这时姐姐救了他。这以后，天喜非常痛苦，痛恨父亲的残暴，感到太不公平。畜肥对家里的庄稼非常重要，他为家庭做了件好事，在他看来，父亲的愤怒是不可思议的。

在天喜六七岁时，经常尿床。父母认为他是夜间懒得起来，为此就惩罚他。这种惩罚对他似乎同样不公平。他比其他人更恨这一毛病。每晚上床前，总记着上厕所，每当他尿湿了床，他也很恼怒，甚至害怕。当他醒来发现下面的床单湿了时，他害怕、羞愧、严厉责备自己。他父母并不知道这些，只是不断地惩罚孩子，越来越愤怒。天喜觉得没有比这更丢脸的事了，挨打时，他就用知道的最恶毒的词咒骂自己，并且更加憎恨父母。要是他再大些，或许就会自杀。他觉得不能原谅父母，因为他们竟然不知道他的麻烦是他所不能控制的。

218

由于他父亲非常节俭，学生喜欢的许多东西，天喜都没有。天喜的课桌上从未出现过一把小刀、一对练习书法时压纸的青铜镇纸、盛水的容器和其他日常用品。不用说，天喜经常嫉妒拥有这些东西的孩子。一天他看到基督教堂的传教士有把小刀，就请求借他用几天。这个传教士非常喜欢天喜，就同意了。这把小刀在天喜手里，他不愿还掉，没有得到允许又多玩了两三天。当必须归还的时候，他却找不到了，小刀丢失了。他非常害怕，不敢告诉传教士和其他人。传教士把这件事告诉了他父母。父亲非常生气，大声嚷道："如果他学会干这些丢人的事，那他上学有什么用！"母亲也很震惊，对孩子的希望看来又要落空了。父母两人感到必须对他严加惩罚，否则传教士会认为他们教子不严。父亲想打儿子，母亲反对这样做，理由是儿子已十多岁了，而且是有名的好学生。在惩罚前，天喜姐姐把他藏在她的房间里。父亲隔着门大声申斥他；同时母亲也抱怨说，他的不规矩行为毁坏了家庭的声誉，但她暗暗地堵住了父亲打小孩的路。最后事情只是以责骂和抱怨结束。但对天喜来说，这是他遭受的最严厉的惩罚。他的罪行太可怕了，他感到丢尽了脸，整整一个星期他都抬不起头来。他非常不自然，他想或许除姐姐外，家里其他人都在责骂他。有一天，姐姐向他说明了情况，他才得到解脱，她说："高兴点，你这个小傻瓜！母亲知道你从未想偷这把刀。我们知道你很想要它，所以你没有按约定的时间归还。但母亲和父亲仍要责备你，因为你想要人家的东西，你把刀留在身边的时间太长。记住，再也不要干这种事了。顺便说说，我在打谷场上捡到了这把刀，还给了传教士，你不必再担心了。你掉了刀，为什么不告诉我？难道你忘了我可以帮助你吗？"听完这番话，天喜对姐姐凄惨地苦笑了一下，就跑开了。

天喜的童年也受到了家人疾病、悲痛和死亡的影响。首先，219 他目睹了小妹的死，他永远忘不了母亲和姐姐的哭泣以及基督教葬礼。三天后天喜与姐姐一起去看小坟，姐姐跟他说，小妹正睡在那里，她的房子不会遭到野狗的打搅。天喜不懂他小妹为什么已经死了，为什么睡在坟里而不睡在家里。后来，他看到二哥长期受胃病折磨，非常难过，因为他们曾是好朋友。他母亲几次请来基督教徒和村里的传道士为他祈祷。当这群人在祈祷或唱赞美诗时，二哥躺在床上呻吟。天喜太小还不懂仪式的意义，但他感到疑惑,为什么耶稣不马上来帮助他哥哥呢?

在天喜十岁光景时,他看到父亲心情非常沮丧。那是个夏天,下了五六天雨,田地被淹没或浸透,庄稼全毁了。父亲躺在床上一言不发,母亲坐在他旁边,尽力安慰他。吓坏了的孩子们悄悄地进出。乌黑的云层、可恶的雨水、饥饿的动物、坍倒的墙以及泥泞的庭院与街道更加剧了每个人的阴郁情绪。母亲和姐姐没有心思准备餐食,兄弟们暗暗地吵架,天喜又饿又怕,也很沮丧。他永远也不会忘记那种情景。

天喜母亲在死前病了很久,在这期间,他经常为母亲揉揉腿、推推背。由于这时姐姐已出嫁,他必须帮着做家务。晚上由天喜父亲照看母亲,白天主要由大嫂照顾。后来母亲情况严重了,出嫁的女儿被叫了回来。天喜、二哥和他姐姐几夜都睡不着觉,只是不停地哭泣。一天夜里,母亲突然坐起来,把所有的孩子都叫到床边,对他们说,如果她死了,那不过是耶稣基督的召唤,所以孩子们不应该太难过,也不必为她的葬礼花太多的钱。她要求天喜大哥和大嫂照顾好他们的弟弟,让他们结婚,实现家庭的目标。她还说,你们应该继续做虔诚的基督徒,服务于耶稣基督的事业。然后转向父亲说:“万一我死了,请不要太难过。你知道上帝早晚要召我们每个人去他家,我们可以在那儿相见。我们一起奋斗了这么长时间,我们有这些孩子,他们都努力成为好孩子,为此我感到很高兴。他们不会让你失望的,上帝也会赐福于你的。”天喜不能完全理解这些话,但他也和其他孩子、父亲一样晓得这是诀别之言。其他人都伤心地哭泣,对此,天喜感到很惊讶,他不哭,只是坐在那里。几天以后,母亲去世了。在母亲临死的最后几天,天喜和他兄弟、姐姐都精疲力尽,也被家里的混乱搞糊涂了,所以他对母亲的去世很麻木。只有在认识到母亲真的走了后,他才开始哭起来。

家里的基督教活动给天喜留下了深刻的印象。父母都是基督徒，但母亲对此兴趣更大。正是母亲教天喜读十诫。当驴子在小棚屋里推磨时，天喜要照看驴子，同时学习一个戒律，并因此得到一般不给大孩子的马铃薯。新年来临时，天喜能够读所有的戒律了，当然天喜不可能理解他所读的东西，但他的确记住了不应偷邻居的东西、应该顺从父母。

天喜也学会了用餐时的感恩祷告，星期天还去村教堂。在他稍大一些的时候，他知道了著名的《天路历程》（中文版）和《圣经》中的故事。他还学会了唱几首简单的赞美诗。那时台头村的基督教小团体流行两种基督教圣歌的中译本。天喜的母亲和姐姐能把一个译本唱得很好，所以天喜也学会了唱。在圣诞之夜，基督教家庭的孩子们都会得到礼物，但他们并不懂得这个节日的意义。

在教堂刚刚建成时，一位福音传道士被邀来布道。一天，天喜母亲带他去拜访这位传道士，她对传道士说："天喜已说过几次，他想做教师或教堂的牧师，你认为他行吗？能得到您的帮助，我将很高兴。"传道士回答道："很好，我知道他是个聪明的孩子，如果他喜欢学习，他一定能成为教师。"天喜很难为情，但他暗暗受到了鼓舞。三年后，教堂又请来一位新传教士。天喜母亲拜访了他，这次她对传教士说："我想把这个孩子的心灵献给主耶稣基督。我知道您听说过他是集镇学校的好学生，我知道您也喜欢他。您愿意帮助他改善他的德行、提高他的知识水平吗？"尽管天喜还很小，但他却记得母亲说的话。

221

除了家人，天喜与村里的老老少少都有联系。在他还是个孩子，照看着父亲的牛或割草时，他与同一街坊的一个与他同岁的男孩建立了特殊的友谊。他们一起上旧式村塾，离开学校后，他们继续互相看望，一起玩，有时甚至一起睡觉。他们从不吵架，从不参与打架。后来天喜又去上学，而他朋友成了农民，但他们的友谊继续保持到天喜去县城上中学。

天喜的几个堂姐特别喜欢他。晚饭后或有空时，他们就在一起玩。但这些堂姐比天喜大得多，像大姐姐一样对待他。天喜与其中一个堂姐关系特别亲密，这使人联想到他与他姐姐的关系。后来，他经常与一位女孩一起玩耍，这个女孩几乎成了他的“女朋友”。但在他们长大后，就分开了。

在天喜少年时，一个高中男孩到天喜家给他母亲送信。男孩穿着新式衣服，剪着短头发，打扮得很时髦。他年轻漂亮、令人愉快，引起了天喜的注意。他的短发特别有魅力，因为那时乡下的男人和孩子还拖着“辫子”。这个男孩来访后的第二天，天喜就剪掉了辫子，他父母和哥哥感到十分惊奇，而他姐姐支持他。他成了村里去掉满人标志的第一个男孩。村民侮辱他，叫他“小和尚”，但他不在乎。直到三四年后剪头的风俗普及开来，天喜的发式才不再引人注目。

222

第一次世界大战期间，日本占领了青岛，城里的基督教堂暂时关闭，传教士、福音布道士和修女都失了业。一位修女和她的孩子来到天喜家避难。那时天喜家已信奉基督教，他母亲与这位妇女很熟悉。这位妇女的两个女儿都是学生，比较时髦。她们无疑感到在农村家庭中生活极不方便，但又不得不长时间逗留在那儿。在这期间，天喜从这些女孩那儿了解到许多新城市的知识，因此当天喜首次进新式学校时，他比其他男孩知道更多新东西。

天喜对外国人形成了初步的印象，尤其是德国人和日本人。因为村子靠近青岛，德国士兵和商人常常渡过海湾来到该农村地区打猎或勘探。他们的外貌和带来的东西给天喜留下了印象，他们的傲慢态度使当地老百姓产生了成见。天喜不知道他们虐待当地老百姓，但他对他们没有丝毫好感。天喜对日本人特别仇恨。后来日本攻占青岛时，他们强行占领了大半个山东半岛和青岛周围的地区作为战略基地。天喜的村子在占领区内，该地区名义上是为军事目的向中国政府借用的，实际上却被看成日本领土。他们从当地老百姓那里掠夺和抢占他们想要的一切。一开始村民试图反抗外国军队，但他们的反抗引起了更大的掠夺甚至是暴行，最后，贫穷的村民不得不逃走或把妇女、孩子、粮食撤到山上去或占领区外的地方。

天喜目睹了人民聚集起来抵抗来到村庄的第一小队日本士兵，村民成功地把他们吓跑了。但第二次来了一大队士兵，村民的抵抗失败，村庄遭受了第一次洗劫。以后敌人几乎每天都来。所有家庭财产都被疏散，只有那些看到敌人还来不及逃跑的男人留了下来。村庄几乎全被舍弃了。天喜的母亲、姐姐和嫂嫂逃到 223 西山上的一个村庄，带走了好多谷物和其他粮食。天喜与他父亲、哥哥呆在家里，但一天中他们必须跑掉或躲藏一两次。这使得村里和整个被占领区的百姓非常仇恨日本人。日本人在青岛掌权后，助长了种种足以在经济上和道德上摧毁中国人的恶行。最明显的罪恶是纵容土匪和鸦片买卖。土匪在日本占领区受到保护，他们肆意劫掠、绑架和攻击。天喜和村民们都亲身体验了土匪破坏的后果，他们都清楚这是日本人蓄意策划的。天喜不太知道鸦片和其他毒品买卖，但他确实看到许多住在集镇上的可疑的日本“医生”或“商人”，并注意到与这些人做生意的都是些吸鸦片者或鸦片贩子。青岛周围地区的人都深信日本人是他们的敌人，迟早要与他们进行生死决斗。天喜还太小，无法想象这是什么意思，但他一点也不怀疑他应该恨日本人。

入侵的日本人给天喜留下的另一个印象就是骑兵。我们已提到天喜是个固执而又好斗的孩子，他总是喜欢勇敢的战士。在春节看年画时，其他男孩和女孩对挂在那儿的花、鸟和仕女感兴趣，而天喜总是为穿着盔甲、跨在马上或站在城门口堡垒上的战士所吸引。他最喜欢赵云（中国最有名的武将）的画，赵云全身披挂，手执长矛，站在荆州城门（在三国故事中着意描写的一个城）的顶楼上。根据三国故事，这个武士在危急时守住了这座城池，击退了众多傲慢的敌军。天喜对此印象非常深，他私下里想知道他能否成为战士，当他看到日本骑兵时，他的愿望又一次被强烈地激起了。

天喜又去上学后，受到了村里长者的高度称赞。潘族极受人尊敬的族长，也是台头村学校的教师，听说了天喜在集镇学校的好名声，他带回了这一消息，并在村民中宣传。因为他的话对村民影响很大，社区中的其他领导者也开始注意天喜。当青少年群聚在街角时，潘族或陈族的长者会因为某种原因对其他年轻人说，天喜天生不是种田的料，总有一天会当大官的。听到这些话，每个人都看看天喜，天喜却非常难为情。有趣的是，称赞他的人大多是潘族成员，这使得天喜家与潘族主要家庭的关系逐步改善。当然天喜是个孩子，并不知道这些。

224

天喜第二次进学校对他未来的生活道路影响很大。新的学校生活大大改变了他。他学到了中国历史和地理的基础知识，学到了关于自然的——植物、动物、山和水、星星和地球——新理论和新知识。当学到地球是圆的而不是方的时，他惊讶不已。他了解到除了德国人和日本人外，世界上还有其他外国人。他还知道地球上的所有人种可划分为黄、白、黑、棕和红五种。当然他对所有这些知识还相当模糊，但这使他梦想探究他发现的这个广大世界。渐渐地他开始不同于曾一起割过草和放过牛的孩子。不仅天喜认识到这一点，其他男孩也认识到了这一点。只有当他在长长的假期中回到田里干活时，他才又与以前的玩伴在一起。

新式学校的体育课使得天喜成为年轻的爱国者，并激起了他对士兵的羡慕。那时的体育是军事操练，正步、行军、敬礼这些项目都类似于军营的训练，甚至体育锻炼的目的也是使男孩成为优秀士兵。这时教师的讲话都是激励青少年民族意识的，教他们懂得民族蒙受的耻辱，也呼吁他们必须醒来，为保卫家乡和民族强身健体。教育极大地鼓舞了天喜，他暗暗决定要始终像士兵一样行动，他开始以笔直的姿势坐着或站着，以行军的步伐走到学校。现在他想象的英雄与以前唯一不同的地方是他不再披盔甲，而是穿着新式军服，他不再拿长矛，而是拿着大刀和望远镜。这时国旗也在天喜心目中扎了根，他学习向国旗敬礼，渐渐对它产生了强烈的自豪感。

225

通过学校，天喜了解了整个集镇地区，他不再认为自己仅属于台头村。另外，他逐渐被许多人知道。他是学校里最好的学生之一，被教师当作班里的助手，同学也把他看成班里的领导。他帮教师上体育课，时常负责整个学校事务。另外，他的写作水平也受到了称赞。那时中文和写作是主课，如果学生擅长这些功课，老师就特别喜欢他。天喜的老师向其他老师和镇商店的大部分人谈起他，社区领导渐渐知道了这个最优秀的学生。在村教师向学生训话时，他们把天喜作为仿效的榜样，因此村里每个男生都知道他。天喜从不讨厌上学，从未因天气或其他原因耽误上学，他到学校总比其他学生早，尽管他家离学校很远。他对古代杰出人物还是穷孩子时发奋学习的故事非常感兴趣，他在严寒的冬天坚持上学是由于受了 L. 纳尔逊少年时代故事的影响。

有一天，纳尔逊和兄弟去上学。路很远，寒风刺骨，因而兄弟俩返回家。父亲问他们为什么回来，他们回答说天气太冷，无法再走下去。父亲平静地对儿子说："是的，天气很冷，但是被冷天气吓倒的孩子绝不会有出息。"孩子们深为感动，立即又去上学了。后来，纳尔逊成了英国最伟大的政治家之一和著名的海军上将。天喜冬天去上学的路上，就想着这个故事。

那些出生于集镇家庭或镇上商店的男孩的生活与天喜有所不同。他们有较好的衣服，总有零花钱，有糖果或蜜饯，他们谈的一些事情让天喜感到陌生。所有这些都使这个农村孩子的生活方式逐渐发生了变化。有时他会为粗糙而不合时宜的衣服感到羞愧，有时因为吃朋友的糖果不能回敬而难为情。他第一次到商店或镇上的人家时，感到很不自在。然而，后来当他成为镇学校最优秀的学生之一，受到这些男孩羡慕时，他逐渐习惯了新情况。镇学校的学生会不太大，约 12 名较大的优等生形成一个亲密的小团体，天喜也是其中一员。几个镇上的孩子为了得到他的友谊相互竞争，试图把他拉到他们一边。天喜的一个知己就是镇上的孩子，除体育课外他在所有的功课上都与天喜竞争，在上学的几年中，他们一直是好朋友。天喜也有几个来自其他村庄的朋友，他们相互喜欢对方，因为他们家庭背景相似，都对未来充满信心。天喜和其他孩子不喜欢优等生团体中的一个孩子，他比其他孩子大得多，非常盛气凌人。他是个才华横溢的学生，每门功课都很好，但老师认为他的写作不如天喜。在其他人不行的方面，他都很出色，他会画画，他的书法在农村地区很有名。他体格强壮，穿着好衣服，举止优雅，有时还是个雄辩家。他的声誉使天喜相形见绌。但奇怪的是，学校老师从不说这个孩子将来会很有出息。

天喜和其他小些的孩子并不妒嫉他，但害怕他，或许就是这个原因，这个男孩从未真正当过干部，甚至也不是这个团体的真正成员。

天喜的母亲没有看到儿子小学毕业，但她知道孩子的好名声，也因他而骄傲过。有一次，天喜老师选了12个孩子去参加县政府在县城举办的竞赛，天喜是其中之一。这对天喜家庭来说完全是件新鲜事，那无异于一场政府考试。天喜的母亲和姐姐非常激动，即使一向冷漠的父亲也很高兴。出发的那天早晨，家人起得很早，母亲忙于准备餐食，姐姐尽力为天喜打扮。他没有礼服，姐姐想给他穿她的丝绸外套，但外套太长而且是鲜红色，天喜穿着感到害羞，他们决定再罩上件蓝上衣，结果令人满意。一切准备就绪后，父亲和儿子出发了，母亲和姐姐在屋门前向他们招手。母亲低声向上帝祈祷，眼里噙着喜悦的泪水。为了与教师和其他孩子会合，天喜和父亲先到镇学校。每个孩子都有一名家长护送，所以教师、孩子、孩子的家长和驮畜走在乡间路上形成了一支相当规模的队伍。一路上，天喜父亲非常高兴，因而对儿子也特别友好。当路边一个农民问他去干什么时，他高兴地告诉他，他儿子将去博取功名。然而即使在这种时候，他也不忘节俭，在路边客栈吃中饭时，他只为儿子和他自己买了一把烘花生和一壶茶。天喜很饿，但他不敢再向父亲要。中饭后，孩子的家长回家，教师和孩子们继续去县城，前面还有10英里路。到达目的地时，天喜又累又饿，但他非常激动，因为这是他第一次看到城市。男孩们在城里呆了约一个星期，过得非常愉快，没有为他们的主要任务——竞赛过分烦恼。看着这个城市，天喜开始想知道他毕业后能否再到城里学校读书。回到集镇学校后，其他孩子都妒忌地看着他们。除获得了许多奖赏外，天喜还赢得了政府荣誉证书。

227

家里人都很高兴,邻居和村学校教师都向天喜和他家表示祝贺。或许是由于这次的成功,天喜的母亲、大哥和姐姐决定让他上完中学。

天喜在母亲去世后一年从集镇学校毕业。天喜必须决定是继续学习,还是回家务农或是去集镇商店当学徒。他哥哥与浸礼会教堂的福音传道士谈起过这个问题,那人知道天喜的好成绩,他建议天喜去县城浸礼会传教机构办的中学上学,那是一所免费学校。天喜父亲未反对这一计划。天喜去城里参加入学考试那天非常冷,他必须步行 8 英里路,因为没有其他办法到达那儿。

228

天喜被这所中学录取了。在那里他专心学习,每门功课都很优秀。毕业后,他被派到小学当教师。由于他出色的工作和声誉,他获得了去大学学习的机会。天喜在中学和大学期间每个暑假都回村探亲,与亲友重叙旧谊。大学毕业后,他娶了一位自己选中的姑娘,用自己的积蓄办了婚礼。现在他是小家庭尽责的家长。尽管他没有赚到大钱,但他曾在中学担任过重要的教学职务,现在是大学教师。他生活得很好,他还帮助家里的父亲和哥哥买了一些地,建造了一所新屋。因为他的成功,他家在村中的地位大大提高了。

第十七章　村庄的明天

台头村地理位置优越。全年气候温和，生长期雨水充足，偶尔出现的旱灾和水灾也不严重。土壤质量虽然一般，但种类很多，适合生产多种作物，这是经济上自给自足社区的重要特点。靠近海上航线和现代城市中心青岛也是一大优势。尽管青岛几乎没有给过该村什么帮助，但乡村里的人们越来越感到现代城市的影响。毫无疑问，新文明终将战胜旧的传统生活方式。随着城乡间现代交通运输工具的发展以及现代经济的渗透，这一变革过程将会加快。

在多数国家，当男人离开乡村社区，在城市里找到工作后，就和妻子儿女在城市定居，多半割断了与偏僻家乡亲属的联系。而在中国，多数在城里找到工作的村民与其亲属仍保持着密切的联系，他们把积攒的收入寄回家，为家庭购买土地和建造房屋。在他们结婚后，仍把妻子和孩子留在老家。如果他们离开村庄时还未结婚，总是回来与家里选中的姑娘结婚。

这种习俗使一个城乡生活平衡的社会成为可能，这样的人口流动对村庄和城市都有好处。因为外出闯世界的人最终大多仍回家乡，这些回乡村民给村庄带来了新方法、新思想和新财富，农村并未因为城市的吸引而衰退。这对城市也有好处，因为它提供了工厂所需的工人，却没有产生像欧洲和美国工业社会那样的拥

挤——那里工人家庭全部挤在贫民区。但是也必须承认中国移民返回老家、把家人留在老家并不是因为他觉得乡村生活比城市
230
贫民区好,而是因为他受到了一系列古老传统的束缚。今天的年轻人已经采用了新思维,他们对旧的生活方式失去了浓厚的感情,因而很可能会改变这种方式,在他们的谋生地永久定居下来。如果中国移民这一传统的恋家特征得以保持,那么乡村一定会更健康、更称心如意,乡村地区一定更易受现代文明的影响。

农业是台头村的主要生活来源,但却存在着不少问题,最大的问题是生产效率低下。虽然精耕细作,但设备简陋、肥料不足、忽视土壤保护、忽视动植物病虫害防治、种子低劣、动植物饲养方法落后,这一切都阻碍了农业的发展。另一个严重问题是资金不足。许多农民知道现代农业技术,也愿意加以运用,但他们没有资金购买肥料、杀虫喷雾器和合适的设备。第三个问题是农业人口稠密。中国农业的主要问题是个体农业规模小,这只能通过新增耕地或让大量人口离开农业来解决。因为增加耕地不可能,所以人口转移就非常必要,人们普遍认为这种转移可以通过发展城乡工业来实现。

然而,中国土地问题不仅仅是数量问题,而且还有方法问题。土地分割体系和把广大地区划分成小块土地的做法既浪费又不经济。许多良田消耗在不计其数的边界线上,农民的时间也消耗在边界争端中。小规模的农田增加了灌溉的难度,且使得现代化机械不能使用,而且劳动者从一小块田地走到另一小块田地浪费了时间和精力。人们已经提出各种补救措施,政府也已制订了一项激进的政策,这一政策与作者下面提出的计划相类似。

总之,需要一项重新分配土地的政策。在这一政策指导下,政府将赊欠购买农民和地主拥有的所有土地,然后以整块为单位卖

231 给实际耕种土地的农民。不管土地单位大小，农民都必须购买整块土地。落实这一政策需按如下步骤进行：首先政府对每个农夫或农民家庭的土地进行一次详尽的调查。要非常仔细、准确地记录土地总量、耕地的数目、每块地的大小及位置、土地等次、现行价格以及所有耕地的总价格。农民必须参加规划与调查，使他们相信新体制的优越性。调查完成后，应该根据土地局的地图重新分配土地。首先，必须计算村中每家的土地总量及其现行价格。其次必须根据农户数目把一村庄或地区的土地总量分成许多单位，单位大小由土地价格、等级、位置和交通情况决定。在分配土地时，农民新土地单位的价格必须与他原有土地的价格相等。下面的表格是一个例子。

232 因为农户 X 原有土地现行价格是 762.5 美元，所以他可以从政府那里买回价格相当于 762.5 美元的新耕地单位。土地局用这样的方法算出每户的土地总价格，然后把整个地区的可耕地划分为与各户土地总价格相当的单位，所有单位的总价格必定等同于原来土地的总价格。质量好、位置近的土地单位自然比质量差、位置远的单位要小。如果一个家庭原来拥有 14 亩不同等级的土地，价格为 762.5 美元，在新体制下，这个家庭可以相应购买一块 11.7 亩五等、离村庄距离适中的农田，也可以购买一块 33.15 亩二等、离村庄较远的农田，还可以购买一块包括五等 4 亩、二等 10 亩、四等 5 亩离村庄距离适中的土地，总之，总价格保持不变。按理说农民不应反对这一计划，因为他们得到土地的价格与以前占有的土地价格相等。但是农民中的传统和旧势力很强，他们甚至不愿把差农田换成好农田，因此在实施该政策时，有必要采取强制措施。

不同等级土地现行价格的调查

<table>
<tr><th>土地等级</th><th>每亩价格(美元)</th><th>说　　明</th></tr>
<tr><td>一等</td><td>25</td><td rowspan="6">位于离村庄不远的地方，交通便利。</td></tr>
<tr><td>二等</td><td>30</td></tr>
<tr><td>三等</td><td>40</td></tr>
<tr><td>四等</td><td>58</td></tr>
<tr><td>五等</td><td>85</td></tr>
<tr><td>六等</td><td>100</td></tr>
<tr><td>一等</td><td>20</td><td rowspan="6">位于与村庄距离适中的地方，交通便利程度一般。</td></tr>
<tr><td>二等</td><td>25</td></tr>
<tr><td>三等</td><td>35</td></tr>
<tr><td>四等</td><td>60</td></tr>
<tr><td>五等</td><td>65</td></tr>
<tr><td>六等</td><td>85</td></tr>
<tr><td>一等</td><td>18</td><td rowspan="6">位于与村庄较远的地方，交通不便。</td></tr>
<tr><td>二等</td><td>23</td></tr>
<tr><td>三等</td><td>34</td></tr>
<tr><td>四等</td><td>48</td></tr>
<tr><td>五等</td><td>65</td></tr>
<tr><td>六等</td><td>85</td></tr>
</table>

农户 X 的土地情况

等级	距离	交通	亩数	每亩价格(美元)	总价格(美元)
一	中	一般	2	20	40
二	远	差	5	23	115
四	近	好	3	100	300
五	中	差	2.5	63	157.5
六	中	一般	1.5	100	150
			14		762.5

台头村的农民还有其他农业问题。首先，庄稼经常遭受害虫的严重破坏。危害最大的三种害虫是：地老虎幼虫（当地叫土蚕）、蚜虫（当地叫蜜虫子）和毛虫。第一种害虫对花生和甘薯危害最严重。蚜虫主要吃卷心菜、绿叶蔬菜和蚕豆。几年前，蚜虫危害非常大，使得村民无蔬菜可吃。整个菜园被蚜虫吃光的事并不罕见。甘薯不仅遭到地老虎幼虫的危害，还遭到使叶子和藤枯萎的害虫的危害。毛虫是黍和其他谷物幼株的致命敌人。实际上，每种庄稼都受到一种或几种害虫的威胁。如果采用科学的防治虫害的方法，这一问题可以全部或部分地得到解决。但是直到现在为止还未引进这些方法，农民只能使用没有什么效用的老办法。

233

另一个问题是缺乏灌溉。菜园是手工浇灌，田地则没有灌溉系统。在干旱来临时，农民只能等待和祈望，或者举行祭祀游行。雨水太多同样令人绝望。该村知道其他地方的灌溉系统和方法，但他们没有仿效。这里还流行这样的迷信：在居住区北面凿井会破坏村庄的“风水”。实际上那里的土壤太松，水层在地平面下太深，不可能打井。如果在同一地方拥有田地的农民不发展合作灌溉，该地区就不可能得到灌溉，因为没有人会为灌溉一亩土地特地凿一口井。

关于台头村农业，还要提及的最后一点是妇女的作用。除了特别穷的家庭，妇女只在种植甘薯以及收获甘薯和花生时才下田劳动。偶尔她们也收摘田里的菜豆和其他蔬菜。妇女经常在打谷场或菜园里劳动。实际上她们是小麦、黍和花生去壳的主要劳力。在9月份，男人忙于田间劳动时，打谷场上的大部分活都落到了妇女的肩上。

总之，可以这么说，这里村民的生活条件并不太差，除非在作物生长期意外发生旱灾,平时他们有足够的东西可吃。从营养角度看,餐食没有很好平衡,但除了冬天和早春的几个月没有绿叶蔬菜,除了几户很穷的人家外,餐食还是丰盛的。在讨论住房和衣着条件时,笔者着重的是社会文化方面而不是经济方面。卫生条件公认很糟糕,特别是在夏天。污秽的街道、肮脏的庭院、拥挤的房屋使得人们的生活既不舒服又不卫生。家庭厕所的安置和粪便畜肥的处置方式是滋生疾病的沃土。家庭环境不卫生的直接后果就是肺结核和眼病的流行。因为食物准备和洗涤碗盘的方法不卫生导致小孩闹肚子。村民想要健康、体面,但妨碍的因素太多。他们忽视了卫生学和健康保护;不懂得肮脏与疾病之间的关系;为迷信、偏见和传统所牵制,他们仍按照旧方法而不是采用更好的新方法行事。他们不知道在家里安置改良设施的方法。在农田里工作的人大部分时间必然很脏,而他们又太忙,没有时间保持个人清洁、注意适当准备食物或打扫积着秽物的房屋或庭院。

234

显然,改进村庄的公共卫生是一项艰巨的任务,这不单是钱的问题,也不单是教育和村庄管理的问题,它是一项要求把所有这些努力综合起来的任务。换句话说,在公共卫生能达到高水平前,必须改善经济条件,必须让人们受教育,必须使村庄从整体上重新有效地组织起来。这需要逐步稳定地推进,不可能一蹴而就。

关于家庭生活,作者希望说明以下几个重要方面。首先,大多数经济和社会组织仍然以家庭而不是以个人为基础。农业完全是家庭企业:整个家庭拥有土地和其他生产工具;家庭在生产过程中像一个单位那样干活。原则上每个成员应尽他或她的最大努力增加家庭收入,实际上也是如此。家庭成员之间没有明显的差别：一成员工作努力，他不会得到多些；另一成员懒懒散散，他也不会得到少些。换句话说，整个事务是公共的。在美国农业家庭中，儿子可能作为父亲的合伙人，他得到的份额或工资取决于他的劳动。尽管他俩是一个家庭的成员，但他们是独立的经济单位。土地或大多数财产属于父亲或父母，而不属于整个家庭。在中国农业家庭中，如果父母与孩子没有正式分家，这种情况绝不可能存在。其次，如果一家有一个或几个成员在外面工作或从事非农业职业，该家庭单位仍能保持不分裂。家庭成员是为家庭而不是为他个人工作，他不拥有收入，必须把余钱交给家庭。比如，一家有个儿子每年有一段时间在青岛当泥瓦匠，为了生活必须花掉一部分工资，但他从不认为钱是属于他的，怎么花费完全由他决定。他的态度与他在农田里劳动时完全一样。

除家庭外，还有邻里经济组织或村庄经济组织，它们也是以家庭单位为基础的。邻近家庭合作耕地、播种、收获或打谷的事时有发生。在结婚、葬礼或其他特殊场合，家庭间在财务上相互帮助。迄今还未出现不同家庭个体成员间建立的独立的经济组织（从前有两个年轻人为了买卖瓷器，的确形成了小规模、暂时的伙伴关系，他们与各自家庭没有任何财务联系，但这只不过是一次暂时的冒险）。任何村组织都只是家庭单位的联盟——一个村庄的强弱取决于村中家庭的数量和种类，而不是单个领导的数量和种类。而且在像台头村这样的农业村庄，除了家庭之外，严格说来，几乎没有什么组织和团体是经济性的。实际上我们看到的是独立的家庭单位，每个家庭各自承担生产、消费和储蓄事务。当然村庄也有贯彻政策计划与管理事业支出的组织，但无疑也是以家庭单位为基础的。 235

除消遣和个人娱乐外，台头村的社会结构或社会活动也是根据家庭单位组织的。家庭本身是个极其复杂的相互作用的群体，是个初级仪式群体；也是培养年轻人、供养成年人、照顾老年人的重要中心。的确，在任何国家，任何民族中家庭都被视为社会群体。但在中国农业家庭中，家庭作为供成员开展社会活动的社会结构的特性，表现得更明显，也更基本。在社会活动扩大到村庄范围时，组织是以家庭而不是以个人为基础的。事实上，村庄是根据不同的家庭关系组成或划分的。在公共事务中，只有家庭是代表。村庄保卫、村庄学校、宗教仪式、基督教堂、选拔领导和官员、执行政府计划、社会控制和其他类似的事务都是以家庭而不是以个人为基础的。家庭是村庄经济生活的基础，也是村庄社会生活的基础。

关于家庭生物进化的观点很有趣。许多中国家庭的发展都经历了五个连续的阶段。第一个阶段是初级亲属群体——丈夫、妻子和子女，构成了西方意义上的家庭。当一个儿子结婚了，家庭进入第二个阶段，此后它不再是核心家庭而是一户。结婚的儿子生孩子后，仍与父母、未婚兄弟、姐妹住在一起，家庭单位进入第三个阶段。在所有孩子都结婚有了孩子，父母一方或双方还活着，并把整个群体维系在一起，这时家庭处于发展的第四个阶段。当父母都已过世，所有姐妹都出嫁了，兄弟们通常要分家，但在某些情况下，他们尽量保持这个大的结构不分裂，我们可称之为第五个阶段。这种状态不可能长久维持，结构终要打破，而在打破这一结构后，出现了许多第一阶段的小家庭和户，每个家庭又处于家庭发展新过程的开端。这种家庭的发展与西方家庭的发展不同，典型美国家庭的发展可用下图表示。

236

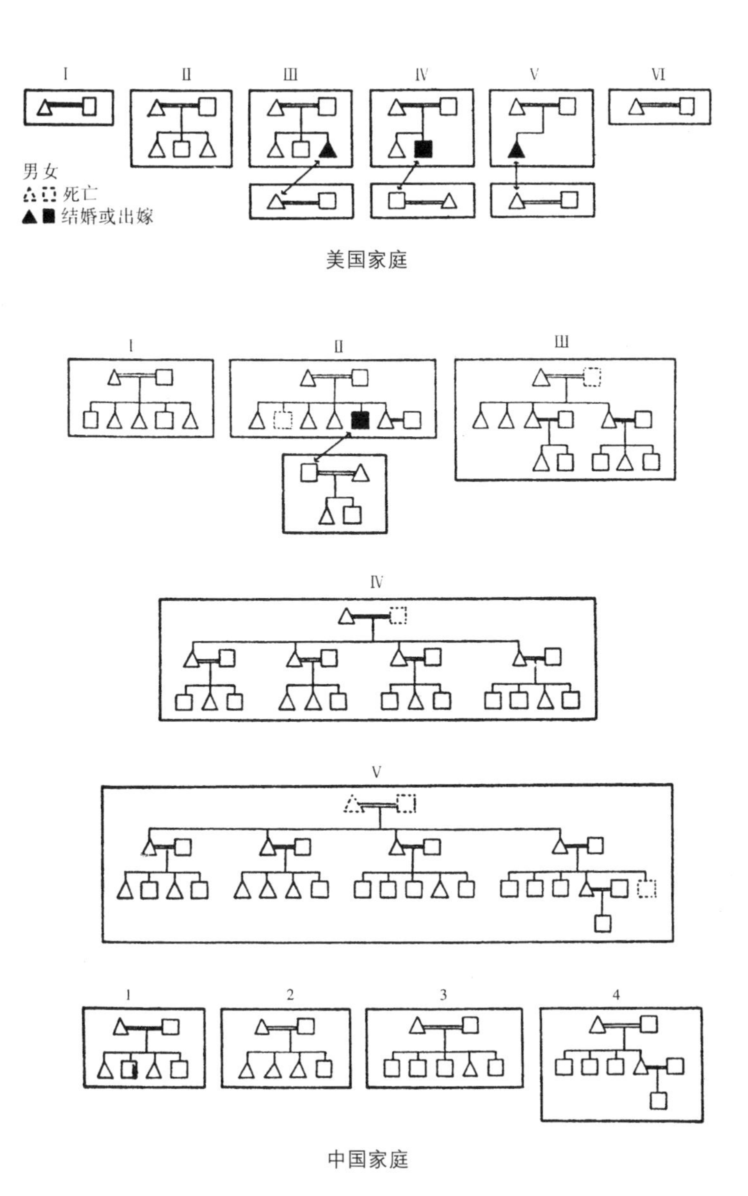

美国家庭

中国家庭

美国总是保持夫妇型家庭，由父母和未婚的孩子组成。一旦儿子或女儿结婚，他们就建立独立于父母的新家庭。结了婚的儿子或女儿即使对原家庭有依赖，也不再是其成员。所有孩子都结婚后,年老的父母独自生活,他们回到了刚结婚时的状态。他们 237 也会与结了婚的儿子或女儿一起生活,但他们是客人,而不是家庭的一员。

中国家庭的发展也可用图来说明。并不是每个中国家庭都经历这五个阶段。在许多情况下,家庭到第四个阶段就分裂了。在所有儿子都结婚且都有了许多孩子后,妻子们和孩子们生活在一起不发生争吵和摩擦是相当困难的。一旦兄弟开始争吵,他们就不可能再在一起友好劳动,这样大家庭就分裂成几个夫妇型家庭。如果父母还活着,要么独自生活,要么由儿子轮流照顾。除非有特殊原因——经济问题、社会声望、户主特别能干、兄弟间感情浓厚、一两个兄弟及其家人不住在家里等,很少有家庭能达到第五个阶段。在台头村,一个杨族家庭确实经历了如上页图所示的五个阶段,这里有个简短的故事。

238 该家庭在第四个阶段时由四个兄弟与他们的妻子和孩子组成。由于父亲还活着,兄弟们仍生活在一起,尽管妻子之间和孩子之间时常发生争吵。两兄弟已离家从事非农工作,他们常寄些钱回家,资助家庭经济,购买几亩土地,增加公共财产。这样在某种程度上不仅平息了兄弟间的纠纷,而且使家人相信维系在一起对整个家庭经济有好处。一个离家的兄弟带着自己的家人住在外面,也有利于减少妻子间和孩子间的摩擦。他们没有分家的另一个原因是兄弟们和长嫂情感上认为过早地分家违背死去母亲的愿望,也会给老父亲带来极大的痛苦。而且他们都是基督徒,正如长兄惯常说的那样,基督徒家庭应该成为村民的好榜样。过去他常告诫家人:好家庭应该是家族成员互敬互爱的,意思是指不管有多少困难,他们都应该生活在一起。

几年以后,父亲去世了。多数村民估计这个家肯定会分裂,但兄弟们仍坚持生活在一起。这时主要考虑的是经济因素。他们相信如果把公共财产分割成四份，没有一个人能安全地生活，因为每份都太小无法供养六七口人的家庭。而且留在家里的两兄弟发现没有相互帮助，光靠田间劳作是很困难的。兄弟们认清了这些关键问题，成功地压制了妻子们分家的愿望，继续在一起生活了近十年。直到最近，他们才分成四个核心家庭。

大家庭或许对某些大地产家庭有好处，而对其他家庭则不适合。首先，大群体对整个群体经济繁荣的愿望没有核心家庭或小家庭那么一致。兄弟们也许还能从大家庭利益出发考虑问题，而妻子们只想到自己小家庭现在和将来的命运，甚至自她们嫁入该家庭开始，就一直盼望着从大家庭里分出去。她们尽可能攫取更多的公共收入，使自己小群体的经济更有保障，这引起了家庭中许多公开或潜在的纠纷，产生妒忌、怀疑、误解、愤恨和私欲。一开始这些纠纷只存在于妻子们之间，后来兄弟们也卷入了普遍的恶意，兄弟们的孩子之间发生争吵，最后家庭的维系只在于他们住在同一屋顶下，家庭在精神上已经分裂了。由于士气低落，劳动分工中的合作也减少了。妻子们为了家务争吵，孩子们继续了这场冲突，因此家庭的合作逐渐受到损害。妻子的抱怨和自私的想法传到丈夫的耳里，扎根在他们心中，最后兄弟们也开始产生偏见。在家里和田里，到处可以看到隔阂，看到时间、劳力和材料的浪费。效率降低，经济统一体受到威胁。强有力的父亲或特别能干的母亲或许能够恢复秩序，但团结一致的精神已经丧失了。

239

大家庭的数目有减少的趋势。年轻一代对正统的家庭训导失去了感情，不再羡慕五代同堂的家庭——即门厅和房间都是孩子和孙子的家庭。年轻媳妇经常抱怨说她们宁愿要一个属于自己的贫穷独立的家庭，也不要富裕、令人讨厌的大家庭。大家庭分家时的争吵几乎成了村内的每日新闻。为此，老人感到很伤心，年轻人则认为理所当然。

关于婚姻，中国评论家批评夫妇婚前互不接触的习俗。他们指责说互不了解导致了婚姻失败和悲剧，因为只有两人相互了解、关心，才会产生爱情。女子不可能爱一个从未见过面的男人，而没有爱情，婚姻就不可能成功。根据作者的仔细观察，这种说法只有部分正确。年轻夫妇相互缺乏了解会增加初期适应的困难，但这并不妨碍婚姻的成功。当丈夫和妻子一起劳动、一起抚养孩子、努力创造家庭繁荣时，他们感到其婚姻是成功的，而不管是否浪漫。像在台头村这样的农村地区，尽管年轻夫妇个人之间可能互相不了解，但他们的背景、生活态度是如此相似，因而不可能产生思想或生活方式的冲突。思想水平或思想方式不同的年轻人基于相互吸引结成的婚姻通常需要比中国传统婚姻更多的相互调适。中国传统婚姻是由父母安排的，双方在这种婚姻中明确知道他们所要求的是什么，而且双方有着相似的传统和志向。

在中国农村，离婚几乎不可能，离婚要蒙受巨大的社会耻辱。一些评论家把这看成巨大的障碍，但若离婚很容易，年轻人为一些小小的争吵或暂时的不快动辄分手的话，那才是毁了他们的生活。中国的妻子知道不可能离婚，因而尽可能改善她的处境，即使受到虐待也忍让、友善，努力用耐心和爱缓和男人的严厉。她的善良结出了爱和尊敬的果实，她成了受尊敬的妻子和母亲，不知离婚女人的孤独和痛苦。当然，许多婚姻一开始就很幸福，妻子不必忍受初期的痛苦。作者感到不准离婚对暂时不成功的婚姻并不总是不利的，相反离婚自由会破坏许多本来可以通过相互忍耐和克制变得幸福的婚姻。

从家庭转向村庄，关于村组织作者希望说明三点。村组织的第一个特点是目的消极。领导的责任是保卫传统，防止任何新思想威胁旧事物，这是自中央集权建立后中国政治哲学的典型态度。村庄没有组织化的娱乐，没有全村性的社会群体，没有保持街道清洁、提供清洁饮水的统一方法，也没有社区福利或地方发展的统一措施。的确，村组织曾经保持了组织完好的防卫体系和一个团的庄稼看护者，但这些只能避免不幸，不能改善人们的生活。总之，到现在为止，村组织没有做过任何改善和重建方面的事，也没有做过为人民破旧立新的工作。

第二个特征是村内分裂。所有群体都是以特殊利益、地区、家属关系或宗教为基础的，没有全村性的联合。村里有家族群体、邻里群体、两个基督教（新教和天主教）群体和以经济地位相似为基础的群体，这些群体紧密编织成的结构具有阻止整个村庄采取任何联合行动的趋势。如果能充分利用各种群体，把它们作为村行政的代表，那么情况将有所改善，但至今未见任何变化。

241

第三个特征是家族利益。除了那些以经济地位为基础的群体外，所有村内群体都直接或间接由家族关系决定。看看村地图就知道，邻居大多是由同一家族的家庭组成，因此这些家庭的联合既以邻里关系又以家族关系为基础。杨族和陈族家庭形成的新教组织，总被看成两个家族反对潘族的组织。潘族不愿参与，并不是因为它是外国宗教，而是因为它是陈族和杨族办的。另一方面，村学校实际上属于潘族，教师是潘族的，所以潘族人觉得有义务支持他，送孩子去他的学校。而杨族和陈族则把他们的孩子送到基督教学校，因而激化了家族间的竞争。

有些人认为国民党统治下的中国是民主国家，但这种民主是消极的。的确，村民在缴完税或完成其他偶然的义务后，几乎完全独立于政府，可以说达到了自治的程度。但仔细观察村庄的公共生活,就可发现这并不是民主。当地事务总是由乡绅、族长和官方领导控制,单个村民或家庭从未在倡议、讨论或制订计划方面发挥过积极作用。总的来说,人民在公共事务方面一直是愚昧、驯顺和胆怯的。而真正的民主是以人民参与社区事务为基础的,民主进程的目的是改善和丰富人民本身的日常生活。台头村不具备这些条件,因而不可能把它看成是民主的社区。

为了摆脱这种状况,政府最近开始实施一系列农村重建计划。当局迫切希望推进农村现代化,复兴农村地区,但这个计划存在许多问题。农村重建需要新型领导,而中国没有训练有素、条件良好的人来满足这种需要。而且旧乡绅、族长和其他上层人物也不会心甘情愿、自动地向年轻的崛起者屈服,即使这些崛起者能得到政府权威的支持。旧势力在村公共事务中的影响根深蒂固,任何外力都难以推翻,新计划会受到大量公开冲突与妥协的阻碍,它需要微妙的调节和英明领导。

242

在中国村庄,冲突和非法行为通常是由以公共舆论为基础的私人调解来解决的,很少诉诸正式的法律。因为司法体系中的偏见和传统非常强大,经常发生不公不义行为。为了建立强大的社会控制和明确的法律权利,政府采用了保甲制和新县制。只要这些措施真正产生效力,农村人将享受到更大的人身和财产安全。

然而,作者认为,如果传统的对村庄生活的社会控制完全由一系列固定的正式法律取代,也是不幸的。法律提供了明确的保障,但也允许导致密切结合的社区瓦解的不义行为。在大城市,人们对邻居或邻居的财产是通过正当手段还是通过贪污获得的知之甚少或一无所知。而在村庄,人们知道每个人经济和社会活动的最小细节。当邻居看到一个人通过剥削穷人或与敌国做生意积聚财产,而法律却像保护正直人辛苦挣来的积蓄一样小心地保护他的财产时，他会感到绝望。贫穷而又正直的农民对法律行使中的这种不义非常不满。农村管理的问题是如何把现代法律体系的优点和舆论控制的旧体系的优点结合起来。

戴乐仁教授说："农村社区是由从属于一个利益中心的当地人组成的。在某种程度上说，社区越大越好，因为人多了可以形成使日常生活丰富的特定利益和职业群体，可集约地提供服务和娱乐，而这些是较小的社区无法提供的。但社区也不应大到削弱社区感的程度。"[①]其他一些学者指出当社区的大小使人类生活的各种兴趣可自由展开时，社区感情最具约束力，也最强有力，而当社区太大时，它就会成为想象中的抽象物。在预言美国农村社区的未来时，德怀特·桑德森博士也强调了人口的多少与它能提供的社会服务之间的关系。在较大的中心区，可建立更多的机构和服务设施，让农村人享受与城市人即使不相等也相类似的便利。只有较大的社区才能满足由于农民与城市联系的增加和生活水平的提高而产生的对服务设施的需要。[②]

在考虑社区范围大小时，必须考虑两个因素：人口和交通。具有较高生活水平的稠密人口之所以能在小块土地上立足，是因为它有办法提供必需的服务：学校、公用事业、火警救护、娱乐设施和其他东西。人口稀少的贫穷地区为同样的服务设施筹集资金必须覆盖更大的范围。交通工具对社区的大小也有相当的影响。共同的利益是决定社区大小的极重要因素：上述公共服务应该是整个社区所关心的，它们的成败应该与生活在其中的每一个

---

① 戴乐仁(J. B. Taylor)：《论农村重建》(*Aspects of Rural Reconstruction*)，北平：燕京大学，1934 年，第 9—10 页。

② 德怀特·桑德森(Dwight Sanderson)：《乡村社区》(*The Rural Community*)，纽约，1932 年，第 564—566 页。

人休戚相关。

根据这些原则，中国该地区的有效的农村社区组织不应由一个村庄或者几个村庄构成，而应由集镇及周围农村构成，正如第一章叙述过的集镇那样。在台头村，它应包括辛安镇和那块平地上的所有村庄(参见图 1－1)。因为生活水平的低下和资金的缺乏，中国的农村社区组织必须达到这样的规模。美国农民为了改进社区也许会捐赠 100 美元，但中国农民从他不足的现金中捐出的钱不可能超过 2 美元。支持同样的事业，富裕的美国农业社区和乡村中国的农业社区的人口比率将是 1∶50。在美国 50 个家庭就能维持一所学校，而在中国要 150 到 200 个家庭才能维持一所学校。在今天的中国，一个有效的农村社区应该具有辐射三四英里的范围，因为只有大到能支持 20000 到 30000 人口的土地才有实行乡村重建计划的必要。随着道路状况的改善，在中国农村建设这样的社区没有什么困难。可以预料在未来会使用自行车和橡胶轮独轮车。集镇是最自然、最合理的农村社区组织，因为它体现了同一地区的村庄之间的传统联系。

人们普遍认为更好的公路和现代交通设施的引入，使农民很方便去较大的中心区，这将引起当地集镇的衰落。事实不是这样。虽然农民现在更经常地去较大的中心区购买当地没有的东西，然而集镇的社会生活和传统的惯性使他继续去集镇。而且本世纪自给自足经济的迅速退潮使农民需要购买的商品更多。他不再自己织布、自己制造工具，他的不断变化的新需要增加了他购买更多外部世界商品的欲望。所以尽管他更经常去大的贸易中心，但他在集镇上的消费并没有减少。毫无疑问，集镇将在组织当地社区(它的贸易范围)方面发挥重要作用。

近来，中国政府非常关心农村社区组织。在前面已经提及，实行保甲制主要是为了社会控制，但是新县制指导下的农村组织是为了贯彻农村重建计划。在新县制下，县被看作未来自治政府的地方政治单位。新县管理分成四个等级：甲、保、镇（农村地区叫乡，城镇地区叫镇）和县。像原来的保甲制那样，在新县制中一甲由邻近的10户组成，一保包括邻近的10甲或100户人家。但新县制需要更多的官员，官员的权限也更大。居于一保之首的是保长和他的众多行政助手，保长兼任保公所主席、公立学校（小学）校长和民防团长。在较发达的保中，保长可能委任一个全职的校长，也可能找代理人，负责当地警察和民兵事务。在不发达地区，两三个保合起来建立一所公立学校。10保构成一个镇（乡或镇），镇官员有镇长、副镇长、中心学校的校长（中学或高小）、镇民兵和警察队长、镇合作社的社长。镇上面是县。县长现在仍是由省政府任命的。当下级行政单位很好地组织起来后，县长将是民选官员。在县长下面还有4到6个部门：民政、军政、财政、教育、经济和社会。当县完全是在新基础上重建时，这些部门的头头都将是民选官员。

我们看到新县制有几点不足。最明显的不足是以十作为决定各个单位大小的基础——10户一甲，10甲一保，10保一镇。从社会控制的目的看，10户的小单位是令人满意的，但从农村重建的角度看，保和镇各自不应局限于10甲和10保，因为这么小的单位不可能提供足够的钱财和人员。另一个不足是一个300户的村根据保单位要划分成两三个部分。传统上它们是一个单位，现在必须成为三个单位，必须有三所学校、三个民防团和三个合作社等，这会在社区中产生非常不利的影响。让我们考察一下学校的情况。今天的中国农村可能在将来很长时间内，300户的村庄只能维持一所好学校。中国的教育界坚决主张300个孩子是一所人数最经济的学校,如果少于100人,效率将大大降低。因此,一项较好的政策是把一个大村庄作为一个单位,使两三个小村连成有一所好学校的单位,而不是把一个村分成几个有许多差学校的单位。这一道理同样适用于其他社区计划。

镇的组织形式也有不足。因为一个镇只包括1000户人家,只包括集镇区域内的部分村庄。像保打破了村庄统一一样,镇也打破了较大地区的统一。根据新制度,有两种镇:由村子里的农户构成的农村乡和由集镇或城市里的家庭构成的城镇。这样集镇和周围的村庄被分割成两个政治单位。但从经济、社会和传统上看,他们都是一个单位或有机体,前者是头,后者是身体。然而在新组织下,一方只有头,另一方只有身体。离开了一方,另一方就不能有效地发挥作用。

246

相反,集镇社区组织会更好地适合农村重建计划的目的。首先,它在农业改造方面是有效的。中国农业机械化从形式上看无疑类似于极力倡导的集体农庄,将机器和拖拉机站建在中心地区,为广大村庄服务。这种站的最自然最理想的安置地方无疑是集镇。集镇终将转变成大规模动力供应和农业援助中心,拖拉机和其他机器将开到周围村庄干活。农民家庭将不必拥有机器,他们可以去中心站雇用公共或合作拥有的机器和其他各种机械辅助物,他们也来这里制造或修理他们的小型农具。

这样的农村社区在组织农民的合作事业方面是有效的。为使农业生产和农业改造获得足够的资金,应引导每个村的农民组织一个信用合作社,各村庄信用合作社再结成社区联盟。这一联合信用合作社总部设在集镇上,它具有充分的地位和权威,可直接向银行贷款。村庄信用合作社可以向联合信用合作社借钱,再贷给自己的成员。这样整个社区是一个信用合作社单位,集镇成为农业信贷中心。农民的销售合作越大越好，因为只有大的销售合作社才能提供足够的生意。但是，由于成功还依赖于社区利益，所以基本单位不应太大。一般来说，集镇社区大致是比较适宜的规模。那时每个社区的农产品都调集到总部，再由联合组织用船运到外面市场或工厂。通过这种方式，既保持了单个社区的完整，同时又获得了大组织的好处。农民的供货合作社也可以这样来组织，总部设在集镇上。这样农民一次就可以把产品运到集镇上，同时带回生活必需品。

247

农业其他方面的改造也需要一个大的农村社区。合作灌溉和排水、联合控制病虫害，最好通过大社区的联合力量进行。而且集镇区是开展农业推广工作的理想场所，也是通过无线电或其他渠道传播农业信息的好地方。对农村工业而言，集镇是各种制造业的中心，是在当地销售或用船运到外地市场的农村制成品的汇集中心，是原材料的汇集中心，是财政供应中心，更重要的是生产合作社的总部。如果农村工人白天在集镇工厂工作，晚上回到村里自己的家，那是最理想的。这样，小工业中心和许多居民区及农业村庄能同时并存，形成一个兼有自然优点和城市生活乐趣的理想的农村社区。改善的交通设施如公共汽车服务设施和自行车将成为运载五英里范围内的村民往返于集镇和家庭之间的实用工具。

作为原材料和制成品汇集中心的应是集镇，而不是村庄。因为集镇有铁路或公路经过，或两者都经过，这样卡车和货车可以到达那里。另一方面，大的农村社区比小社区更有利于发展乡村工业。农民合作拥有的工业规模不会很大，但根据工业原理，如果经营规模太小，成本将会很高。在中国，新的乡村工业不应局限于家庭工业或家庭手工业，但是单个村或几个村没有能力经营大规模的现代工业，而乡村工业由外部资本家拥有和经营又是不合适的。因此，最合适的办法是把更多的村庄组织起来，合作开设工业。较大社区有资本、劳力和原材料，也有能力消费产品（比如商品肥、饲料和建筑材料）。有趣的是中国工业合作社正以与这里叙述的非常相似的方式发展。

248

农村教育的发展和改造也需要农村社区达到较大的规模。戴乐仁教授写道：“当村学校不是孤立的单位；当村学校的教师是教育协会的成员，并不断受到协会的促进；当学校本身就成为当地体系的一部分时，它将运行得最好。”“在我们谈到的社区中，联合原则最好应体现在把学校和不太正规的教学活动纳入一个体系，由代表社区的一个委员会管理。如果这个体系在财政允许的情况下建立起来，可能包括在所有村庄（除最小的村庄）设立初级小学，在集镇和几个大村庄里设立高级小学，这样布局可使学生上学必须走的路程缩到最短。另外，我们希望在中心地区有初中级职业学校，再辅之以能发挥比扫盲更广泛、更持久作用的成人教育。”①

人们已经发现中国农村地区的医疗服务区域一般与贸易区域一致。农村人长期以来已习惯去集镇请医生或买药品。6名左右的医生在集镇区域巡视，到村民家里出诊。最近政府制订的公共卫生计划是垂直组织的，由最小单位村庄的卫生员到地区卫生站，直至县卫生中心。村卫生员为一个村服务，县卫生中心为全县服务，地区卫生站为一个地区服务。在这里，地区的范围没有规定。如果地区是传统的集镇区，那是很理想的。假如20000到30000人（假定为集镇区的平均人口）需要一家好医院、一两名

---

① 戴乐仁：《论农村重建》，第17—21页。

训练有素的医生、两三名护士，那么集镇也许是社区医院和地区卫生总部的最佳所在地。在交通便利的大村可以设诊疗所或分支医院，这样需要一两名巡回医生和两三名巡回护士应付紧急需要，进行公共卫生推广服务。村卫生员应受到良好的训练，部分工资应来自公共资金。如果可能，他或她应兼任村学校职员。这一制度最好建立在整个社区合作的基础上，否则它应由县政府来管理。

249

在组织社区娱乐活动方面，一个村只能做很少的事，几个村就能做得较多，而像集镇区这么大的社区能够发起许多大型活动——社区定期集市、社区音乐会、社区体育俱乐部。一般来说，集镇是整个农村地区的娱乐中心：茶馆在那里，说书人在那里，每年的集市在那里，最丰富多彩的新年庆典活动也在那里。在组织新活动时，人们只要改掉旧内容和旧方法，换成新内容即可。最重要的是把男女老少组织进不同的兴趣群体，再组织进当地单位，然后组织进社区联合会。小单位可在小范围内诸如在一个村庄或几个村庄中开展简单的活动。但是不管何时需要开展整个社区的活动，所有的单位都要能够会合起来。以演戏为例，在平时每个村或每组邻近村子能保持一小队年轻农民，演些简单戏剧，供村民娱乐。但在特殊场合如每年的集会、新年、清明节等，所有村剧团都聚集到集镇上。为使当地人联合起来，社区组织应该发动群众举行大型活动，这将大大提高人们的社区意识。

251 # 附　录

一、农具的改进

犁(图 1)由七个部分组成:犁柄、下弯的犁辕、平座、直柱(有时叫导柱)、柄销、犁板和犁铧。犁板和犁铧用生铁制成,其他部分用木头做成。犁柄约三英尺长,下端通过平座和直柱相连。犁辕约六英尺长,一端有一个木栓,用于接卸横木,另一端削成长方形,宽松地插入犁柄中部的长方形狭槽。直柱约两英尺长,是犁的中枢,下端用榫固定在平座上,而上端由犁辕穿过。平座约两英尺长,前端削尖插入犁铧后面的承口。生铁制的犁板呈椭圆形,包括扭曲的刀刃和开槽的长柄。犁板使用时,固定在直柱上,置于犁铧旁,用于把泥土翻出犁沟。犁铧的形状像鞋子,后面有个承口,插入平座前部,犁铧用来切出犁沟。柄销是一英尺长的木销子,横插入犁柄上的长方形狭槽,可以调节犁沟的深度,按下柄销可以犁得更深。

在中国这一地区,犁用来整地和播种(用于播种时要拿掉犁板)。当垄脊上需要新土时,犁也用于犁甘薯地。犁由把犁人操纵,由一头驴和一头牛组成的联畜牵引。不知一把犁目前的价钱是多少,但不会超过 5 美元,一把犁可以使用 20 年左右。

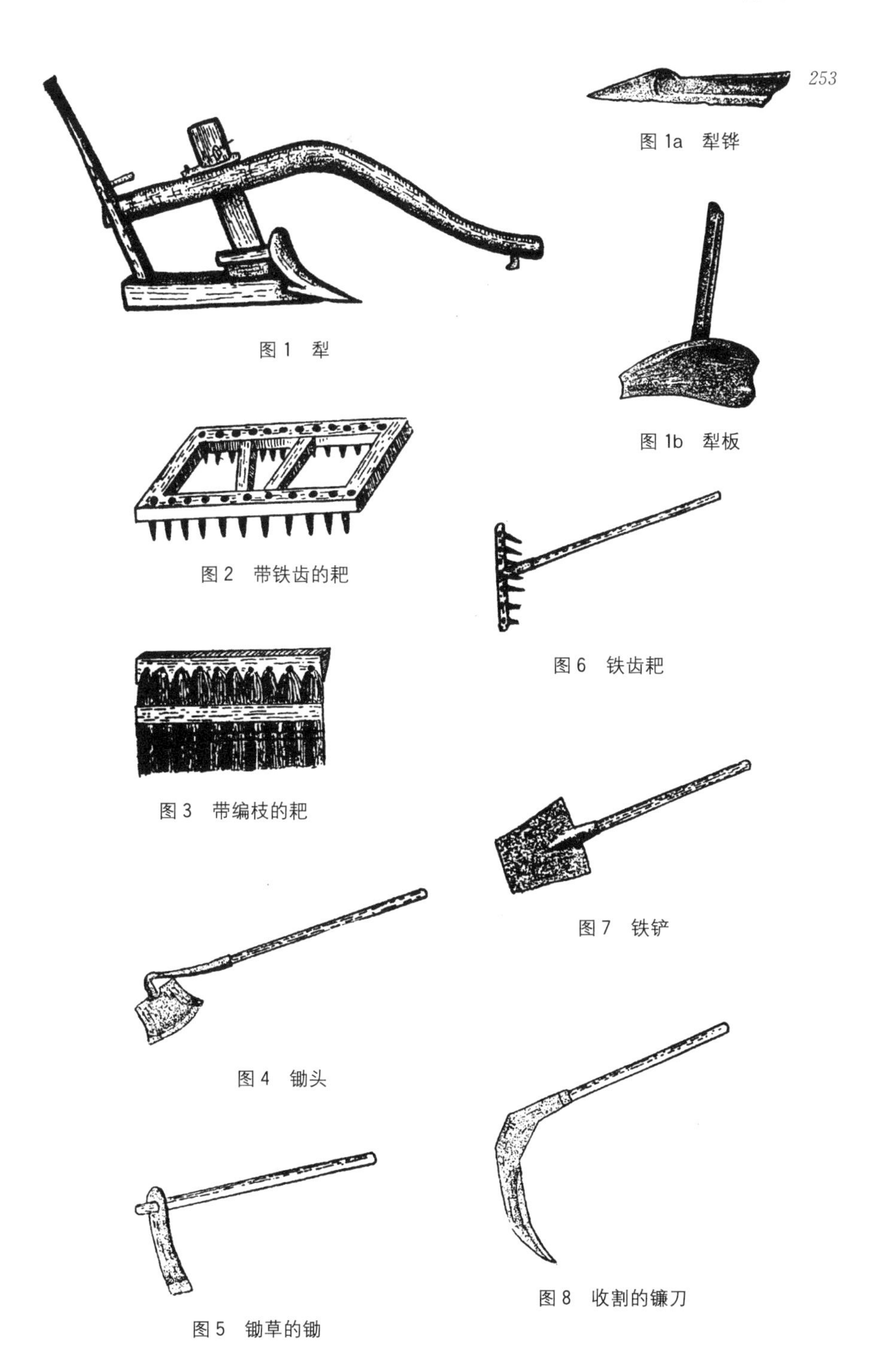

图 1 犁

图 1a 犁铧

图 1b 犁板

图 2 带铁齿的耙

图 3 带编枝的耙

图 4 锄头

图 5 锄草的锄

图 6 铁齿耙

图 7 铁铲

图 8 收割的镰刀

然而有趣的是，台头村播种不用犁，这可能是因为当地特有的播种方式既节省种子，又能把肥料集中施在作物旁。台头村农民肯定觉得这些优点超过了用犁耕节省劳力的优点。

耙（图2）是整地的另一重要农具。耙是一个牢固的长方形木框，上面有23个铁齿，两根木横撑连接木框的两边。耙长约六英尺，铁齿约八英寸长，均匀地钉在木框上，上面露出一英寸，下面有四英寸。耙用来打碎泥块，在犁过的田里松土。春天整地，只要松动薄薄的一层硬土时，由联畜拉着的耙代替了犁。如果要犁得较深，可在耙上压石头或其他重东西，或让小孩站在上面。耙约值四美元，可用十年左右。

另一种耙，也用联畜牵引，当地叫耧（图3）。耧用于播种后拉平犁沟、掩埋种子，如果犁过的田地里没有大泥块，也用来平整田地。它由一根木条和许多灌木枝做成。木条约五英尺长，八英寸宽，一端四英寸厚，另一端只有两三英寸厚。木条中部有一排木楔，用榫固定。灌木枝必须很长，能够弯成又长又窄的U形，牢固地系在木楔上，然后用牛皮绳或带子把它们绑起来，直到看起来像一把大平刷。灌木枝上面有一根横木条，赶牲口的人站在横条上，可以产生平整土地时需要的压力。他需要不时把耙提起，不使下面的泥土堆起来。站在上面的人只要把重心从一只脚换到另一只脚，使耙两边前后摆动，就很容易做到不使泥土堆积。如果操作者很有经验，人的运动、耧的运动和牲畜沉重缓慢的步子将形成和谐的节奏。这种耙约值三四美元。

在田边松土需要锄头和耙子。锄头（图4）[①]由两部分组成：

① 图4和图5疑颠倒了。按照作者的描述，图5应为锄头，而图4为锄草的锄。——译者注

木柄和铁头。柄是一根约五英尺长的棍子,插进铁头,用楔子 254
固定。柄和铁头之间的角度根据所干的活而定,用加进或拿掉小楔子的办法调节。铁头约一英尺长、三英寸宽。铁头的刀片在靠近眼子的地方厚,向刀刃方向变薄、变宽,刀刃两英寸多宽,用钢制成,磨损后可以修补。在中国这个地区,锄头是所有农具中最常用的。锄头可把田里的大泥块打碎,整理蔬菜园(菜园太小不能用犁),没有犁或牵引牲畜的贫穷家庭在种甘薯时也用锄头造垄脊。在台头村,锄头也是收获甘薯和花生的最重要的工具。

另一种锄草的锄头当地叫“锄”(图 5)。锄也有一个柄、一个头。头是熟铁制的刀,约七英寸宽、六英寸长,上面比下面厚得多,有一个方形承窝。下面刀刃处约一英寸到一英寸半是用钢制成的,磨损了可以修补。柄有两部分:木棍,约三英尺长,铁颈,约三英尺长。铁颈的上部是可供木棍尖端插入的长承窝,下部是实心的铁鹅颈,头上是鹰鼻。鹰鼻插入刀片上的承窝。刀和颈之间的角度对锄地的深浅影响很大,必须经常调整,这可以通过在承窝里加入或拿掉一两个楔子的方法来调节。锄的大小根据使用者年龄而不同。锄约值两美元。

铁齿耙(图 6),在柄的末端连着一根钻孔的横木,横木的孔里钉着铁齿,钉子露出的部分敲弯钉牢。铁齿耙在整理肥料时是不可缺少的,也在菜园使用,种甘薯时也用于平整小垄脊的顶部。

铁铲(图 7)也是田间、菜园、家里广泛使用的农具。铁铲用熟铁制成,有一个木柄。铲约十四英寸长、十英寸宽,上部是插柄的承窝。为了增加铲的牢度,铲上部当中有隆起的脊,到下 256
面才变平整。柄有三四英尺长,柄销上不像西方铲那样有横木或铁环。使用时，使出全身力气用手推，农民穿着鞋时偶尔也用脚踩。

台头村的播种方法很特别，还要用一种特制的肥料兜，当地叫“八肚子”。它用晒干的天麻茎编成，连一根编结的布带，农民把布带背在肩上，使兜子挂在胸前。兜不应太深，但开口要大。

镰刀（图 8）是收获的重要工具。一般用于收割大豆、水稻、甘薯藤蔓之类的作物。中国镰刀和西方镰刀没有太大区别。当地人称这种工具为“镰”。

石磙、二齿叉和三齿叉、木耙、连枷、木铲、竹扫帚都用于脱粒，而谷勺用于扬谷。石磙（图 9）约两英尺长，直径十英寸。石磙表面光滑，两端中部有凿子凿出的圆套窝。使用时套上弓形横木，在横木两端，两个硬木做的销子松松地插入石磙上的套窝成为轴，绳子系在横木中间，牵引牲畜用绳子拉石磙。这样用的还有波纹石磙，当地面上的叶柄又厚又硬时，用波纹石磙效果更好。

二齿叉和三齿叉如图 13 和图 14 所示，用于把叶柄从一个地方移到另一地方。二齿叉是用分叉树枝做的，为了耐用，木叉的前部有时包上铁。木耙与铁耙相似，只是木耙上的齿比铁耙长得多。连枷（图 16）分打禾棒和柄两部分。打禾棒由六根坚硬的灌木枝组成。每根灌木枝长两英尺，直径四分之一英寸，在两三个地方用皮带编在一起。柄用四英尺长的木棍制成，一头有一个眼，插着一根坚硬、光滑的横柱。横柱一端是球形节，其他地方用牛皮绳与打禾棒连起来。横柱在眼孔里必须非常松，这样打禾棒使用起来才能转动自如。

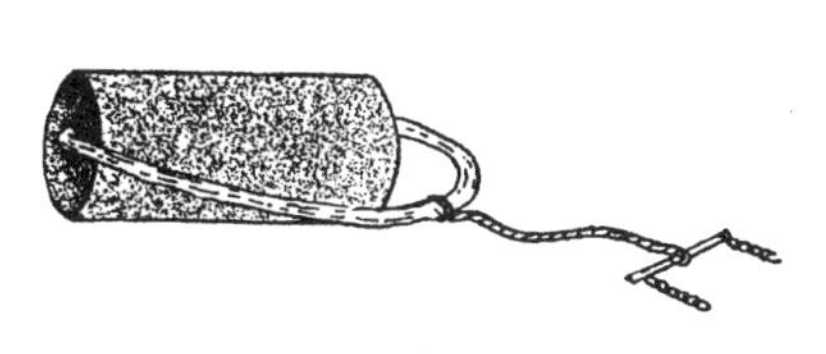
图 9 脱粒的石磙

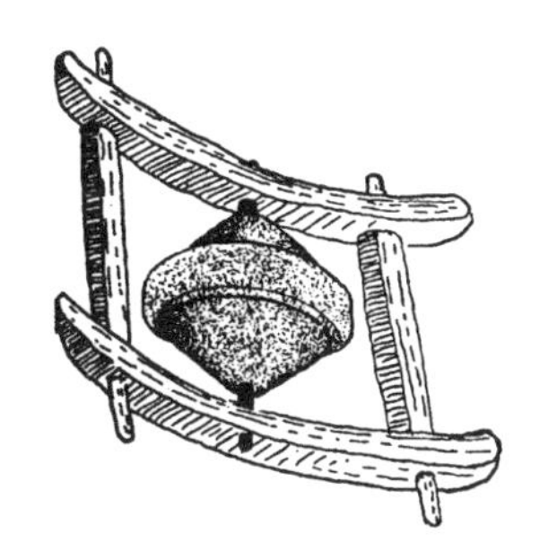
图 10 在黍播种后压土的石磙

图 11 扬谷的谷勺

图 12 竹扫帚

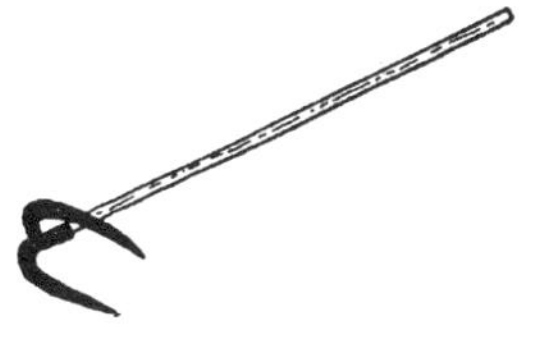
图 13 二齿叉

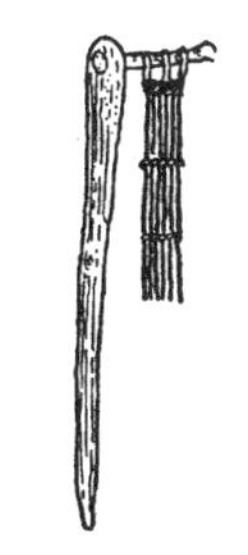
图 16 连枷

图 14 三齿叉

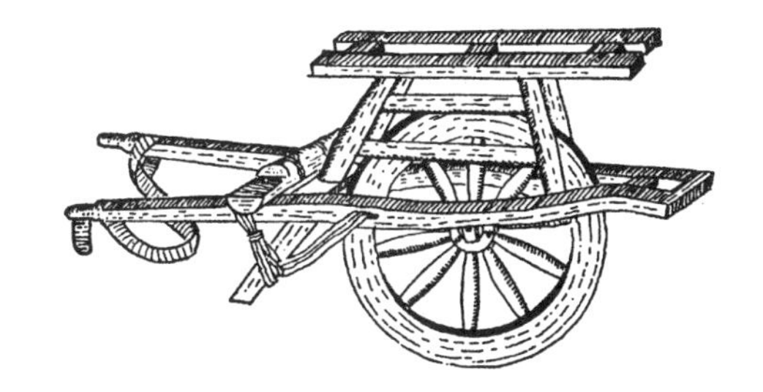
图 17 独轮车

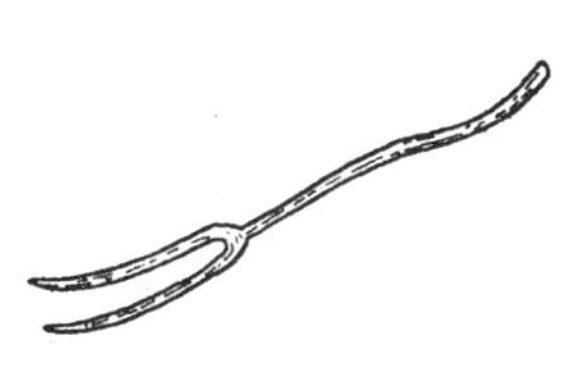
图 15 木叉

257 独轮车（图 17）是重要的运输工具，基本部分是大轮子、支架（遮住轮子的上部，避免轮子与所载货物和人接触）、两根长车杠（由两横杠保持适当的距离，车杠中部连着支架）、两个把手（长车杠的端头）、两个运货架（用弯杠做成，由横杠连在长杠上）和轴（用非常坚固的木头制成）。整个独轮车都是用坚固的木头制成的，偶尔车轮包上铁轮箍。

当货物很重时，既用运货架又用支架，但如果是谷袋或人，则只用运货架。一根编结的吊索连接两个车把。拉车者肩背吊索，手抓车把。独轮车和所负的东西由车轮和肩膀支持。当骡或驴在前面拉时，人在独轮车后面推。

二、亲属称谓的使用

A. 父方亲属

1. 父母和父母辈的其他人

小孩时叫父亲“大大”，成年后叫“爹”。通常叫母亲为“娘”，而在小孩时偶尔也叫“娘娘”。中年时如果父母还健在，称父母为“老人家”或“家里的老人家”。

叫父亲的哥哥“大爷”，如果父亲有许多哥哥，叫父亲的大哥为“大爷”，二哥为“二大爷”，三哥为“三大爷”，以此类推。叫父亲的弟弟为“叔”，如果父亲有许多弟弟，叫第一个弟弟为“叔”或“大叔”，第二个弟弟为“二叔”，第三个弟弟为“三叔”，以此类推。如果最小的叔叔年纪很小，与自己同龄，可叫他“小叔”，这个称谓在他们成年或叔叔结婚后应改掉。这些称谓同样适用于父亲的第一代与第二代堂表兄弟。

叫父亲哥哥的妻子为“大娘”，如果父亲不止一个哥哥，那就加上适当的数字。叫父亲弟弟的妻子为“婶子”，如果需要，同样加上数字。

258

叫父亲的姐妹为“姑”，不管她比父亲大还是小。如果有许多姑，根据年龄大小编号，最大的为“大姑”，第二个为“二姑”，第三个为“三姑”，以此类推。如果最小的姑年纪很小，与自己同龄，可叫她“小姑”，这一称呼在她们成年或结婚后要改掉。这些称谓同样适用于父亲的第一代与第二代堂表姐妹。叫姑的丈夫为“姑夫”，如果有许多姑夫，根据姑的数字来叫。

父亲和母亲的称谓是排他的，除了继父母和养父母外，不能用这些称谓称呼其他人。

2. 祖父母和祖父母辈的其他人

叫祖父“爷爷”，叫祖母“妈妈”。如果祖父有一个哥哥，叫他“大爷爷”，如果是弟弟，叫他“二爷爷”。如果祖父不止一个弟兄，那就根据他们的年龄大小编号，不管他们与祖父的年龄关系。这种称谓同样适用于祖父第一代与第二代堂表兄弟。根据祖父兄弟的数字顺序，叫他们的妻子为“大妈”或“二大妈”。

叫祖父的姐妹为“姑妈”，如果不止一个姑妈，则根据年龄编号，与祖父的年龄无关。叫姑妈的丈夫为“姑爷”，前面的数字则根据姑妈的数字来定。

3. 兄弟、姐妹和同辈的其他人

叫比自己大的兄弟为“哥哥”，如有几个哥哥则根据他们的年龄大小编号。称比自己小的兄弟为“弟弟”或“小弟”，如有几个弟弟，则根据他们的年龄大小编号。这些称谓同样适用于第一代和第二代堂表兄弟。一般也可以用名字叫未满 20 岁或未结婚的弟弟，如果他长大或结婚了，就应该用正式称谓叫他。在兄弟和堂表兄弟都年届中年后,可以只用数字,前面加个“老”字称呼弟弟。259 比如如果他自己是长子,他可叫他下面的弟弟为“老二”,其次为“老三”,以此类推。长辈也可用这些称谓称呼长大的男子。

叫比自己大的姐妹为“姐姐”,如果不止一个姐姐,就按年龄大小编号。称比自己小的姐妹为“妹妹”,如果不止一个妹妹,就按年龄大小编号。当妹妹不到15岁时,可以叫她们的名字,但当她们长大后,应该用正式称谓。这些称谓同样适用于第一代和第二代堂表姐妹。

叫哥哥的妻子为“嫂子”,如果不止一个嫂子,就根据哥哥的年龄大小编号。叫弟弟的妻子为“弟妹”。但在家庭的日常生活中,这些称呼太正规,很少使用。通常什么称谓也不用,如果他结婚生了孩子,那就叫她“他大婶子”或“他二婶子”(“他”是指小孩,是所有格形式,“他婶子”就是孩子的婶子)。妻子也以同样方式称呼小叔的妻子。

叫姐姐的丈夫为“姐夫”,如果不止一个姐姐,就根据姐姐的数字编号。称妹妹的丈夫为“妹夫”,如果不止一个妹妹,就根据妹妹的数字编号。对兄弟的妻子或姐妹的丈夫的称谓同样适用于堂表兄弟的妻子或堂表姐妹的丈夫。

没有正式称谓称呼自己和妻子。在他们年轻时或没有孩子时,相互通常用“你”称呼。比如当要妻子拿某件东西时,他会这样喊道:“你把那个篮子带来。”在他们有了孩子后,可能还这样称呼,但渐渐地开始通过小孩称呼对方。叫妻子“宝他娘”(“宝”是小孩的名字,“他”是所有格,所以整个词组是指孩子的母亲)。妻子称他为“宝他大大”(孩子的爸爸)。年轻夫妇在向父母或上辈提到对方时也没有正式称谓,通常用“他”指称。虽然这是一个第三人称代词,但它专门用来指称妻子或丈夫。年轻妻子在与婆婆或她自己父母谈话时说到“他”，他们都晓得是指她丈夫。丈夫也用同样的方式使用这个词。年轻妻子在说到“他”时，总露出害羞的神色。但与年小成员说话时，年轻妻子和丈夫提到对方时一点也不感到 260 难为情，因此丈夫可以很自然地对弟弟说“你嫂子”，妻子对她叔子说“你二哥”。

4. 晚辈

丈夫和妻子在孩子结婚或中年后仍用小名称呼他们，有些父母改不过口，这并不表示他们很粗鲁，而是因为他们保留着对孩子的早期感情。然而一般而言，当儿子结婚有了孩子后，父母叫他与其妻子为“孩子爸”和“孩子妈”。

对兄弟和姐妹的孩子的称呼与对自己孩子的称呼一样。但在谈话中提到时，他称姐妹的男孩为“外甥”，女孩为“外甥女”。礼数周备的村民在提到兄弟的儿子时会使用“侄儿”的称谓，提到兄弟女儿时用“侄女”的称谓。在孩子很小时，一般用名字称呼；在孩子成年或结婚后，则根据排行数字，再在前面加个“老”。他们的妻子也以同样方式称呼。

在儿子的孩子还小时，用名字称呼他们，在他们结婚或中年后，用数字前面加“老”称呼他们。祖父母在孙女小时候不用名字称呼，在她结婚或中年后，也不用数字称呼，而是用成年妇女的集合称谓“妹”来称呼她们，女孩父母也常常这么称呼。孙子的书面称呼为“孙子”，孙女为“孙女”。但除了祝贺场合，农民很少用孙子、孙女这些称谓。在孙子出生时，邻居也许会这样祝贺祖父母：“好命啊，添孙子了。”外祖父母称女儿的儿子为“外甥孙子”，称女儿的女儿为“外甥孙女”。前缀“外甥”表示姐妹或女儿家的孩子。

除非常少见的情况，一个人不会遇到三代之上或三代之下的人，所以也没有称谓称呼他们。在大家族中也许有高于祖父辈的一两个人,那么就分别叫“老爷爷”或“老妈妈”,这里的“老”是大的意思。

261 B. 母方亲属

1. 母亲的兄弟、姐妹及他们的妻子、丈夫

叫母亲的兄弟为“舅”,如果有几个舅舅,那就根据年龄编号,不管他们比母亲大还是小。如果母亲最小的弟弟年纪很小,与自己同龄,可能叫他“小舅”,在他成年或结婚后应该用正式称谓称呼他。叫舅的妻子为“妗子”,如果有几个舅舅,舅舅的妻子就根据舅舅的数字编号。

叫母亲的姐妹为“姨”,如果母亲有几个姐妹,那就根据她们的年龄编号,母亲本人也算在这个数字序列中。如果母亲最小的妹妹很年轻,与自己同岁,可以叫她“小姨”,但随着她成年或结婚,要改成正式称谓。叫姨的丈夫“姨夫”,如果有几个姨,那就根据姨的数字编号。

对母亲兄弟和姐妹及其配偶的称呼同样适用于母亲的堂表兄弟姐妹及其配偶。

2. 母亲的父母

叫母亲的父亲“姥爷”,叫母亲的母亲为“姥娘”。如果姥爷有许多兄弟,就根据他们的年龄大小编号,不管他们与姥爷的年龄关系。对他们妻子的称谓与姥娘相同,再加上她们丈夫的排行数字。称姥爷的姐妹为“姑姥娘”,如果不止一个,根据她们的年龄编号。没有对姑姥娘丈夫的称谓,因为不把他看作家族的一员。

3. 母亲兄弟和姐妹的孩子

如果母亲兄弟和姐妹的儿子比自己大,那就称他为“表兄”;如果比自己小,就称他为“表弟”。如果母亲的兄弟姐妹的女儿比

自己大，就称她为“表姐”；如果比自己小，就称她为“表妹”。有时也作进一步区别。母亲兄弟的儿子或女儿为“舅家表兄”或“舅家表姐”，而母亲姐妹的儿子和女儿为“姨家表兄”或“姨家表姐”。这些称谓同样适用于父亲姐妹的孩子，称父亲姐妹的儿子为“姑家表兄”或“姑家表弟”，称他们的女儿为“姑家表姐”或“姑家表妹”。

表兄妹之间可以结婚。当他们真的结婚时，只有双方的称谓受到丈夫和妻子关系的影响，其他仍然保持不变。当然妻子必须用正式称谓称呼丈夫家的成员，而不管她以前怎样称呼他们。 262

C. 姻亲

1. 妻子的父母

可用三个称谓称呼妻子的父亲：“岳父”“丈人”或“爹”。第一个太书卷气，农民不用；第二个当地人认为太粗鲁，也不用；最后一个也很少使用，除非年轻丈夫非常爱妻子，希望通过用与妻子同样的称谓称呼她父母来表达他的爱，但有身份的丈夫不会这样做。结果女婿很少称呼妻子的父亲。对此，岳父能理解，不会大惊小怪。女婿也可用三个称谓称呼妻子的母亲：“岳母”“丈母娘”或“娘”。实际上，他不大称呼妻子的母亲，就像他不大称呼妻子的父亲一样。如果年轻男人经常明确地用“娘”称呼妻子的母亲，那会使妻子很高兴，但他的亲戚朋友会取笑他。

2. 妻子的兄弟姐妹

对妻子的兄弟姐妹的称谓与对自己的兄弟姐妹的称谓一样。但在指称时，称妻子的兄弟为“舅子”，称妻子的姐妹为“姨子”。如果比他妻子大，他就以“大”做前缀称呼他（她）们；如果比他妻子小，就用“小”做前缀称呼他（她）们。这些称谓同样分别适用于妻子的堂表兄弟和堂表姐妹。

3. 妻子的侄子(外甥)和侄女(外甥女)

对妻子哥哥的孩子的称谓与对自己哥哥的孩子的称谓是相同的。但在指称时称男孩为“妻侄”,称女孩为“妻侄女”(妻侄是指妻子的侄子,妻侄女是指妻子的侄女)。

妻子称呼丈夫的父母及其兄弟、姐妹与她丈夫用同一称谓。指称时称丈夫的父亲为“公公”,称丈夫的母亲为“婆婆”;称丈夫的哥哥为“大伯”,称丈夫的弟弟为“小叔子”;称丈夫的姐姐为“大姑子”,称丈夫的妹妹为“小姑子”。如果她有许多叔伯、姑子,就根据他们的年龄编号,男女各一个系列。妻子像她丈夫那样用名字或数字称呼叔伯的孩子。她提到她丈夫姐妹的孩子时,男孩为“外甥”,女孩为“外甥女”。妻子用与丈夫一样的称谓称呼丈夫的堂表兄弟、堂表姐妹。

263

D. 表亲的孩子

称呼表亲的男孩为“表侄”,女孩为“表侄女”。实际上他们之间的亲属关系已无足轻重。

索 引

（索引中页码为原书页码）

A

C

D

E

F

G

H

I

J

K

L

M

N

O

P

R

S

T

U

V

W

再版译后记

本书能得以再版，我深感欣慰，重新校读之际，想起一些与本书有关的事。

本书的翻译与出版都颇费周折。

我于 1988 年大学毕业后进入华东理工大学文化研究所。当时有股“文化热”，但似乎主要偏向宏观叙事的“文化寻根”和中西文化比较。而当时文化研究所的同道则更热衷于文化人类学的实证研究。记得当时大家都对费孝通的《江村经济》、林耀华的《金翼》交口称赞，认为这才是真正的中国学术。20 世纪 80 年代末，我偶然看到杨懋春这部英文版《山东台头：一个中国村庄》，认为是与费孝通、林耀华的著作比肩的好作品，应该推介给大家，于是就不管不顾地动手翻译起来。

按规矩，书稿的翻译一般要先联系出版社，然后由出版社购得版权才能动手。略有出版经验的人都可看出，我这样凭热情莽撞动手翻译书稿，一般都是凶多吉少。情况果然不出所料，我费了九牛二虎之力，终于把书稿译出誊清，竟找不到出版社出版，译稿就一直搁在手边。

世事难料，随后一段时间我所在单位与整个国家都经历了很多波折。过了一两年，有热心同事把我的译稿推荐给他熟识的出版人。译稿送去后，有一段时间我是抱着很大期望的，但几年过去杳无音讯。当时学术著作出版难是个普遍的现象,朋友有难处,我也不好意思催,译稿就这样静静地躺在同事朋友处积灰。后来,连我自己都差不多把这事忘了。

又过了好几年,我与同事曹树基偶尔聊起这部译稿。曹先生说刘东正在江苏人民出版社主编“海外中国研究丛书”,他也许会感兴趣。曹先生大概与刘东先生有交情,至少是认识吧,他自告奋勇地推荐了这部译稿,刘东先生也很快给予了积极的反馈。

这时我倒慌起来了。因为最后的定稿已经由同事交到他的出版社朋友手上,而此时同事本人已经离开原单位,我也很久没有与他联系了。幸好我打通了同事的电话,他也顺利地从他朋友那里取回了我的译稿。

再读译稿,未免汗颜。十年之间,我对翻译的理念发生了很大的变化。当初以直译、硬译为尚,译稿离流畅通晓还有不小的距离,如草率付印,未免良心不安。还好此时华东理工大学沈炜老师、秦美珠老师给予了协助,我们通力合作几乎重译了一遍,力求文从字顺。

译稿交给出版社后,一切非常顺利,书籍很快就出版发行了,但版权问题一直悬而未决。我本人与出版社都联系过原版权人,但好像遇到了什么障碍,具体情况我现在已记不清。此次修订再版,江苏人民出版社正式获得了此书的版权,也算是解决了一个遗留问题。

按过去的惯例,这种印刷量很少的学术著作不仅没有稿费,还要自己拉赞助,我记得当时赞助了两万元。此次再版,不仅不需要译者拉赞助,而且出版社还付稿费,可见中国学术著作出版环境已大为改观。

校样寄来后,我重读译稿,不禁想起当年的译事之难,出版过程中的好事多磨。多少光阴，多少心血，最后凝结成这么薄薄的一本书，思之不免感慨。但一本好书，因我们的努力而得以与广大读者见面，也算是一点安慰。现在这本书能修订再版，说明其价值正越来越为人们所认识。

张雄

2024 年 2 月 22 日

“海外中国研究丛书”书目

1. 中国的现代化　[美]吉尔伯特·罗兹曼 主编　国家社会科学基金“比较现代化”课题组 译　沈宗美 校
2. 寻求富强:严复与西方　[美]本杰明·史华兹 著　叶凤美 译
3. 中国现代思想中的唯科学主义(1900—1950)　[美]郭颖颐 著　雷颐 译
4. 台湾:走向工业化社会　[美]吴元黎 著
5. 中国思想传统的现代诠释　余英时 著
6. 胡适与中国的文艺复兴:中国革命中的自由主义,1917—1937　[美]格里德 著　鲁奇 译
7. 德国思想家论中国　[德]夏瑞春 编　陈爱政 等译
8. 摆脱困境:新儒学与中国政治文化的演进　[美]墨子刻 著　颜世安 高华 黄东兰 译
9. 儒家思想新论:创造性转换的自我　[美]杜维明 著　曹幼华 单丁 译　周文彰 等校
10. 洪业:清朝开国史　[美]魏斐德 著　陈苏镇 薄小莹　包伟民 陈晓燕 牛朴 谭天星 译　阎步克 等校
11. 走向 21 世纪:中国经济的现状、问题和前景　[美]D. H. 帕金斯 著　陈志标 编译
12. 中国:传统与变革　[美]费正清 赖肖尔 主编　陈仲丹 潘兴明 庞朝阳 译　吴世民 张子清 洪邮生 校
13. 中华帝国的法律　[美]D. 布朗 C. 莫里斯 著　朱勇 译　梁治平 校
14. 梁启超与中国思想的过渡(1890—1907)　[美]张灏 著　崔志海 葛夫平 译
15. 儒教与道教　[德]马克斯·韦伯 著　洪天富 译
16. 中国政治　[美]詹姆斯·R. 汤森 布兰特利·沃马克 著　顾速 董方 译
17. 文化、权力与国家:1900—1942 年的华北农村　[美]杜赞奇 著　王福明 译
18. 义和团运动的起源　[美]周锡瑞 著　张俊义 王栋 译
19. 在传统与现代性之间:王韬与晚清革命　[美]柯文 著　雷颐 罗检秋 译
20. 最后的儒家:梁漱溟与中国现代化的两难　[美]艾恺 著　王宗昱 冀建中 译
21. 蒙元入侵前夜的中国日常生活　[法]谢和耐 著　刘东 译
22. 东亚之锋　[美]小 R. 霍夫亨兹 K. E. 柯德尔 著　黎鸣 译
23. 中国社会史　[法]谢和耐 著　黄建华 黄迅余 译
24. 从理学到朴学:中华帝国晚期思想与社会变化面面观　[美]艾尔曼 著　赵刚 译
25. 孔子哲学思微　[美]郝大维 安乐哲 著　蒋弋为 李志林 译
26. 北美中国古典文学研究名家十年文选　乐黛云 陈珏 编选
27. 东亚文明:五个阶段的对话　[美]狄百瑞 著　何兆武 何冰 译
28. 五四运动:现代中国的思想革命　[美]周策纵 著　周子平 等译
29. 近代中国与新世界:康有为变法与大同思想研究　[美]萧公权 著　汪荣祖 译
30. 功利主义儒家:陈亮对朱熹的挑战　[美]田浩 著　姜长苏 译
31. 莱布尼兹和儒学　[美]孟德卫 著　张学智 译
32. 佛教征服中国:佛教在中国中古早期的传播与适应　[荷兰]许理和 著　李四龙 裴勇 等译
33. 新政革命与日本:中国,1898—1912　[美]任达 著　李仲贤 译
34. 经学、政治和宗族:中华帝国晚期常州今文学派研究　[美]艾尔曼 著　赵刚 译
35. 中国制度史研究　[美]杨联陞 著　彭刚 程钢 译

36. 汉代农业:早期中国农业经济的形成 [美]许倬云 著 程农 张鸣 译 邓正来 校
37. 转变的中国:历史变迁与欧洲经验的局限 [美]王国斌 著 李伯重 连玲玲 译
38. 欧洲中国古典文学研究名家十年文选 乐黛云 陈珏 龚刚 编选
39. 中国农民经济:河北和山东的农民发展,1890—1949 [美]马若孟 著 史建云 译
40. 汉哲学思维的文化探源 [美]郝大维 安乐哲 著 施忠连 译
41. 近代中国之种族观念 [英]冯客 著 杨立华 译
42. 血路:革命中国中的沈定一(玄庐)传奇 [美]萧邦奇 著 周武彪 译
43. 历史三调:作为事件、经历和神话的义和团 [美]柯文 著 杜继东 译
44. 斯文:唐宋思想的转型 [美]包弼德 著 刘宁 译
45. 宋代江南经济史研究 [日]斯波义信 著 方健 何忠礼 译
46. 山东台头:一个中国村庄 杨懋春 著 张雄 沈炜 秦美珠 译
47. 现实主义的限制:革命时代的中国小说 [美]安敏成 著 姜涛 译
48. 上海罢工:中国工人政治研究 [美]裴宜理 著 刘平 译
49. 中国转向内在:两宋之际的文化转向 [美]刘子健 著 赵冬梅 译
50. 孔子:即凡而圣 [美]赫伯特・芬格莱特 著 彭国翔 张华 译
51. 18 世纪中国的官僚制度与荒政 [法]魏丕信 著 徐建青 译
52. 他山的石头记:宇文所安自选集 [美]宇文所安 著 田晓菲 编译
53. 危险的愉悦:20 世纪上海的娼妓问题与现代性 [美]贺萧 著 韩敏中 盛宁 译
54. 中国食物 [美]尤金・N. 安德森 著 马孆 刘东 译 刘东 审校
55. 大分流:欧洲、中国及现代世界经济的发展 [美]彭慕兰 著 史建云 译
56. 古代中国的思想世界 [美]本杰明・史华兹 著 程钢 译 刘东 校
57. 内闱:宋代的婚姻和妇女生活 [美]伊沛霞 著 胡志宏 译
58. 中国北方村落的社会性别与权力 [加]朱爱岚 著 胡玉坤 译
59. 先贤的民主:杜威、孔子与中国民主之希望 [美]郝大维 安乐哲 著 何刚强 译
60. 向往心灵转化的庄子:内篇分析 [美]爱莲心 著 周炽成 译
61. 中国人的幸福观 [德]鲍吾刚 著 严蓓雯 韩雪临 吴德祖 译
62. 闺塾师:明末清初江南的才女文化 [美]高彦颐 著 李志生 译
63. 缀珍录:十八世纪及其前后的中国妇女 [美]曼素恩 著 定宜庄 颜宜葳 译
64. 革命与历史:中国马克思主义历史学的起源,1919—1937 [美]德里克 著 翁贺凯 译
65. 竞争的话语:明清小说中的正统性、本真性及所生成之意义 [美]艾梅兰 著 罗琳 译
66. 云南禄村:中国妇女与农村发展 [加]宝森 著 胡玉坤 译
67. 中国近代思维的挫折 [日]岛田虔次 著 甘万萍 译
68. 中国的亚洲内陆边疆 [美]拉铁摩尔 著 唐晓峰 译
69. 为权力祈祷:佛教与晚明中国士绅社会的形成 [加]卜正民 著 张华 译
70. 天潢贵胄:宋代宗室史 [美]贾志扬 著 赵冬梅 译
71. 儒家之道:中国哲学之探讨 [美]倪德卫 著 [美]万白安 编 周炽成 译
72. 都市里的农家女:性别、流动与社会变迁 [澳]杰华 著 吴小英 译
73. 另类的现代性:改革开放时代中国性别化的渴望 [美]罗丽莎 著 黄新 译
74. 近代中国的知识分子与文明 [日]佐藤慎一 著 刘岳兵 译
75. 繁盛之阴:中国医学史中的性(960—1665) [美]费侠莉 著 甄橙 主译 吴朝霞 主校
76. 中国大众宗教 [美]韦思谛 编 陈仲丹 译
77. 中国诗画语言研究 [法]程抱一 著 涂卫群 译
78. 中国的思维世界 [日]沟口雄三 小岛毅 著 孙歌 等译

79. 德国与中华民国　[美]柯伟林 著　陈谦平 陈红民 武菁 申晓云 译　钱乘旦 校
80. 中国近代经济史研究:清末海关财政与通商口岸市场圈　[日]滨下武志 著　高淑娟 孙彬 译
81. 回应革命与改革:皖北李村的社会变迁与延续　韩敏 著　陆益龙 徐新玉 译
82. 中国现代文学与电影中的城市:空间、时间与性别构形　[美]张英进 著　秦立彦 译
83. 现代的诱惑:书写半殖民地中国的现代主义(1917—1937)　[美]史书美 著　何恬 译
84. 开放的帝国:1600 年前的中国历史　[美]芮乐伟·韩森 著　梁侃 邹劲风 译
85. 改良与革命:辛亥革命在两湖　[美]周锡瑞 著　杨慎之 译
86. 章学诚的生平与思想　[美]倪德卫 著　杨立华 译
87. 卫生的现代性:中国通商口岸健康与疾病的意义　[美]罗芙芸 著　向磊 译
88. 道与庶道:宋代以来的道教、民间信仰和神灵模式　[美]韩明士 著　皮庆生 译
89. 间谍王:戴笠与中国特工　[美]魏斐德 著　梁禾 译
90. 中国的女性与性相:1949 年以来的性别话语　[英]艾华 著　施施 译
91. 近代中国的犯罪、惩罚与监狱　[荷]冯客 著　徐有威 等译　潘兴明 校
92. 帝国的隐喻:中国民间宗教　[英]王斯福 著　赵旭东 译
93. 王弼《老子注》研究　[德]瓦格纳 著　杨立华 译
94. 寻求正义:1905—1906 年的抵制美货运动　[美]王冠华 著　刘甜甜 译
95. 传统中国日常生活中的协商:中古契约研究　[美]韩森 著　鲁西奇 译
96. 从民族国家拯救历史:民族主义话语与中国现代史研究　[美]杜赞奇 著　王宪明 高继美 李海燕 李点 译
97. 欧几里得在中国:汉译《几何原本》的源流与影响　[荷]安国风 著　纪志刚 郑诚 郑方磊 译
98. 十八世纪中国社会　[美]韩书瑞 罗友枝 著　陈仲丹 译
99. 中国与达尔文　[美]浦嘉珉 著　钟永强 译
100. 私人领域的变形:唐宋诗词中的园林与玩好　[美]杨晓山 著　文韬 译
101. 理解农民中国:社会科学哲学的案例研究　[美]李丹 著　张天虹 张洪云 张胜波 译
102. 山东叛乱:1774 年的王伦起义　[美]韩书瑞 著　刘平 唐雁超 译
103. 毁灭的种子:战争与革命中的国民党中国(1937—1949)　[美]易劳逸 著　王建朗 王贤知 贾维 译
104. 缠足:"金莲崇拜"盛极而衰的演变　[美]高彦颐 著　苗延威 译
105. 饕餮之欲:当代中国的食与色　[美]冯珠娣 著　郭乙瑶 马磊 江素侠 译
106. 翻译的传说:中国新女性的形成(1898—1918)　胡缨 著　龙瑜宬 彭珊珊 译
107. 中国的经济革命:20 世纪的乡村工业　[日]顾琳 著　王玉茹 张玮 李进霞 译
108. 礼物、关系学与国家:中国人际关系与主体性建构　杨美惠 著　赵旭东 孙珉 译　张跃宏 译校
109. 朱熹的思维世界　[美]田浩 著
110. 皇帝和祖宗:华南的国家与宗族　[英]科大卫 著　卜永坚 译
111. 明清时代东亚海域的文化交流　[日]松浦章 著　郑洁西 等译
112. 中国美学问题　[美]苏源熙 著　卞东波 译　张强强 朱霞欢 校
113. 清代内河水运史研究　[日]松浦章 著　董科 译
114. 大萧条时期的中国:市场、国家与世界经济　[日]城山智子 著　孟凡礼 尚国敏 译 唐磊 校
115. 美国的中国形象(1931—1949)　[美] T. 克里斯托弗·杰斯普森 著　姜智芹 译
116. 技术与性别:晚期帝制中国的权力经纬　[英]白馥兰 著　江湄 邓京力 译

117. 中国善书研究 [日]酒井忠夫 著 刘岳兵 何英莺 孙雪梅 译
118. 千年末世之乱:1813年八卦教起义 [美]韩书瑞 著 陈仲丹 译
119. 西学东渐与中国事情 [日]增田涉 著 由其民 周启乾 译
120. 六朝精神史研究 [日]吉川忠夫 著 王启发 译
121. 矢志不渝:明清时期的贞女现象 [美]卢苇菁 著 秦立彦 译
122. 纠纷与秩序:徽州文书中的明朝 [日]中岛乐章 著 郭万平 译
123. 中华帝国晚期的欲望与小说叙述 [美]黄卫总 著 张蕴爽 译
124. 虎、米、丝、泥:帝制晚期华南的环境与经济 [美]马立博 著 王玉茹 关永强 译
125. 一江黑水:中国未来的环境挑战 [美]易明 著 姜智芹 译
126.《诗经》原意研究 [日]家井真 著 陆越 译
127. 施剑翘复仇案:民国时期公众同情的兴起与影响 [美]林郁沁 著 陈湘静 译
128. 义和团运动前夕华北的地方动乱与社会冲突(修订译本) [德]狄德满 著 崔华杰 译
129. 铁泪图:19世纪中国对于饥馑的文化反应 [美]艾志端 著 曹曦 译
130. 饶家驹安全区:战时上海的难民 [美]阮玛霞 著 白华山 译
131. 危险的边疆:游牧帝国与中国 [美]巴菲尔德 著 袁剑 译
132. 工程国家:民国时期(1927—1937)的淮河治理及国家建设 [美]戴维・艾伦・佩兹 著 姜智芹 译
133. 历史宝筏:过去、西方与中国妇女问题 [美]季家珍 著 杨可 译
134. 姐妹们与陌生人:上海棉纱厂女工,1919—1949 [美]韩起澜 著 韩慈 译
135. 银线:19世纪的世界与中国 林满红 著 詹庆华 林满红 译
136. 寻求中国民主 [澳]冯兆基 著 刘悦斌 徐硙 译
137. 墨梅 [美]毕嘉珍 著 陆敏珍 译
138. 清代上海沙船航运业史研究 [日]松浦章 著 杨蕾 王亦诤 董科 译
139. 男性特质论:中国的社会与性别 [澳]雷金庆 著 [澳]刘婷 译
140. 重读中国女性生命故事 游鉴明 胡缨 季家珍 主编
141. 跨太平洋位移:20世纪美国文学中的民族志、翻译和文本间旅行 黄运特 著 陈倩 译
142. 认知诸形式:反思人类精神的统一性与多样性 [英]G. E. R. 劳埃德 著 池志培 译
143. 中国乡村的基督教:1860—1900年江西省的冲突与适应 [美]史维东 著 吴薇 译
144. 假想的"满大人":同情、现代性与中国疼痛 [美]韩瑞 著 袁剑 译
145. 中国的捐纳制度与社会 伍跃 著
146. 文书行政的汉帝国 [日]富谷至 著 刘恒武 孔李波 译
147. 城市里的陌生人:中国流动人口的空间、权力与社会网络的重构 [美]张骊 著 袁长庚 译
148. 性别、政治与民主:近代中国的妇女参政 [澳]李木兰 著 方小平 译
149. 近代日本的中国认识 [日]野村浩一 著 张学锋 译
150. 狮龙共舞:一个英国人笔下的威海卫与中国传统文化 [英]庄士敦 著 刘本森 译 威海市博物馆 郭大松 校
151. 人物、角色与心灵:《牡丹亭》与《桃花扇》中的身份认同 [美]吕立亭 著 白华山 译
152. 中国社会中的宗教与仪式 [美]武雅士 著 彭泽安 邵铁峰 译 郭潇威 校
153. 自贡商人:近代早期中国的企业家 [美]曾小萍 著 董建中 译
154. 大象的退却:一部中国环境史 [英]伊懋可 著 梅雪芹 毛利霞 王玉山 译
155. 明代江南土地制度研究 [日]森正夫 著 伍跃 张学锋 等译 范金民 夏维中 审校
156. 儒学与女性 [美]罗莎莉 著 丁佳伟 曹秀娟 译

157. 行善的艺术:晚明中国的慈善事业(新译本) [美]韩德玲 著 曹晔 译
158. 近代中国的渔业战争和环境变化 [美]穆盛博 著 胡文亮 译
159. 权力关系:宋代中国的家族、地位与国家 [美]柏文莉 著 刘云军 译
160. 权力源自地位:北京大学、知识分子与中国政治文化,1898—1929 [美]魏定熙 著 张蒙 译
161. 工开万物:17世纪中国的知识与技术 [德]薛凤 著 吴秀杰 白岚玲 译
162. 忠贞不贰:辽代的越境之举 [英]史怀梅 著 曹流 译
163. 内藤湖南:政治与汉学(1866—1934) [美]傅佛果 著 陶德民 何英莺 译
164. 他者中的华人:中国近现代移民史 [美]孔飞力 著 李明欢 译 黄鸣奋 校
165. 古代中国的动物与灵异 [英]胡司德 著 蓝旭 译
166. 两访中国茶乡 [英]罗伯特・福琼 著 敖雪岗 译
167. 缔造选本:《花间集》的文化语境与诗学实践 [美]田安 著 马强才 译
168. 扬州评话探讨 [丹麦]易德波 著 米锋 易德波 译 李今芸 校译
169.《左传》的书写与解读 李惠仪 著 文韬 许明德 译
170. 以竹为生:一个四川手工造纸村的20世纪社会史 [德]艾约博 著 韩巍 译 吴秀杰 校
171. 东方之旅:1579—1724耶稣会传教团在中国 [美]柏理安 著 毛瑞方 译
172. "地域社会"视野下的明清史研究:以江南和福建为中心 [日]森正夫 著 于志嘉 马一虹 黄东兰 阿风 等译
173. 技术、性别、历史:重新审视帝制中国的大转型 [英]白馥兰 著 吴秀杰 白岚玲 译
174. 中国小说戏曲史 [日]狩野直喜 张真 译
175. 历史上的黑暗一页:英国外交文件与英美海军档案中的南京大屠杀 [美]陆束屏 编著/翻译
176. 罗马与中国:比较视野下的古代世界帝国 [奥]沃尔特・施德尔 主编 李平 译
177. 矛与盾的共存:明清时期江西社会研究 [韩]吴金成 著 崔荣根 译 薛戈 校译
178. 唯一的希望:在中国独生子女政策下成年 [美]冯文 著 常姝 译
179. 国之枭雄:曹操传 [澳]张磊夫 著 方笑天 译
180. 汉帝国的日常生活 [英]鲁惟一 著 刘洁 余霄 译
181. 大分流之外:中国和欧洲经济变迁的政治 [美]王国斌 罗森塔尔 著 周琳 译 王国斌 张萌 审校
182. 中正之笔:颜真卿书法与宋代文人政治 [美]倪雅梅 著 杨简茹 译 祝帅 校译
183. 江南三角洲市镇研究 [日]森正夫 编 丁韵 胡婧 等译 范金民 审校
184. 忍辱负重的使命:美国外交官记载的南京大屠杀与劫后的社会状况 [美]陆束屏 编著/翻译
185. 修仙:古代中国的修行与社会记忆 [美]康儒博 著 顾漩 译
186. 烧钱:中国人生活世界中的物质精神 [美]柏桦 著 袁剑 刘玺鸿 译
187. 话语的长城:文化中国历险记 [美]苏源熙 著 盛珂 译
188. 诸葛武侯 [日]内藤湖南 著 张真 译
189. 盟友背信:一战中的中国 [英]吴芳思 克里斯托弗・阿南德尔 著 张宇扬 译
190. 亚里士多德在中国:语言、范畴和翻译 [英]罗伯特・沃迪 著 韩小强 译
191. 马背上的朝廷:巡幸与清朝统治的建构,1680—1785 [美]张勉治 著 董建中 译
192. 申不害:公元前四世纪中国的政治哲学家 [美]顾立雅 著 马腾 译
193. 晋武帝司马炎 [日]福原启郎 著 陆帅 译
194. 唐人如何吟诗:带你走进汉语音韵学 [日]大岛正二 著 柳悦 译

195. 古代中国的宇宙论 [日]浅野裕一 著 吴昊阳 译
196. 中国思想的道家之论:一种哲学解释 [美]陈汉生 著 周景松 谢尔逊 等译 张[illegible]
校译
197. 诗歌之力:袁枚女弟子屈秉筠(1767—1810) [加]孟留喜 著 吴夏平 译
198. 中国逻辑的发现 [德]顾有信 著 陈志伟 译
199. 高丽时代宋商往来研究 [韩]李镇汉 著 李廷青 戴琳剑 译 楼正豪 校
200. 中国近世财政史研究 [日]岩井茂树 著 付勇 译 范金民 审校
201. 魏晋政治社会史研究 [日]福原启郎 著 陆帅 刘萃峰 张紫毫 译
202. 宋帝国的危机与维系:信息、领土与人际网络 [比利时]魏希德 著 刘云军 译
203. 中国精英与政治变迁:20 世纪初的浙江 [美]萧邦奇 著 徐立望 杨涛羽 译 李齐 校
204. 北京的人力车夫:1920 年代的市民与政治 [美]史谦德 著 周书垚 袁剑 译 周育民 校
205. 1901—1909 年的门户开放政策:西奥多・罗斯福与中国 [美]格雷戈里・摩尔 著 赵嘉玉 译
206. 清帝国之乱:义和团运动与八国联军之役 [美]明恩溥 著 郭大松 刘本森 译
207. 宋代文人的精神生活(960—1279) [美]何复平 著 叶树勋 单虹泽 译
208. 梅兰芳与 20 世纪国际舞台:中国戏剧的定位与置换 [美]田民 著 何恬 译
209. 郭店楚简《老子》新研究 [日]池田知久 著 曹峰 孙佩霞 译
210. 德与礼——亚洲人对领导能力与公众利益的理想 [美]狄培理 著 闵锐武 闵月 译
211. 棘闱:宋代科举与社会 [美]贾志扬 著
212. 通过儒家现代性而思 [法]毕游塞 著 白欲晓 译
213. 阳明学的位相 [日]荒木见悟 著 焦堃 陈晓杰 廖明飞 申绪璐 译
214. 明清的戏曲——江南宗族社会的表象 [日]田仲一成 著 云贵彬 王文勋 译
215. 日本近代中国学的形成:汉学革新与文化交涉 陶德民 著 辜承尧 译
216. 声色:永明时代的宫廷文学与文化 [新加坡]吴妙慧 著 朱梦雯 译
217. 神秘体验与唐代世俗社会:戴孚《广异记》解读 [英]杜德桥 著 杨为刚 查屏球 译 吴晨
审校
218. 清代中国的法与审判 [日]滋贺秀三 著 熊远报 译
219. 铁路与中国转型 [德]柯丽莎 著 金毅 译
220. 生命之道:中医的物、思维与行动 [美]冯珠娣 著 刘小朦 申琛 译
221. 中国古代北疆史的考古学研究 [日]宫本一夫 著 黄建秋 译
222. 异史氏:蒲松龄与中国文言小说 [美]蔡九迪 著 任增强 译 陈嘉艺 审校
223. 中国江南六朝考古学研究 [日]藤井康隆 著 张学锋 刘可维 译
224. 商会与近代中国的社团网络革命 [加]陈忠平 著
225. 帝国之后:近代中国国家观念的转型(1885—1924) [美]沙培德 著 刘芳 译
226. 天地不仁:中国古典哲学中恶的问题 [美]方岚生 著 林捷 汪日宣 译
227. 卿本著者:明清女性的性别身份、能动主体和文学书写 [加]方秀洁 著 周睿 陈昉昊 译
228. 古代中华观念的形成 [日]渡边英幸 著 吴昊阳 译
229. 明清中国的经济结构 [日]足立启二 著 杨缨 译
230. 国家与市场之间的中国妇女 [加]朱爱岚 著 蔡一平 胡玉坤 译
231. 高丽与中国的海上交流(918—1392) [韩]李镇汉 著 宋文志 李廷青 译
232. 寻找六边形:中国农村的市场和社会结构 [美]施坚雅 著 史建云 徐秀丽 译